海外中国研究丛书

—

到中国之外发现中国

铁路与中国转型

Railroads and the Transformation of China

[德] 柯丽莎 著
金 毅 译

江苏人民出版社

图书在版编目(CIP)数据

铁路与中国转型 / (德) 柯丽莎著 ; 金毅译. -- 南京 : 江苏人民出版社, 2023.2(2024.1 重印)

(海外中国研究丛书 / 刘东主编)

书名原文: Railroads and the Transformation of China

ISBN 978-7-214-27793-0

Ⅰ. ①铁… Ⅱ. ①柯… ②金… Ⅲ. ①铁路运输—交通运输史—研究—中国—近代 Ⅳ. ①F532.9

中国版本图书馆 CIP 数据核字(2022)第 244227 号

Railroads and the Transformation of China by Elisabeth Köll
Copyright © 2019 by the President and Fellows of Harvard College
Published by arrangement with Harvard University Press
through Bardon-Chinese Media Agency
Simplified Chinese edition copyright © 2023 by Jiangsu People's Publishing House
ALL RIGHTS RESERVED
江苏省版权局著作权合同登记号:图字 10-2019-557 号

书　　名　铁路与中国转型
著　　者　[德]柯丽莎(Elisabeth Köll)
译　　者　金　毅
责任编辑　康海源
装帧设计　陈　婕
责任监制　王　娟
出版发行　江苏人民出版社
地　　址　南京市湖南路 1 号 A 楼,邮编:210009
照　　排　江苏凤凰制版有限公司
印　　刷　南京新洲印刷有限公司
开　　本　652 毫米×960 毫米　1/16
印　　张　25.5　插页 4
字　　数　281 千字
版　　次　2023 年 2 月第 1 版
印　　次　2024 年 1 月第 3 次印刷
标准书号　ISBN 978-7-214-27793-0
定　　价　88.00 元
(江苏人民出版社图书凡印装错误可向承印厂调换)

序"海外中国研究丛书"

中国曾经遗忘过世界,但世界却并未因此而遗忘中国。令人嗟讶的是,20世纪60年代以后,就在中国越来越闭锁的同时,世界各国的中国研究却得到了越来越富于成果的发展。而到了中国门户重开的今天,这种发展就把国内学界逼到了如此的窘境:我们不仅必须放眼海外去认识世界,还必须放眼海外来重新认识中国;不仅必须向国内读者逐译海外的西学,还必须向他们系统地介绍海外的中学。

这个系列不可避免地会加深我们150年以来一直怀有的危机感和失落感,因为单是它的学术水准也足以提醒我们,中国文明在现时代所面对的绝不再是某个粗蛮不文的、很快就将被自己同化的、马背上的战胜者,而是一个高度发展了的、必将对自己的根本价值取向大大触动的文明。可正因为这样,借别人的眼光去获得自知之明,又正是摆在我们面前的紧迫历史使命,因为只要不跳出自家的文化圈子去透过强烈的反差反观自身,中华文明就找不到进入其现代形态的入口。

当然，既是本着这样的目的，我们就不能只从各家学说中筛选那些我们可以或者乐于接受的东西，否则我们的“筛子”本身就可能使读者失去选择、挑剔和批判的广阔天地。我们的译介毕竟还只是初步的尝试，而我们所努力去做的，毕竟也只是和读者一起去反复思索这些奉献给大家的东西。

刘　东

纪念柯维麟(Michael Quirin)

中文版序

一百年前，铁路作为技术、移动、交流和经济发展的载体，扮演着重要角色，可以与今日的因特网和数码信息基础设施相提并论。铁路改变了人、货物和观念从一地运往另一地的方式，也改变了这些东西与既有运输和交通模式相联系与整合的方式。铁路在技术标准、管理组织和科层机构的演化上都留下了自己的印迹，与此同时，在铁路涌现出来的国家，它又适应了特定的政治、社会与经济环境。

本书不是中国铁路的历史，而是一部透过铁路发展讲述的从晚清到 21 世纪早期的中国历史。这种路径让我能够去挖掘一个机构的起源及其扩张，这个机构覆盖广大的空间，也存在着复杂的管理结构，直到 2022 年，它仍然塑造着中国铁路管理机构的基本框架。通过关注铁路机构的发展来分析中国从帝国到现代民族国家的转变，也为历史学家们提供了一个机会，来整合关于一些人的更广泛的讨论，铁路作为一种新技术和新基础设施，对他们的生活产生了影响——他们就是规划和建设铁路、为铁路工作的人，以及在铁路上旅行的人。

在本书“致谢”部分的最后，读者们会看到，我意识到要以铁路发展作为框架来写一部关于中国的综合性历史，会不可避免地招致某些提醒。一些读者可能会期待更多关于铁道技术史的信息，另一些会希望对清代官员关于铁路的政治加以详细讨论，还有一些则希望对改革开放以来铁路的发展作更深入的探索。本书试图创造一种综合性的叙事，同时也有特定论点，来讨论20世纪中国铁路系统及其机构框架演化的历史模式，我也期待着我中国现代史领域的同行们，能够在未来的研究中填补这些空缺。

我很高兴江苏人民出版社决定出版本书的中译本，这让我有机会更直接地接触中国读者。毫无疑问，我很感激中国各种学术机构的同事们提供的建议和支持，多年以来，他们与我分享他们的知识和建议。与此同时，更多的普通读者能够读到我的著作，这对我而言也非常重要，因为本书也得益于各行各业的中国人，他们慷慨地与我分享他们为铁路工作以及在铁路上旅行的体验。没有这些随意的谈话，以及正式的口述史访谈，本书不可能写就。

最后，我要真诚地感谢本书译者金毅博士。能找到一位铁路爱好者来翻译本书，我感到非常幸运。他非常专业、思虑周全，他慷慨的合作使本书得以进一步完善。

柯丽莎

圣母镇，2022年2月

目 录

导　论 1

本书写的是从19世纪晚期到毛泽东去世后的改革开放时代，铁路作为一种商业与行政机构在中国取得了怎样的发展。本研究探讨了铁路作为一种带有社会、经济、文化和政治功能的机构，扮演了怎样的角色，意在处理这样一个问题：在整个20世纪，铁路是如何影响中国的发展的，这种影响又达到了何种程度，反过来，中国的发展轨迹是如何在作为一种科层系统与经济系统的铁路身上留下印迹的？铁路在中国的出现适逢清朝（1644—1911）的最后几十年，因此，铁路在过去120年里的发展轨迹也为我们提供了一个视角，可以借此考察从帝制时代到中华人民共和国的转变过程中，中国的社会与经济发生的转型。简言之，本书既是机构取向的中国铁路发展史，也同样要以铁路为焦点，来探索在20世纪中国历史中涌现出来的诸多重要主题。

津浦线（天津到浦口）提供了一个很好的例子，我们可以借此来简要介绍受到中国历史上主要政治和社会经济发展形塑的铁路史。这条铁路线于1912年12月开通，此时，中国人第一次能够从天津这座位于北京东南约130公里*处的重要商业城市乘

---

* 原书使用的里程是英制单位，翻译过程中大部分按中国使用习惯换算成了公制单位。——译者注

火车前往上海。这趟旅程要花三天两夜，因为列车夜间必须停靠济南站和徐州站，此外，用小船和汽艇渡过黄河与长江也很耗时间。然而，就像一位外国报社记者语带兴奋地报道的那样，通过
2 这条干线旅行，“比坐海船更快，与此同时也并没有更贵”。[①] 在此后几年里，随着泺口黄河大桥的建成，每日快车服务和夜车服务的引进，火车旅行变得更加容易。在整个民国时期（1911—1949），这条线路在华北、山东半岛与长江三角洲之间运送货物和旅客。在抗日战争时期，中国的国民党军队和其他抗日队伍试图从日本占领军手中夺取这条线路的控制权，但并未成功。在随后爆发的国共内战期间，无论是在双方的遭遇战中，还是在共产党军队从北方向南京和上海推进时，这条干线都成为战略基石，协助共产党军队在1949年取得了对国民党的最后胜利。

1949年以后，中国共产党革命性地接管了政权，津浦干线恢复了它原有的客货运输功能。作为东部铁路通道的骨干，这条铁路连接着南北铁路网，随着新线路开始建设，它又让华南、华中和西北地区的省份与首都变得更近，也就更靠近新政治领导层所确立的社会主义议程。在20世纪60年代的“文化大革命”期间，津浦铁路忙于将成千上万的红卫兵与革命青年从全国各地运往北京，参加天安门广场的群众大会并瞻仰毛主席。1978年，邓小平开始在中国推动对外开放、经济改革和现代化政策，铁路作为国家基础设施，再次开始扮演重要角色，为经济发展以及包括旅游在内的社会流动做出贡献。实际上，本书的一些读者在搭乘京沪高铁时，已经经过了津浦线的路线，京沪高铁与旧有的铁路通道平行，将在政治中心与经济中心之间旅行的时间缩减到了不到五个小时。

---

① “Tientsin-Pukou Railway,” *Peking and Tientsin Times*, December 3, 1912.

到 21 世纪初，中国成为铁路网扩张的领导者，为了国家未来能在国内和全球的经济与政治领域起领导作用，政府提出了愿景，而铁路网的扩张则是这一愿景的核心。2016 年 6 月 29 日，国务院通过了一项雄心勃勃的战略规划，规划中强调了中国铁路作为“经济生命线”的角色，并提出计划到 2020 年，高速铁路要延 3
伸到 3 万公里，全国铁路营业里程要达到 15 万公里。除了这些建设规划外，政府还将继续进行铁道部门的改革试验，以应对铁路管理部门面临的挑战，这个巨型管理部门拥有数量庞大的职工，其运营与组织非常复杂，铁路重资产的广大系统，覆盖了这个国家的每个省份。①

中国政府明确提出的这项宏大的国家铁路总体发展规划，在历史上能找到前身。1921 年，作为中华民国的奠基人，以及名义上被任命为全国铁路督办的孙中山，就在其《建国方略》中提出了民国经济重建的总体规划。孙中山主张引进国际资本进行铁路和其他基础设施项目的建设，这一主张是围绕着在整个中国领土范围内对交通网络进行大规模延伸的计划而展开的，包括建设 16 万公里新铁路。孙中山的愿景在民国时期并未实现，但当今中国政府所提出的雄心勃勃的规划，在很大程度上与孙中山的愿景一致，即通过铁路的延伸，甚至延伸到国境之外，可以在实现经济现代化的同时，推进国家统一与政治巩固。②

① Zhang Yue, “China Sets Plan to Boost Rail Network,” State Council, People's Republic of China, June 29, 2016. http://english.gov.cn/premier/news/2016/06/29/content_281475382711365.htm，2016 年 10 月 15 日查询。

② Sun Yat-sen, *The International Development of China* (New York: G. P. Putnam's Sons, 1929); Howard L. Boorman, ed., *Biographical Dictionary of Republican China* (New York: University of Columbia Press, 1967 - 1971), 3: 170 - 189.

除了这些国家发展规划所体现出的历史延续性外，铁路在当代中国作为一种强有力且持续的机构，其存在也引人注目，自我的学生时代就给我留下了深刻印象，那是 20 世纪 80 年代末，我热切期望坐火车旅行。要服务数以亿计的旅客所面临的管理上的挑战，以及每年都在增长的货物运输需求，只是中国庞大的铁路系统两个最明显的机构特征。在铁路枢纽城市，在靠近火车站或站场的区域，还存在着很多显眼的整体社区，里面驻有大型单位，包括了当地铁路局管辖的住宅公寓、幼儿园、学校和医院，这是铁路在中国作为一种机构存在的另一个方面。[①] 现在，服务于铁路网运营和管理的工人和职员，仍然构成了一个关系紧密的社区，有着很强的职业认同与社会认同。

在 21 世纪 10 年代，对于中国的国家与社会而言，铁路系统
4 作为一种科层机构持续存在，并且在经济上仍具有重要意义，这是本研究的出发点。这项历史研究的目标，是要按时间来追溯这一系统的起源，并辨别出其历史连续性与断裂。各专题章节大致的时间顺序便是据此安排，每一章是就铁路作为一种机构及其对我们理解现代中国的更广的意义进行不同的讨论。

铁路作为机构

尽管在今天的中国，铁路部门具有较强的力量，可见度也很高，但这个国家进入铁路时代迟得令人惊讶。中国最早引入铁路技术并展开实验性的建设，可以追溯到 19 世纪最后十年，而

① 上海火车站周围以及天目东路上老北站周围的社区仍然是很好的例子，由与铁路相关的办公室、机车车库、住宅、酒店所占据，现在甚至还有上海铁路局机关的停车库。

那时候铁路在各个主要国家已是明日黄花。作为铁路运输的诞生地，英国的技术要比中国领先近两代。在1895年，英格兰与威尔士已经成功拥有了23442公里(14651英里)开通的轨道。而在1895年之前，中国仅有500公里铁道投入运营，一直到20世纪30年代末，中国的铁道里程才达到英国1895年的水平。①

在历史学家看来，要在一个特定的国家语境里讲述铁路作为一项技术以及一种基础设施的故事，在方法论上可以使用不同的做法。中国幅员辽阔，存在着很大的区域与经济多样性，鉴于此，试图在一本书中记录中国铁路的机构演化及其社会经济影响，似乎是一项野心过大的任务。在大多数国家的历史中，铁路都被认为会受到经济、社会和文化现代化的影响，也是这诸种现代化的隐喻。因此，研究西方国家铁路的学术文献，大多数讨论的是铁路与技术创新、工业革命、资本主义发展，以及现代民族国家兴起的关系。例如，对研究英国、美国、印度和日本等国历史的学者而言，在讨论基础设施与经济增长、工业化与金融资本主义，以及从帝国统治或殖民统治向现代民族国家转变之间的因果关系时，铁路都扮演着核心角色。相比之下，对铁路在中国历史上的角色就

① 加上台湾北部的铁路里程，中国当时的铁路总长度达到了408公里。Lee En-han, *China's Quest for Railway Autonomy, 1904 - 1911: A Study of the Chinese Railway Rights Recovery Movement* (Singapore: National University of Singapore Press, 1977), 13; Jack Simmons, *The Railway in England and Wales, 1830 - 1914* (Leicester, UK: Leicester University Press, 1978), 276 - 277; Ralph William Huenemann, *The Dragon and the Iron Horse: The Economics of Railroad in China* (Cambridge, MA: Harvard University Press, 1984), 76 - 77.

缺乏类似研究。①

6 缺乏沿既有路径进行的历史研究有如下一些原因。一方面，在20世纪末之前，中国都没有经历过以资本主义市场为导向的工业革命或者经济体系，哪怕最低程度的都没有；因此，对经济研究框架进行任何概念化，必然要跳出那些被狭隘的资本主义历史所局限的路径，去寻求某种更广的路径。另一方面，19世纪末20世纪初，铁路系统在中国的起源是发生在半殖民条件下。我使用这一术语，意在表明当时中国需要与多个国家进行协商，这些国家都试图将自己特定的金融、技术、管理和语言要求强加在中国的铁路建设与管理过程之中。我认为，这样一种状况使得管理结构和技术标准都成了拼凑而成的东西，它们朝向集中化逐步发展，直到1928年，在国民党政权统治之下的民国后期才进一步实现统一。本研究将表明，中国铁路吸收了在外国管理与运营实践中形成的机构，又适应了破碎的中央国家权力这种政治环境。我最重要的论点基于这样一种解释，即这样的路径最终造就的行政

① 例见下列经典作品：Robert Fogel, *Railroads and American Economic Growth: Essays in Econometric History* (Baltimore: Johns Hopkins University Press, 1964); H. J. Habakkuk, *American and British Technology in the Nineteenth Century* (Cambridge: Cambridge University Press, 1962); John F. Stover, *Iron Road to the West: American Railroads in the 1850s* (New York: Columbia University Press, 1978); Patrick O'Brien, *The New Economic History of the Railways* (New York: St. Martin's, 1977); Ralf Roth and Marie-Noëlle Polino, eds., *The City and the Railway in Europe* (Burlington, VT: Ashgate, 2003); T. R. Gourvish, *Railways and the British Economy, 1830 - 1914* (London: Macmillan, 1980); Jacob Metzer, *Some Economic Aspects of Railroad Development in Tsarist Russia* (New York: Arno Press, 1977); Steven J. Ericson, *The Sound of the Whistle: Railroads and the State in Meiji Japan* (Cambridge, MA: Council on East Asian Studies, Harvard University, 1996); Ian J. Kerr, ed., *Railways in Modern India* (New Delhi: Oxford University Press, 2001); Walter Licht, *Working for the Railroad: The Organization of Work in the Nineteenth Century* (Princeton, NJ: Princeton University Press, 1983).

管理层级，赋予铁路局区域自治权，其权力之大，到了令人惊讶的地步。我之所以认为这一论点极为重要，是因为它为 1949 年以后，在存在一个强有力的中央国家的背景下，中国铁路管理机构中的区域性铁路局持续拥有权力，提供了一种基于历史的机构解释。

作为一名商业史学者，我决定把中国铁路当成一种商业机构与行政管理单元来加以讨论。1911 年以前，大多数铁路在财务上是由外国财团所控制，他们是从外国债券持有者与投资者的角度来评估这些中外铁路合资企业的商业表现。民国建立后，大多数中外铁路公司都被收归国有，成为中国国有铁路管理机构的一部分。尽管国有化的过程使中国得以恢复对铁路的政治主权，但我认为，就中国在管理和运营上确立完整的独立性而言，国有化并不是一个直截了当的过程。大多数财务合约都要求雇用外国工程师及其他专业人员，因此，中国铁路是以一种混合模式进行
运作的，铁路是国有铁路管理机构的一部分，但其商业管理人员 7
又是外国人。1949 年之后，所有铁路都被整合进了由国家控制的社会主义经济之中，成为铁道部领导下的中央政府科层机构的一部分。①

在追溯铁路公司的机构演化，以及它们在 20 世纪中国现代经济与社会的兴起过程中所扮演的角色时，我使用了马克斯·韦伯(Max Weber)定义的“机构”(institution)这个概念，韦伯将商业机构定义为一种寻求利益的理性经济组织，它们有强制性规则，是一个管理者与工人彼此分工的技术与运作实体。当然，韦

① 在本书中，我使用的是美国术语“铁路”(railroad)而不是英国术语“铁道”(railway)。不过在民国期间和中华人民共和国时期，该部自己用的官方英语翻译都是“Ministry of Railways”。

伯是在现代资本主义企业兴起这一语境下来讨论科层结构与机构的发展。阿尔弗雷德·钱德勒(Alfred Chandler)的《看得见的手》(*The Visible Hand*)一书是商业史领域的一部奠基性的作品,他将美国铁路公司描述为第一个现代商业企业,也是在管理资本主义下进行结构与组织创新的先驱。但我们如果以钱德勒的研究方式作为本研究的方法论框架会存在局限性,因为在1949年以前,中国经济中缺乏大规模的工业化与管理资本主义。①

机构可能兴起于一种文化之中,也会从一种文化转移到另一种文化,这对于我们的讨论而言非常关键。比如说,在20世纪早期,帝制时代中央政府权力的衰退以及西方的影响,造就了一种在中国进行商业活动的新的机构安排。历史学家已经表明,在中国,不同传统的结合,影响到了企业作为一种经济组织的演化。②

---

① Max Weber, *Economy and Society: An Outline of Interpretive Sociology*, ed. Guenther Roth and Claus Wittich (Berkeley: University of California Press, 1978)([德]马克斯·韦伯,《经济与社会》,阎克文译,上海:上海人民出版社,2010年), 2: 956 – 1005; Alfred Chandler Jr., *The Visible Hand: The Managerial Revolution in American Business* (Cambridge, MA: Harvard University Press, 1977)([美]小艾尔弗雷德·D. 钱德勒,《看得见的手:美国企业的管理革命》,重武译,北京:商务印书馆,1987年).

② 例见 David Faure, *China and Capitalism: A History of Modern Business Enterprise in China* (Hong Kong: Hong Kong University Press, 2006)([英]科大卫,《近代中国商业的发展》,周琳、李旭佳译,杭州:浙江大学出版社,2010年); Madeleine Zelin, *The Merchants of Zigong: Industrial Entrepreneurship in Early Modern China* (New York: Columbia University Press, 2006)([美]曾小萍,《自贡商人:近代早期中国的企业家》,董建中译,南京:江苏人民出版社,2014年); Sherman Cochran, *Encountering Chinese Networks: Western, Japanese, and Chinese Corporations in China, 1880 – 1937* (Berkeley: University of California Press, 2000)([美]高家龙,《大公司与关系网:中国境内的西方、日本和华商大企业,1880—1937》,程麟荪译,上海:上海社会科学院出版社,2002年); Brett Sheehan, *Industrial Eden: A Chinese Capitalist Vision* (Cambridge, MA: Harvard University Press, 2015); Elisabeth Köll, *From Cotton Mill to Business Empire: The Emergence of Regional Enterprises in Modern China* (Cambridge, MA: Harvard East Asian Monographs, Harvard University Press, 2003).

这也引出了另一个问题，即半殖民状况下铁路的演化，是否会造成不同传统的机构组织和商业实践最终趋同。我认为，中国的铁路公司的确展现出机构趋同，尤其是在20世纪上半叶，但也存在显著的机构差异，因为他们在被吸纳进一个日益中央化的国家科层机构的同时，在劳动力管理和区域经济导向方面运用了本地实践。

将机构路径应用到中国铁路发展上，使得历史学家们能够处理这一机构的多种面向，同时又将相关研究锚定在组织管理和运作以及物质性结构与设施之中。与技术转移、劳工、管理、政治影 8
响和文化再现等相关的问题，都启发了我的研究，也使我能够就铁路在中国社会中的运作，以及中国社会对铁路的接纳进行更为全面的研究。将铁路在中国社会中造成的重要社会影响和文化影响纳入进来，不仅是要更详细地传达机构与地方社会的精英与非精英是如何互动的，也是要与大量基于其他国家语境铁路文化的学术文献中提出的观点进行对比。例如，我认为，从民国时代早期开始，中国的作家、小说家和诗人，就已关注到了乘客在列车及包厢中所体验到的新型社会互动与性别动态的本质。他们的作品表明，对于中国旅客而言，火车文化及火车旅行作为一种个体体验与社会体验，与西方铁路旅行者并没有太大的不同。

最为重要的是，机构路径使我们能够跨越那些公认的节点来追寻铁路的发展，比如1949年国家的转变，因为作为一种基础设施，铁路及其机构组织，无论是在共产主义革命之前还是之后，都是中国政府科层机构的重要部分。机构路径也让我们能够通过在全国系统中对不同线路加以比较，从而超越特定地理区域——比如一个地区或者一个省——的限制来对铁路进行探讨。

为了在我的研究中呈现区域多样性，并且采用比较视角在国家层面对铁路发展加以探讨，我选择了三条铁路作为机构分析的个案进行研究，这三条铁路是：华北地区的津浦线（天津到浦口），这条铁路最终将首都北京与南京附近的长江下游地区连接在一起；华南地区的粤汉线（广州到汉口），这条铁路将广州及珠江三角洲与华中地区长江流域的多座中心城市连接起来；以及沪杭甬铁路（上海经杭州到宁波），这条重要的铁路将作为商业中心的上海与浙江省最为富庶的区域连接起来。除了覆盖多样的区域与机构，这样的研究路径也是考虑到这个研究项目必需资源的多样性，它们散布在中国与海外的不同地点。就 1949 年之前的时段而言，这三条铁路，尤其是津浦铁路，能够提供的档案资源最为全面，使我能非常详尽地记录建设过程，以及负责管理铁道运营、土地征收、本地劳工和与
9 中国官员进行协商的中外职员之间的互动。本书的目的之一，就是要展示铁路具体是如何建设，还有中国人与外国人在建设工地、管理办公室和火车站是如何合作的。确立这样的过程与动态可以支持我的论点，即虽然 1949 年以后的铁路建设是由中国人民解放军铁道兵负责的，但 1949 年之后的铁路建设，在建设管理及国家与地方社会之间的关系方面，还是显示出了某种连续性。

尽管我试图表明中国铁路建设这个案例是一个非常复杂的故事，其结构性与外部性的问题使得 1949 年之前路网没能实现大规模延伸，但我也认为，即便如此，中国的故事也并不独特。就这一点来说，我的研究将与历史学家理查德·怀特（Richard

White)关于北美铁路的研究展开对话。[①] 怀特承认铁路具有变革性力量,把美国与世界市场联系在一起,但在他的解释中,铁路对政治、金融、劳工和环境造成了近乎灾难性的后果,因为许多铁路都是强大但不成功的公司,需要政府补贴才能生存。怀特对铁路及其对 19 世纪的美国社会与经济造成的不同影响进行了评估,鉴于此,我提出,相比之下,评估中国铁路发展的最初阶段应该用比过去的历史研究更为积极的态度。我认为,中国铁路早期发展中存在的许多结构性问题是源于中国的半殖民与前工业化的环境,但这些问题与不同的文化概念或是与技术偏见都没有关系。因此,贯穿本书的一个主题,就围绕着中国历史上的各个社会阶层在接纳铁路建设与运输时所采取的实用主义态度。

对中国铁路史的研究

对于铁路作为一种技术与基础设施在帝制时代晚期被引入中国,西方学者与中国学者都主要聚焦于中国官员与精英关于铁路建设的经济收益与缺点的公共话语。还有一些研究讨论半殖
民社会中铁路的政治史与外交史,他们聚焦于从清朝末年到民国 10
时期的转变。近期的一些新研究,讨论了公共财政与中国铁路投资的不同面向,以及外国在铁路企业上进行金融投资的结构,这有助于我们理解在 19 世纪末 20 世纪初,为什么中国的国家投入与私人投资一直没能成为外国资本投资之外的另一种有效

① Richard White, *Railroaded: The Transcontinentals and the Making of Modern America* (New York: W. W. Norton, 2012).

之选。发生在四川省的保路运动及其对 1911 年革命进程的影响，为研究清朝末年的民族主义与帝国主义问题提供了另一个角度。①

也有不少研究讨论铁路在中国的经济角色。拉尔夫·许内曼(Ralph Huenemann)的宏观经济分析终止于 1937 年日本入侵时，其研究的核心是经济帝国主义及铁路对市场增长的影响等问题。许内曼的研究尽管出版于 30 年以前，却仍然是英语学界最近的相关研究。另外两项研究关注铁路在战前中国农业经济以及变化中的政治地理学里所扮演的角色。史学家张瑞德出版了第一部关于 1905 到 1937 年间京汉线(北京到汉口)及其在华北经济中所扮演角色的中文著作。他还完成了第一项用政治分析的视角讨论战前中国铁路工业管理的研究。在更晚近的关注民国时期特定省份或者地区的社会经济趋势的研究中，对铁路的讨论主要是在社会与文化现代化的语境中进行，而不是用机构史或

① Ghassan Moazzin, "Networks of Capital: German Bankers and the Financial Internationalisation of China (1885 - 1919)" (PhD diss., University of Cambridge, 2017); Elisabeth Kaske, "Sichuan as Pivot: Provincial Politics and Gentry Power in Late Qing Railway Projects in Southwestern China," in *Southwest China in a Regional and Global Perspective* (c. 1600 - 1911), ed. Ulrich Theobald and Cao Jin (Boston: Brill, 2018), 379 - 423. Thomas Kampen, *Revolutionäre Eisenbahnplanungen: Die Aufstände in der Provinz Sichuan und das Ende des chinesischen Kaiserreiches (1911)* (Berlin: Wissenschaft und Technik Verlag, 2002)(革命性铁路规划:中华帝国末年四川省的起义); Joseph W. Esherick, *Reform and Revolution in China: The 1911 Revolution in Hunan and Hubei* (Berkeley: University of California Press, 1977)([美]周锡瑞,《改良与革命:辛亥革命在两湖》,杨慎之译,南京:江苏人民出版社,2007 年).

者商业史的视角。①

这些研究都作出了有价值的贡献，能够增进我们对中国帝制晚期精英的公开话语、技术转移和宏观经济趋势等的理解。然而许多研究仍然将中国当作这样一个案例来加以讨论——19 世纪末，中国的铁路发展失败了，1949 年以前，铁路网增长既缓慢又有限。最重要的是，无论是中文还是英文研究，都没有跨越 1937 年日本侵华这个时间节点，对中国铁路的发展进行更全面的分析。本书将试图填补这些空白之处。

为了达成这一目标，我的研究加入了许多新的档案材料，这些材料是由在这个国家的不同地区运营的铁路公司记录下来的。我用了 2005 年一整年还有其他一些较短的时段，到访过济南、天津、北京、广州、上海、南京和香港，在各地搜集年度报告、职工记
录、管理规章、通信及其他文件。我还前往铁路大院、车站和铁路 11
枢纽的博物馆进行田野调查，并对年轻时曾在不同铁路上工作过的铁路工人及工程师进行访谈，他们工作的时间跨度从日本侵华时期开始，经过内战阶段，一直到中华人民共和国改革开放以来。作为铁路机构的老员工，他们的口述证据对于填补不存在或者无

① Huenemann, *The Dragon and the Iron Horse*. 托马斯·罗斯基在对民国时期经济增长的全面宏观分析中，用了一整章来讨论交通与通信基础设施，见 Thomas G. Rawski, *Economic Growth in Prewar China* (Berkeley: University of California Press, 1989)([美]托马斯·罗斯基，《战前中国经济的增长》，唐巧天、毛立坤、姜修宪译，杭州：浙江大学出版社，2009 年), 181 - 238; Leung Chi-Keung, *China, Railway Patterns and National Goals* (Chicago: University of Chicago, 1980); Ernest P. Liang, *China, Railways and Agricultural Development, 1875 - 1935* (Chicago: University of Chicago, 1982); 张瑞德，《平汉铁路与华北的经济发展(1905—1937)》，台北："中央研究院"近代史研究所，1987 年；张瑞德，《中国近代铁路事业管理的研究：政治层面的分析(1876—1937)》，台北："中央研究院"近代史研究所，1991 年；丁贤勇，《新式交通与社会变迁：以民国浙江为中心》，北京：中国社会科学出版社，2007 年。

法获取的一手书面材料有极大助益。

本项研究还加入了其他一些信息源，包括1949年之前及之后在中国流通的西方报纸，工程师、商人和军官们的日记，全国经济调查，收藏在伦敦国家档案馆的英国外交部的记录和通信，旅行文学，旅行指南以及广告材料。我还就民国时期一直出版到1936年的国有铁路统计年鉴中有关货物及旅客运输的数据进行了梳理。收藏在哈佛商学院贝克图书馆（Baker Library）历史馆藏中的德国工程与外交文件，据我所知是首次被使用，它们提供了与津浦铁路建设和管理直接相关的重要原始档案资料。

然而，1949年之后由作为机构单位的铁路所记载的原始资料却较为有限且很难查阅，这对历史研究构成了极大挑战。在中央铁路科层机构内部，区域铁路局仍然拥有相当大的影响力，并且继续管理着他们自己的档案。政府认为铁道部门在战略上关系到国防，因此中外学者都无法拿到由地方或者区域铁路局所管理的新中国成立后的档案材料。我竭尽全力游说，终于得以在2005年与2011年分别访问上海铁路局和位于北京的铁道部。但毫无意外的是，在两次访问中都只是进行了一些礼貌性、一般性的对话，还获得了一本公关小册子作为礼物。因为研究中存在这些令人遗憾的局限，本项研究中关于1949年以后的部分比起1949年以前的部分来，不得不更依赖由铁路管理机构出版的文件与资料，再用报刊文章和政策文件加以补充。

在本项研究中，我特地排除了南满铁路。南满铁路是日本所
12 谓“非正式帝国”的一部分，因此其运作的政治与经济状况存在根本性不同。与东北以外地区的铁路相比，日本控制之下的南满铁路是一个相对同质化的系统，服务于日本在中国和东亚其他地区的广大帝国主义议程。因为铁路基础设施系统在东北的发展中

具有重要的社会经济功能，已经有大量的日文、英文和中文文献研究了南满铁路。直到现在，中国东北的南满铁路网有时还被视为战前中国铁路运营和发展的代表①，正因为如此，本书的一个重要目标，就是要在南满铁路以外，就铁路发展贡献一项新的研究。

各章概要

本书的第一部分，涉及从清帝国最后几十年到 1911 年革命之后民国头几年的铁路发展史。我用受到机构研究启发的商业史视角探讨了铁路公司在中国的发展，并分析了铁路作为一种现代商业机构的出现，最初是根据美国及欧洲的模型调整而来。随着历史的发展，铁路公司采用了一种混合的企业模式，结合了外国与中国的机构结构与实践。

在第一章的开始，我讨论了晚清从西方到中国的知识传播与技术转移问题。第一章用津浦线、沪宁线（上海到南京）和粤汉线作为个案，展现了 20 世纪早期英国和德国有关经营、技术与管理

① 关于东北地区的铁路基础设施，例见 Joshua Fogel, *Life along the South Manchurian Railway: The Memoirs of Ito Takeo* (London: Routledge, 1988); Prasenjit Duara, *Sovereignty and Authenticity: Manchukuo and the East Asian Modern* (Lanham, MD: Rowman and Littlefield, 2003)；解学诗等编，《满铁与中国劳工》，北京：社会科学文献出版社，2003 年；Yoshihisa Tak Matsusaka, *The Making of Japanese Manchuria, 1904 - 1932* (Cambridge, MA: Harvard University Press, 2001); Bruce A. Elleman and Stephen Kotkin, eds., *Manchurian Railways and the Opening of China: An International History* (Armonk, NY: M. E. Sharpe, 2010)；安冨步，《満洲国の金融》，东京：創文社，1997 年。关于南满铁路代表着中国大陆唯一的铁路系统，参见 Minoru Sawai, ed., *The Development of Railway Technology in East Asia in Comparative Perspective* (Singapore: Springer Nature Singapore, 2017).

的专业知识如何塑造了这些铁路公司的演化。尽管中国人对经营和运作控制权的索取受到外国政治和商业利益的持续挑战，但我认为，中国人用高度的实用主义态度接受了轨道技术，并且面对增进他们自身金融利益的新机会时（比如在为购买轨道建设所需要的土地进行协商和交易时）毫不退缩。

13 第二章的叙事转向了 1911 年革命之后，探讨了在国有化之后，中国的铁路公司如何用新型的工业经营和管理整合进行试验。我认为，在民国最初几年，要建立一个高效的国有铁路科层机构的努力受到多重因素威胁，包括政治上的不稳定，各种军阀进行的军事行动造成线路中断，以及纯粹出于政治性考虑而非基于铁路专业知识为铁路管理任命领导层。本章将要介绍铁路局系统，本章还提出，因为中央铁路管理机构孱弱，铁路局能够对该局所管理的区域或者省域界线内的铁路维持相对较高的财务和管理自主权。

第二章还介绍了铁路大院在城市里的形成，以及工作场所中的工作等级与社会动态。20 世纪 10 年代还见证了为铁路部门提供的技术与专业教育开始从公司开办的学校，转向由中国政府控制的技术学院与大学。然而，英国和德国工程师还在持续就支配语言与工程教育内容展开竞争，努力确保将来为中国铁路公司输送设备的供应链。

第二部分涵盖了 20 世纪 10 年代后期到 1937 年，探讨了铁路是如何参与中国经济与社会的新趋势并对其作出响应。第三章讨论了铁路的经济角色——铁路在市场上发挥的物流功能，以及它们本质上是一种在市场中运作的商业机构。就轨道基础设施与商业网络的互动而言，我的分析显示了中国的铁路是如何通过向中外公司提供直接联系烟草、花生和棉花等生产者的渠道，并创造出新的分配渠道，从而导致了农业的商品化。新的铁路枢纽使商品营销发生了改变。比如说，粮食批发商以前利用的是大运河——这是直接联系北京和长江三角洲的唯一水道，现在他们在华北的生意从天津转向了济南。在济南，津浦铁路将商业流导向了青岛港和上海港，这样一来就改善了战前中国通往东亚与世界经济的通道。

第三章还将表明，在民国时期，铁路网局限很大，一直没能扩展到长江三角洲、珠江三角洲和东北地区的核心区域之外，也没能推动国家的经济整合。我的研究也将确认托马斯·罗斯基 14
(Thomas Rawski)关于民国时期经济发展区块化(regional pocket)的解释，我将提出，铁路通过为货物流通提供新的实践与规章，造就了区域市场的整合，并且通过将货物运输外包给私人物流公司[①]，对商业起到了促进作用。

第四章介绍了民国时期旅客运输的经济、社会与文化等组成部分。我认为，因为轨道不能连通，而且铁路旅行耗资昂贵，短途旅行成为最受欢迎的选择，三等和四等车票为铁路公司创造了大部分旅客收入。对有着教育与职业抱负的市民而言，铁路也带来了更大的流动性，让他们能够通往上海等城市市中心的学校和就业机会。我还将讨论铁路线引入旅行作为商业产品，以及就铁路和时间纪律等问题对旅客进行教育。铁路旅行手册展现出，在民国早期持续存在一种对铁路线的强烈区域认同和省籍认同，而没有强力推动对民族国家的认同，这也支持了有关区域自治和区域市场整合的论点。

---

① Rawski, *Economic Growth in Prewar China*([美]托马斯·罗斯基,《战前中国的经济增长》).

第三部分主要讨论的是1929年到1937年间国民党政府统治下的社会和政治变化，以及第二次世界大战期间由日本占领引起的混乱时期。第五章讨论了全国铁路行政管理机构与政府科层机构的其他部门是如何从中国的技术学校和大学中吸收了大批工程专业毕业生，这些毕业生无法在中国的铁路线上谋得工作，因为20世纪20年代和30年代铁路网始终没能扩展。我认为，这样一种趋势为中国的工程师们从技术与职业精英转型成政治精英奠定了基础，近期，这些精英也担任着中国共产党的领导。第五章探讨了劳工运动的问题，以及铁路公司如何把没有技术但可能更倾向罢工的劳工从工资册上排除出去。国民党在铁路大院中的存在越来越明显，它还通过内部报纸、铁路杂志、社会活动等施加宣传影响，我的讨论也将关注与此一致的政府铁路愿景，或者说铁
15 路将如何服务于国民党政治权力的扩张及其议程。

第六章讨论了在二战时期，因为日本占领，铁路交通受战争和军事运动影响而中断。我将以口述历史访谈为基础提出，比起后继的国民党，日本对津浦等线路的经营事实上提供了一种更有利于中国工人的劳动条件，以便拉拢这些高度专业化的劳工并维持他们的忠诚。本章也将表明，铁路的战略破坏与中断，在战争期间造成了何种程度的经济短缺与经济损失。与此同时，在中国内地那些未被占领的区域内部或者在靠近这些区域的地方运营的铁路线，为难民提供了生命线，也为铁路沿线的人口带来了新的经济机会。

第四部分延续了通过管理机构改革和路网扩张而推动铁路机构发展的讨论，时间段从国共内战(1945—1949)后期直到世纪之交。第七章探讨了在新的中华人民共和国政府领导下，铁路局的机构被快速整合进单位系统内。我认为，勤奋工作、守纪律、高

效率等社会主义价值可以很容易地嫁接到一个拥有类似价值的机构系统当中，此前在民国时期，这些价值是与专业主义和铁路经营的专门知识联系在一起的。在 20 世纪 50 年代铁路部门的重建与扩展中，苏联工程师提供了专业知识，而那时候的建设工作则是由一支被称为铁道兵的人民解放军队伍所实施的。这些铁道兵拥有强烈的军事认同和军事纪律，在全国范围的危险的建设工作中团结在一起，铁道兵与他们的家人形成了一个强有力的社会共同体，代表着勇气与个人牺牲，与党的政治团结与国防的目标一致。

第八章通过 20 世纪 50 年代末和 60 年代激进主义达到高峰时的多次运动，讨论了政治对铁路的影响。我的分析显示出，诸如“大跃进”和“文化大革命”等运动对铁路系统造成了很大的破坏，这些破坏反映在事故率达到了顶峰，以及对设施和设备的忽视。在“大跃进”和“文化大革命”期间，纪律和效率受到了政治上的攻击，铁路局和站场遭到破坏，这不仅是因为它们的职工和干部成了政治斗争的对象，还因为专业知识和价值以及铁路物流运转所必需的经营秩序都被说成了“反革命”行为的表现。 16

本章展示了从 20 世纪 50 年代到 70 年代，铁路网如何服务于社会主义国家和中国共产党的经济与安全利益。我认为，在 1949 年以后，出于国防和国内政治整合的需要对铁路网所进行的大规模扩展造就了中国第一个真正的大众运输系统。1976 年，毛泽东逝世，随后邓小平领导制定了新的经济政策，铁路部门的运营和服务得以恢复并实现正常化。在 20 世纪 90 年代开始的经济改革中，中国的铁路系统仍然在经历机构改革。铁路局系统依然存在，但中央科层结构一直在经历大幅度的重组，以期提高效率和利润率，并且将焦点调整为高速铁路的延伸。

在本书的结论中,我将提出铁路公司作为中国的机构在20世纪获得了独特的位置,从而能够存在下去,这是因为铁路局作为一个中央管理领导下的机构组织有着大量的地方自主权,这就使得它们能够灵活地适应政治和经济体制。与此同时,本研究还将阐明,经营、金融和政治方面的局限使得中国的铁路网在战前没法发展到较大的规模,这也解释了为什么在1949年以后,社会主义国家的支持与政治议程对于铁路网以及大众运输概念的发展而言至关重要。

1949年以后,国家有能力动员并集中资源用于铁路建设,并且受到加强国家安全以及将国家的各部分都纳入社会主义之下这样的愿望驱动,中国的铁路网得以扩展。一张覆盖全国的铁路网络的快速建设得以成为当前的铁路网扩展的基础,完全是因为20世纪早期的铁路公司提供了机构蓝图,以及中央政府通过资源分配和政策导向提供了支持。中华人民共和国的"一带一路"倡议,致力于使用其技术知识以及有着职业化管理的熟练劳动力,建造一个跨越亚欧的大型经济体,能够沿陆上丝绸之路和海上丝绸之路,将贸易联盟联系在一起。这个大胆的计划有赖于中国铁路取得的艰难成就:连接核心区域、强化区域市场整合、将现代铁道网与其他的各种水陆交通模式连接在一起。

第一部分 17

竞争性利益与铁路建设

第一章　技术与半殖民合资企业 19

19 世纪最后十年，中国开始重新考虑其铁路发展状况。中国的铁路建设工作极为缓慢，进展极小。1895 年之前，总共仅有 314 公里的铁轨投入运营。鉴于此，中国各个层级的官员、知识分子、外交官、商业代表，以及西方传教士，都参与到关于这种新技术与基础设施对中国发展有何利弊的公开讨论之中。在这场热烈的论述之中，有两个主要问题浮现出来：外国干预与社会经济进步。

支持铁路发展的，既有中国人也有外国人。例如，1890 年，中国驻英公使馆秘书凤仪就评论道："一旦铁路网络在中华帝国纵横延伸开来，前进之路上就不会再有停顿，事实上的倒退从未发生在我国人民身上，尽管外国人可能意识不到这样一个事实……中国官方尤其渴望清晰地证明，中国人民独立于外国指导自己来实施这个系统是具有现实性的，尽管也不是完全没有西方在实践上的协助。"①1900 年，美国铁路工程师柏生士（William Barclay Parsons）在中国的工作经历促使他认为："就政治方面而言，这一处境非常独特，因为我们看见六个不同国家的外国人驻

① Fung Yee, "A Chinese View of Railways in China," *The Nineteenth Century: A Monthly Review* 27, No. 156 (February 1890): 225 - 226.

扎在另一个国家的土地上，他们拥有由地方政府所赋予并加以保障的权利与特权，这种处境可能为未来的混乱埋下了种子。……与商业动机相比，外国政治无疑才是中国的一些铁道项目更大的
20 推动力。”[1]凤仪的评论表达了中国人受实用主义驱动的一种愿望，那就是在外国技术协助之下建设铁路，但在政治上又不受外国控制。而柏生士则承认，外国的经济利益与政治利益相互纠缠，要在这样的环境里建设铁路很复杂。

中国铁路的发展根植于一种半殖民语境，并且由俄国、德国、法国、比利时、英国、美国和日本等等外国势力的政治与经济动机所塑造，1842 年和 1860 年，中国经历了两次鸦片战争，此后，外国势力在通商口岸的租界里持续存在并且受到保护。通商口岸向外国人提供了治外法权与特权，因而成了一种飞地环境，在这种飞地之中，新的商业体系、管理机构，以及诸如中国海关总税务司(Chinese Maritime Customs Service)等机构，对中国利益与外国势力之间，以及各种外国势力之间的互动与竞争加以管理和协调。正如于尔根·奥斯特哈默(Jürgen Osterhammel)及其他历史学家所指出的那样，在半殖民语境中，通商口岸势力的战略利益与中国的工业战略不可分割，为了在这样的语境中找准方向，代表中国国家与代表外国势力的掮客形成了一张复杂的关系网络，这种关系涵盖了从协作关系到恩庇侍从关系(client-patron)的种种类型。中国铁路发展的历史条件与印度不同，印度的铁路是在一个中央殖民政权，亦即英属印度的控制之下发展的，而中国的状况则体现了一种不同的政治环境对一个铁路系统的建设

---

① William Barclay Parsons, *An American Engineer in China* (New York: McClure, Phillips, 1900)([美]柏生士,《西山落日:一位美国工程师在晚清帝国勘测铁路见闻录》,余静娴译,北京:国家图书馆出版社,2011 年), 261.

与管理所具有的挑战。本章将表明，中国铁路公司的管理结构、管理实践与商业策略的演化，是在一种半殖民干预的商业与政治氛围中形成的。这样的状况造成的结果之一是，中国铁路在其机构演化过程中将西方的经营风格与本地的商业实践结合在了一起。①

然而，对受到半殖民主义挑战的铁路建设努力作一种简单诊断，并不能对中国铁路发展中的种种复杂之处作出公正评价。尽管在早期，为铁路线提供资金以及进行建设大多是由外国人首倡，但中国人并非被动或者勉强接受这种新技术。与广为接受的想法不同，中国人恐惧技术的态度并没有阻止早期的中国铁路缓慢而稳定地发展。关于中国人对铁路反应的普遍理解，仍然出现在一些文献中，比如易劳逸（Lloyd 21
Eastman）在其经典的社会史教科书中指出："普通的中国人，也会对铁路轨道、机车的运动，以及机车引擎的恶臭可能扰乱风水力量的平衡从而给活人和死人都造成灾难性的后果而感

① 关于半殖民主义与商业系统的讨论，参见 Jürgen Osterhammel, "Semi-colonialism and Informal Empire in Twentieth Century-China: Towards a Framework of Analysis," in *Imperialism and After: Continuities and Discontinuities*, ed. Wolfgang J. Mommsen and Jürgen Osterhammel (London: Allen and Unwin, 1986), 290 – 314。亦参见 Jürgen Osterhammel, "British Business in China, 1860s – 1950s," in *British Business in Asia since 1860*, ed. Rupert Davenport-Hines and Geoffrey Jones (Cambridge: Cambridge University Press, 1989), 189 – 216; Jürgen Osterhammel, *Colonialism: A Theoretical Overview*, trans. Shelley Frisch (Princeton, NJ: Wiener, 1997); Yen-p'ing Hao, *The Comprador in Nineteenth Century China: Bridge between East and West* (Cambridge: Cambridge University Press, 1979)（[美]郝延平，《十九世纪的中国买办：东西方之间的桥梁》，李荣昌、沈祖炜译，上海：上海社会科学院出版社，1988年）.

到痛苦。”①将中国人描述成对现代技术持敌视态度，这种观点可能有待商榷。尽管政府各派的确害怕外国力量通过铁路网扩张而对中国施加更强军事影响，但本地人主要还是在强烈的实用主义驱动下接纳了铁路。这种态度在土地出让问题上表现得最为明显。本章将表明，在试图将自己的利益最大化的剥削性殖民公司面前，本地中国人并不总是受害者；相反，他们往往具有主动性，成功地变成购地过程中的掮客，他们中有许多人在关于土地价格的协商中表现得很精明，把自己的土地划成祖坟地。

尽管本书中的绝大多数观点都适用于全中国的所有铁路项目，但本章中展示的证据主要还是集中在天津到浦口的铁路，也就是通称的津浦线。因为如下一些原因，津浦线是一个绝佳的个案。首先是其建设年代。有关津浦线建设的协商始于1898年，其建设于1912年完成。第二，这条铁路很快就成了全国最重要的运输与交通线之一，而且至今仍是如此，铁路北端的天津，当时已经和帝都北京相连，铁路又把天津与长江三角洲的商业中心南京和上海相连。第三，也是最重要的一点，津浦线的建设与早期管理，体现了早期中国铁路史上的半殖民张力与荒谬之处。津浦线是在中国管理之下由英国和德国这两个欧洲势力建设的，当时他们的殖民议程截然不同，正展开激烈竞争，津浦线的故事就是中国铁路故事的一个缩影。尽管其他线路是在不同国家财团的安排下运营的，但在许多铁路合资企业中，类似的动力非常普遍。

---

① Lloyd E. Eastman, *Family, Fields and Ancestors: Constancy and Change in China's Social and Economic History, 1550–1949* (Oxford: Oxford University Press, 1988)（[美]易劳逸，《家族、土地与祖先：近世中国四百年社会经济的常与变》，苑杰译，重庆：重庆出版社，2019年），167；亦参见 Diana Lary, *China's Republic* (Cambridge: Cambridge University Press, 2007), 25–26; Christian Wolmar, *Blood, Iron and Gold: How the Railways Transformed the World* (New York: Public Affairs, 2009).

我将首先对帝制晚期中国早期铁路的发展以及知识转移加以简单描述，然后讨论津浦线奠基时的测量、征地以及建设过程，概括地说，就是铁路在中国具体是如何形成的。

铁路知识与知识转移 23

到 20 世纪初，铁路发展正式开始，在那时，有关蒸汽机车和铁路的知识已经来到了中国。住在码头与可航行水道附近的人们因为见过蒸汽船，可能对蒸汽机已经较为熟悉，通过少量针对精英、儿童以及面向大众的出版物，铁路的图片和对铁路的描述已经从海外渗透进中国的文化领域。重点是，这些描述都没有对这种新奇的西洋发明表现出敌视或者恐惧的态度。无论是文字还是图片，都预设读者会对此感到好奇，也让读者产生好奇心。对于铁路发展一个远为重要的障碍是，缺乏有关筑路及铁路机械的深度知识。比起一些人所认为的中国人在文化上的对立态度来，工程机构以及技术教育体系在中国的缺乏对铁路发展延误造成的影响要大得多。

晚清之际，通过对西方的译介，有关铁路的知识被引进中国。在江南机器制造总局翻译馆的学者们汇编并翻译的出版物中，可以找到关于机车和铁路最早的图片和描述。江南制造总局是帝国政府在 19 世纪的洋务运动中资助设立的机构之一，旨在推动中国现代军事与工业的发展。①

---

① 有关洋务运动，例见 David Pong, *Shen Pao-chen and China's Modernization in the Nineteenth Century* (Cambridge: Cambridge University Press, 1994)(［美］庞百腾，《沈葆桢评传：中国近代化的尝试》，陈俱译，上海：上海古籍出版社，2000 年)；王尔敏，《清季兵工业的兴起》，台北："中央研究院"近代史研究所，1978 年；Stephen R. Halsey, *Quest for Power: European Imperialism and the Making of Chinese Statecraft* (Cambridge, MA: Harvard University Press, 2015)(［美］斯蒂芬・哈尔西，《追寻富强：中国现代国家的建构，1850－1949》，赵莹译，北京：中信出版集团，2018 年), 113－145.

江南制造总局关注应用科学,因而从西方翻译并出版了科技作品。有些出版物就是教科书:1872 年,江南制造总局学堂的主管傅兰雅(John Fryer)与徐建寅一道翻译了《器象显真》(工程师与机械师的制图书 *The Engineer and Machinist's Drawing Book*,原书出版于 1855 年)一书,这本薄薄的图册旨在教一些基础的机械知识。① 傅兰雅还与徐寿一起创办了中国的第一份科学期刊《格致汇编》(观察事物与扩展知识的纲要),这本期刊的英文标题是《中国科学与工业杂志》(*Chinese Scientific and Industrial Magazine*)。这本期刊最初发行于 1876 年,主要刊载欧美有关自然科学与技术的文章,主要流通于通商口岸。②

24 有关铁路技术与线路操作的知识,就是通过诸如《格致汇编》等杂志传播的。③ 这本期刊以英国铁路作为例子,向中国读者介绍了铁路车站的图像,轨道、隧道与桥梁等的建设蓝图的半技术图画,还有铁路跨越露天景观的全景画面。这些出版物针对的并不是对工程和科学有特殊兴趣的专业读者,而是受过良好教育的、对西方发明与新技术感兴趣的中国文人与官僚精英。出版物中的插图与解释插图的文字传递了铁路发展的复杂性,尤其是从马车车厢转向旅客车厢,以及适应和运用蒸汽机。④

例如,1877 年夏辑的《格致汇编》刊载了一篇很详细的关于

---

① Benjamin Elman, *On Their Own Terms: Science in China, 1550 - 1990* (Cambridge, MA: Harvard University Press, 2005)([美]本杰明·艾尔曼,《科学在中国,1550—1990》,原祖杰等译,北京:中国人民大学出版社,2016 年), 362.

② 同上,第 310—319 页。正如熊月之和王尔敏所说,一些有经验的中国读者,已经可以读到 19 世纪编著的大量有关军事和自然科学的教材与专著的翻译版或原版。熊月之,《西学东渐与晚清社会》,上海:上海人民出版社,1989 年;王尔敏,《清季兵工业的兴起》,205—222 页,附录 2。

③ 见《火车与铁路论略》,《格致汇编》1877 年夏辑,1B - 11B。

④ 同上,6A - 7A。

机车与铁路的文章，文中向中国读者介绍了英国机车、旅客车厢和铁路车站的插图(参见图 1.1)。① 这样的绘图介于大众印刷与工程师规范制图之间；图中显示了技术细节，比如机车内部构造，但解释性的文字没有加上注解，还有一些部分是尚未翻译的英文。而作为框架的那篇文章，一部分是对伦敦的克莱门森(Clemenson)公司提供的文字的翻译，文章讨论了建造铁路的好处，并且热情地指出，无论对于城镇还是农村，改善货物运输都具有正面的经济效应。

25

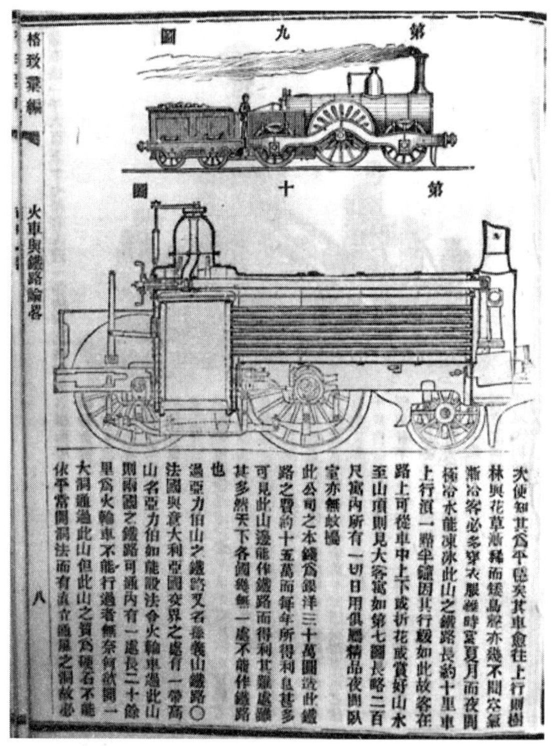

格致彙編　火車與鐵路論略

第九圖

第十圖

大使知其為平穩矣其車愈往上行則樹林與花草漸稀而矮島雀亦幾不聞空氣漸冷客必多穿衣服雖時當夏月而夜間極冷水能凍冰此山之鐵路長約十里車上行須一點半鐘因其行緩如此故客在路上可從車中上下或折花或賞好山水至山頂則見大客寓如第七圖長略二百尺寓內所有一切日用俱屬精品夜間臥室亦無數間

此公司之本錢為銀洋三十萬圓設此鐵路之費約十五萬而每年所得利息甚多可見此山邊能作鐵路而得利其難處雖甚多然天下各國幾無一處不能作鐵路也

過亞力伯山之鐵路又名森義山鐵路○法國與意大利亞國交界之處有一帶高山名亞力伯如能設法令火輪車過此山則兩國之鐵路可通內有一處長二十餘里為火輪車不能行過者無奈何欲開一大洞通過此山但此山之質為硬石不能依平常開洞法而有直立通風之洞故必

八

图 1.1　1877 年《格致汇编》上刊载的蒸汽机车外部和内部的插图。《火车与铁路论略》，《格致汇编》1877 年夏辑，8A。哈佛大学，哈佛燕京图书馆。

① 见《火车与铁路论略》，1B－11B。

由传教士们运作的西方翻译项目，是另一个向中国的精英们介绍铁路作为进步工具的来源。比如儿童杂志《小孩月报》是晚清之际由西方传教士在上海发行的，1876 年，该杂志讨论了吴淞铁路的建设，杂志上报道说，从虹口到江湾的轨道已经建成。[①]这篇文章非常详尽地描写了一趟客运列车之行，包括技术进展、空间维度，以及各种票价系统。然而令人感到奇怪的是，文中铁路规范所指的图片是一辆古老得多的英国铁路车厢，大约可追溯到 19 世纪三四十年代，这也表明传统马拉车厢在设计和外观方
26 面对旅客车厢所造成的影响。[②] 换言之，在这篇中文文章写就之时，这幅图片已经过时了整整一代，这种时间迟延，是由翻译、出版以及技术信息的商业分配造成的。

传教士杂志的文章是以西方视角写成的，文章为年幼的读者们上了一堂进步课程。文章没有把铁路称赞为技术发展的奇迹，但赞美了铁路的好处，包括速度、商业发展，以及铁路对国家整体的益处。与此同时，作者也没忘记提到小偷和强盗等潜在危险，因此需要警卫与士兵来保护旅客，这也表现了 19 世纪末期欧洲铁道旅行者们一种普遍的担忧。[③]

廉价的大众印刷品把有关铁路与机车的知识带给了更多的

---

① 《火轮车路》，《小孩月报》1876 年 6 月，第 4 页。非常感谢程美宝（Maybo Ching）提醒我注意到这一文献。

② 这篇英国旅行文章中的插图，见《旅游笔记》，《小孩月报》1877 年 8 月，第 2 页。关于英国的照片，见 *Illustrated London News*, May 1842；以及 Michael Freeman, *Railways and the Victorian Imagination* (New Haven, CT: Yale University Press, 1999), first endpaper, 99, 109.

③ 见 Wolfgang Schivelbusch, *Geschichte der Eisenbahnreise: Zur Industrialisierung von Raum und Zeit im 19. Jahrhundert* (Munich: Hanser, 1977)（[德]沃尔夫冈・希弗尔布施，《铁道之旅：十九世纪空间与时间的工业化》，金毅译，上海：上海人民出版社，2018 年）.

中国读者。正如历史学家傅凌智(James Flath)所说，中国北方用木板印刷的年画，“带着有关铁道等工业技术的知识脱离了物理限制，甚至在那些机器本身并未流通起来的地方，蒸汽机这个概念都能先流通起来”。[1] 中国最重要的两个年画印刷中心——天津附近的杨柳青和山东省东部的潍县(今潍坊)——都靠近传统的运输与供应网络，也就靠近最早的一些铁路线，因此在印刷图像中能够找到这样的对象也就不意外了。

创作杨柳青木版印刷品的艺术家们，是从通商口岸的出版物里模仿图像的。例如，《点石斋画报》是在上海出版的一份周刊画报，1884 年，其中就刊载了当时已经拆除的吴淞铁路的图像。[2] 这幅图像也和木板印刷品一样，其中的引擎和车厢的设计更像是更早的 19 世纪 40 年代的英国模型。20 世纪 20 年代以前中国的木板印刷中所描绘的铁路都没有注意地图绘制、技术细节和地景。实际上，绝大多数的印刷品都将铁路置于都市之内，而且正如傅凌智所确认的那样，用铁路和其他外国技术作为背景，是要描绘中国社会在阶级、性别和空间方面发生的变化。[3] 这些早期木板印刷品中最显著的特征在于，尽管存在着关于清朝晚期中国技术恐惧的刻板印象，但在再现铁路以及它们与周边空间的关系时，这些木板印刷品并没有表达出敌视态度。与铁路同时出现的 27
还有中国的手工劳动者以及人力车等其他传统运输形式，这描绘

① James A. Flath, “The Chinese Railroad View: Transportation Themes in Popular Print, 1873 - 1915,” *Cultural Critique* 58 (Fall 2004): 168 - 190, quote 168 - 169.

② 同上，第 176 页。这幅图可以在《点石斋画报》1884 年第 12 期上找到。有关该画报的介绍，见 Xiaoqing Ye, *The Dianshizhai Pictorial*: *Shanghai Urban Life*, *1884 - 1898* (Ann Arbor: Michigan Monographs in Chinese Studies, University of Michigan Press, 2003).

③ Flath, “Chinese Railroad View,” 178.

出了一个共存的领域，而不是为了争夺乘客而彼此敌对。

尽管在印刷品中出现了一些铁路的信息，但清朝末年有关铁路的知识肤浅得令人担忧。从19世纪70年代直到90年代，江南制造总局承担起了对铁路进行更为详尽描绘的责任，但其在中国推进工程教育的努力收效甚微：科举体系（一直延续到1905年）确保了要在帝国官僚体系中谋得一份差事，就必须按儒家经典来做准备，直到20世纪，仍在中国的学校课程中占有一席之地。正如史学家本杰明·艾尔曼（Benjamin Elman）所说，江南制造总局与其他兵工厂最终发展成在自然科学和工程学知识的翻译与传播中的关键性力量。① 无论是学术教育还是应用训练，省级造船厂都成了工程学的摇篮。例如，1866年创建的福州船政局就发展出了一套混合管理结构，外国技术人员与中国官员在一位由朝廷任命的船政大臣领导下展开工作。这家船政局基于法国的模型在中国引入了最早的工程训练，希望以此缓解技术劳动力的缺乏，工程师们要追求项目的成功，就必须依靠这些技术工人。船政局还单独设立了求是堂艺局，让学徒在此学习法语、算术、科学及工程，希望将他们训练成船政局车间的工头。②

纯粹就数字而言，在很长时间里，船政局在培养一个实质性的科学与工程毕业生阶层方面的影响微乎其微。尽管到19世纪90年代，有29名工程学生接受了造船厂的完整训练项目后毕业，还有5名学生完成了铁路建设的培训，但这个数字难以满足

① Elman, *On Their Own Terms*.

② 同上，第54页；亦见 Hsien-chun Wang, "Discovering Steam Power in China, 1840s–1860s," *Technology and Culture* 51, no. 1 (January 2010): 31–54，尤其是第45—53页。

正在兴起的铁路部门未来的需求。① 因此,中国最终开始进行规模巨大的铁路建设之时,主要靠的是外国的合资公司,公司的职员也是外国工程师。

津浦线 28

中国的铁路起源于半殖民社会,因此与 19 世纪晚期到 20 世纪初期世界其他地区的铁路建设相比,既有相似之处,也有不同。在英国主导下,印度的铁路建设始于 19 世纪 50 年代,在拉美、南欧和中东的独立国家,欧洲承包商也在半殖民状况下进行了超过一代的铁路建设。然而,中国面对的却不是一两个帝国主义势力,而是七八个,他们为了掌控铁路建设而彼此展开竞争。自从 19 世纪中叶的太平天国运动(1850—1864)以来,中国的中央政权陷入了碎片化,这进一步加深了政治的复杂程度,因为中国有权力的省级领导人之间与欧洲势力也在进行竞争。因此,支配中国铁路奠基时代的,是朝廷里帝国内部的竞争,与地方当权者和朝廷派系产生纠纷的省级官员,以及殖民势力和他们的中国伙伴之间的张力与误解。②

海外公司早就热望在中国铺下轨道,但 19 世纪晚期的绝大部分时间,反对的官员们都一直在拖延。外国为了获得铁路特许

① Elman, *On Their Own Terms*, 82.

② 有关太平天国起义,见 Stephen R. Platt, *Autumn in the Heavenly Kingdom: China, the West, and the Epic Story of the Taiping Civil War* (New York: Knopf, 2012)([美]裴士锋,《天国之秋》,黄中宪译,北京:社会科学文献出版社,2014 年); Philip A. Kuhn, "The Taiping Rebellion," in *The Cambridge History of China*, vol. 10, part 1, ed. John K. Fairbank, 264 - 350 (Cambridge: Cambridge University Press, 1970)([美]费正清等编,《剑桥中国晚清史》,中国社会科学院历史研究所编译室译,北京:中国社会科学出版社,1985 年).

权而展开的努力始于 1863 年，当时，27 家外国公司上书署理江苏巡抚李鸿章，请求获得权利建设一条线路，连接省城苏州与长江下游地区主要贸易港上海。李鸿章拒绝了这项请求，甚至拒绝将这份请求转呈皇帝。直到 1875 年，外国人才第二次做出努力，当时英国在东亚的贸易公司怡和洋行(Jardine Matheson)事先没有获得官方同意，就在上海与吴淞之间建设了一条约 15 公里长的轨道。这列火车运行了一年多，但到了 1877 年，中国政府因为担心外国人会控制这种交通方式，最终把这条铁路买了下来并拆掉了。[①]

尽管铁路里程增长缓慢，但在后来的几十年里，对铁路感兴趣的官员日益增加。1881 年 12 月，天津与上海之间的电报线开放用于交通，这条电报线也成了中国电报网络的核心，促进了未来铁路的发展。[②] 从那时起到 1894 年与 1895 年间的甲午中日
29 战争，好几位有企业家精神的官员，比如李鸿章(他对铁路的看法在 1863 年以后的几十年间发生了彻底改变)、张之洞和刘铭传，都在奏折里努力促成新建铁路。结果，对铁路系统的创制在华北地区拉开了帷幕。[③] 然而，在 19 世纪剩下的大多数时间里，除了一些用于采矿的短距离轨道，铁路发展还是受到限制，主要是因为政府对外国支配存在担忧。前文已经提到，到 1894 年，整个中国只建设了 314 公里的轨道。

---

① 关于吴淞铁路被废弃的命运，见 Hsien-chun Wang, "Merchants, Mandarins, and the Railway: Institutional Failure and the Wusong Railway, 1874 – 1877," *International Journal of Asian Studies* 12, no. 1 (January 2015): 31 – 53.

② Erik Baark, *Lightning Wires: The Telegraph and China's Technological Modernization, 1860 – 1890* (Westport, CT: Greenwood Press, 1997), 166.

③ Mongton Chih Hsu, *Railway Problems in China* (New York: Columbia University, 1915), 15 – 24.

甲午中日战争最终改变了政治算计，使之有利于铁路发展。1895年中国败给日本，这不仅激发了推动本土工业化的努力，还削弱了政府的谈判能力，让它面对在大陆上寻求立足点的外国公司时不那么强势，从而为铁路建设提供了新的推动力。[①] 工业发展突然就成了政府的优先工作，政府将工业化视为与日本及其他具有同等商业地位的国家展开竞争的必要回应。张謇（1853—1926）等人从官员变成了企业家，他们也开始推崇铁路，将铁路视为“工业之根”，能够造就商业和军事的繁荣，而且推而广之能达成社会和谐。[②]

津浦线就诞生于这样的政治时刻。19世纪末，德国以通商口岸青岛为中心，确立了在山东的利益范围。1898年，德国与英国取得了联合特许权，要建设一条连接天津市和长江北岸的铁路线。这项计划是要建立一条运输和交通的大动脉，从天津这座很容易到达北京的华北城市，通过浦口横跨长江，连接南方的南京。英国人将建设并运营江苏省内的那段线路，亦即铁路南段，德国人则负责北段穿越山东和直隶省的线路。1899年，一家英德企业联合（syndicate）与中国政府签订了铁路建设协议。[③]

协商铁路的财务控制、建设、设备和运营等花了好几年时间。

---

① Elisabeth Köll, *From Cotton Mill to Business Empire: The Emergence of Regional Enterprises in Modern China* (Cambridge, MA: Harvard East Asia Center, Harvard University Press, 2003). 有关1895年以后政府在推动工业企业方面的角色，见上引，31—51页。

② 张謇，《张季子九录》，张孝若编，《实业论》（七卷），第2卷，1931年；台北：文海出版社，1980年再版；亦见 Su-yü Teng and John K. Fairbank, *China's Response to the West: A Documentary Survey, 1869–1923* (Cambridge, MA: Harvard University Press, 1977)（[美]费正清、邓嗣禹编著，《冲击与回应：从历史文献看近代中国》，陈少卿译，北京：民主与建设出版社，2019年），108–119.

③ 宓汝成，《中华民国铁路史资料（1912—1949）》，北京：社会科学文献出版社，2002年。

一开始，建设因1900年的义和团运动而推迟，这场运动在山东北部和直隶造成了广泛的混乱与焦虑，也给该区域地方政府的控制
30 权带来挑战。1910年以后，线路建设进展得相对快速，两段线路
都于1912年建成。①

与中国早期的工业企业及其他铁路线一样，为津浦铁路筹集资金也极为艰难。汪懋琨是济南一位杰出的致仕官员，他曾试图筹集一些中国资本，但却没能说服本地投资者将他们的资财挹注到这个项目之中，毕竟项目在盈利与稳定性上的承诺都非常含糊。② 与英属印度一样，本地资本的所有者们最初做出的选择都很理性，会投资到他们更熟悉的公司里，因此更倾向于投资土地资源以及房地产，而不是投资风险更大的铁路。③ 直到清朝即将终结的1905年，商业环境正在发生改变，国内对工业的投资才开始缓慢增加，也见证了中国开始在第一部公司律中引入有限责任、商会，并最早推动银行业的现代化。到1908年，津浦铁路注资问题最终达成了一致：第一项债券安排，是所谓的大清帝国政府百分之五津浦铁路债券，这主要是一项在伦敦金融市场上分两期发行的500万英镑债券，其中65%是德国资本，35%是英国资

① 例见 Lin Cheng, *The Chinese Railways: A Historical Survey* (Shanghai: China United Press, 1935)；金家凤主编，《中国交通之发展及其趋向》，南京：正中书局，1937年。

② 吕伟俊等编，《山东区域现代化研究(1840—1949)》，济南：齐鲁书社，2002年，第54—59页。

③ Ian J. Kerr, *Engines of Change: The Railroads That Made India* (Westport, CT: Praeger, 2007), 24.

本。① 1910 年，又发行了 300 万英镑的补充债券，利率为百分之五。② 尽管这项债券在欧洲被超额认购了好多次[德国的德华银行(Deutsch-Asiatische Bank)为长 645 公里的德国段筹集了 189 万英镑，为 378 公里的英国段在伦敦筹资 110 万英镑]，但市场发行也吸引了中国的一些私人投资者，以及直隶、山东、江苏和安徽等省政府，他们共同投资了 26 万英镑。③ 利息由铁路的收益支付，债券则由中央政府担保，用厘金(商业转运税)收入和铁路经过的这四省省内的财政收入作为抵押。与此前外国债券的安排不同，津浦铁路本身并没有作为抵押品用于贷款。这种新的财务安排也被称为不同投资群体之间进行债务协商的浦口条款。这是第一次在由外国伙伴进行线路建设的情况下，中国政府至少在纸面上保有了总体的经营控制权，这尤其体现在煞费苦心达成的债务安排上。④

有关中国在 20 世纪早期进行大型基础设施项目时的融资能 31
力问题以及相关的更广泛的讨论，津浦线的融资过程可以提供洞见。尽管一些地方试图筹集资本，但最终中国的私人资本仍然极

---

① Cheng, *Chinese Railways*, 82; P. H. B. Kent, *Railway Enterprise in China: An Account of Its Origin and Development* (London: E. Arnold, 1907), 152 - 153. 拉尔夫·威廉·许内曼(Ralph William Huenemann)引用 1908 年债券的真实利率为 5.85%。Huenemann, *The Dragon and the Iron Horse*, 120.

② *Investment Values of Chinese Railway Bonds* (Paris: La Librairie françise, 1923), 45 and table 1.

③ En-Han Lee, *China's Quest for Railway Autonomy 1904 - 1911* (Singapore: Singapore University Press, 1977), table 4;《山東鐵道會社ニ關スル調査報告:附録 浦信鐵道借款契約、津浦鐵道借款契約》，大连:《满洲日日新闻》，大正四年(1915 年); Ghassan Moazzin, "Networks of Capital: German Bankers and the Financial Internationalisation of China (1885 - 1919)" (PhD diss., University of Cambridge, 2017).

④《山東鐵道會社ニ關スル調査報告:附録 浦信鐵道借款契約、津浦鐵道借款契約》，1915。

为有限,投资主要来自国家,就津浦铁路这一个案而言,也就是与铁路路径有关的省级政府。中国的私人投资尽管格外理性,却并不充足,这也印证了史学家们的论点,即中国缺乏一个资本市场,帝国政府拒绝发行公债,这成了为铁路基础设施等大型工业项目融资的主要障碍,而这些项目所需的投资,超出了传统银行和私人金融网络所能提供资金的限度。① 与此同时也需要注意到,外国投资者非常渴望将他们的资金投入到中国的铁路项目中。1900 年,也就是义和团运动期间,外国人曾遭到攻击,而仅仅过了几年,他们就开始投资了,这也表明西方媒体上那些反华以及对帝国政治未来感到悲观的报道并没能让外国投资者却步。相反,就像债券超额认购一样,外国人非常积极地想把他们的钱投入到中国铁路的未来发展中。②

津浦铁路公司内部的国际合作与张力,在建设与运营管理过程中表现得尤为明显。中方名义上保留着对铁路的权利,但中方要任命有经验的英国和德国铁路工程师作为总工程师,就必须得

---

① David Faure, *China and Capitalism: A History of Modern Business Enterprise in China* (Hong Kong: Hong Kong University Press, 2006)(科大卫,《近代中国商业的发展》,周琳、李旭佳译,杭州:浙江大学出版社,2010). 国内铁路投资受到限制,但有一个显著的例外,那就是华侨陈宜禧从美国回到家乡广东台山,建设了新宁铁路,该铁路于 1909 年建成。1938 年,日本一占领广州,政府就下令拆除所有地方铁路,包括 133 公里长的新宁铁路。这条铁路从未重建。见 Madeleine Y. Hsu, *Dreaming of Gold, Dreaming of Home: Transnationalism and Migration between the United States and South China, 1882–1943* (Stanford, CA: Stanford University Press, 2000), 156–173, 169.

② *Investment Values of Chinese Railway Bonds*; Ghassan Moazzin, "Networks of Capital."

到英德企业联合的批准。① 津浦线上的外国工程师向两名中国总办汇报，这两名总办分别监管英国段和德国段。总工程师与总办之间有关为铁路线聘用或解雇技术人员发生任何争议，都会由中国的总督办最终决定。另外，中方负责任命一名欧洲的总工程师，他会独立于企业联合的要求，在铁路建成之后对整条铁路进行监督。②

一个正在扩张中的商业机构，其管理高度碎片化，分成了由不同国家、不同管理机构负责的不同段落，这致使参与各方发生了严重、频繁而且普遍的争议。英德双方都为了增进各自的金融 32
和政治利益而展开竞争，关于铁路会计系统的争议尤其大。德国和英国的铁路工程师都不断抱怨不规范。对贪污和侵占的指控非常普遍。③ 总督办对公司的资金有完全的控制权，只要他拿到了总办的签名，就可以从债券中任意提取钱款。没有外国会计师为支付提供证明，也没有对簿记进行审计，这也令人惊讶。会计系统只是不定期对企业联合派出的一位巡视代表负责。1909年，在德国段的账户中，有 300 万两白银消失了，并且在会计部门

---

① "Records relating to German railroad construction in China, 1898 - 1916," Business Manuscripts MSS: 705, 1898 - 1916, 15 vols., Baker Library, Harvard Business School (BLHBS); ibid., annotated draft of "Final Agreement," vol. 5 (1903/1904), pp. 1 - 8 (separate pagination). 该文件中，"工程师"(engineer)一词指的是经过专业训练、拥有与铁路建设和运营相关专业知识的土木工程师。在美式英语中，"铁路工程师"(railroad engineer)指的是操作火车的人[英式词汇会用机车司机(engine driver)一词]。见 Walter Licht, *Working for the Railroad: The Organization of Work in the Nineteenth Century* (Princeton, NJ: Princeton University Press, 1983)。

② BLHBS, 1904, annotated draft of "Final Agreement," vol., 5, pp. 1 - 8 (separate pagination); ibid., vol. 11 (1908/1909), "Stand der Bauarbeiten am 15. Februar 1909" (1909 年 2 月 15 日建设工作状况), February 16, 1909, no pagination.

③ Cheng, *Chinese Railways*, 60.

中发现了另外一起贪污事件。[①] 很明显，尽管会计部门是由德国的总工程师与企业联合派出的审计师共同控制，但这家铁路公司并没有严格将会计规则应用到企业当中。事件发生后，中国的总督办与总办被迫共同辞职以示负责，他们最终受到了处罚，但德国人因为他们的治外法权身份而逃脱了法律起诉。[②]

在 20 世纪 20 年代以前，中国传统的商业会计与西方的铁路会计系统并不兼容，这使局面进一步复杂化。直到建设中期，津浦铁路公司都有两套会计规则，一套是中国的，一套是德国的，不过从 1909 年开始，中国会计被“翻译”成了德国的会计方式，以求控制贪污和财务上的不规范。比如说，中国工业企业使用的会计体系并没有把折旧这个概念以令人满意的方式应用到机器和建筑上。[③] 折旧率与企业生产性资产的增长没有联系到一起，从而对公司的财务造成了长期的负面影响。当然，对于像铁路公司这样以设备为导向的企业，在会计体系中缺乏折旧就更糟糕。约翰·厄尔·贝克(John Earl Baker)在 20 世纪 10 年代成了交通部的一名顾问，1923 年还为中国的铁路会计人员编写了一部经典的教科书，在他看来，“对于铁道或者任何其他业务而言，他必须要知道关于那项业务的大量(原文如此)技术性工作之后，会计才会变得有价值”。[④] 事先没有关于铁路
33 建设和线路运营的技术知识，也没有得到充分的专业训练，中国会计师们在铁路业务的早期面临着极为艰巨的任务。

中国管理人员在线路的建设和运营方面能否取得成功，取决

---

① “Vertraulich: Im Anschluss an den Bericht vom 17. Juni 1909”(机密：1909 年 6 月 17 日报告续), BLHBS, vol. 11, 1908 - 1909, June 22, 1909, no pagination.

② Cheng, *Chinese Railways*, 33 - 35.

③ Köll, *From Cotton Mill to Business Empire*, 176.

④ John Earl Baker, *Chinese Railway Accounts* (n. p. : Jiaotongbu, 1923), 87.

于他们的商业技能以及与他们的商业伙伴进行协商的能力。例如,英国段的中国总办能够获得一些建筑材料,这些材料是以前外国机构为其他铁路线购买的,但没有用上,因此价格低得多。① 买一些本来分派给其他公司的二手设备或材料并不是铁路业务所独有:像纱厂之类的工业企业在他们发展的早期阶段,同样依赖这种实惠的设备。② 然而,英国人却不同意中国总办的做法,并且特别批评了美国以及英国以外欧洲其他的竞争者为了确保拿到合同,在供应机器和设备时给出比英国制造商更低的价格。③ 即便在日常,不同的国家经济利益也在中国管理人员与他们的企业联合伙伴之间造成了一定程度的摩擦。

绘制空间地图

有研究表明,清帝国晚期的地图绘制工程,已经展现出帝国在扩展疆域和对景观强加秩序等方面取得的成就。④ 铁路勘测地图主要是20世纪早期由铁路企业联合绘制的,揭示了文化再现与科学再现的某种结合,也反映了当时文化和政治环境的变化。中国铁路最早的地图是由外国工程师们绘制的,他们为铁路公司工作,负责勘测与建设过程。这些地图,尤其是立体地势图,

① "Im Anschluss an den Bericht No. 215 vom 3. Dezember 1908"(1908年12月3日,215号报告续), BLHBS, vol. 11, 1908 - 1909, no pagination.

② Köll, *From Cotton Mill to Business Empire*.

③ 1914 - 16 No. 5551 Annual Series, Diplomatic and Consular Reports, China, Report for the year 1914 on the Trade of Hankow, 3 - 5, FO 228/2594 British National Archives (BNA).

④ 例见 Peter C. Perdue, *China Marches West: The Qing Conquest of Central Eurasia* (Cambridge, MA: Belknap Press of Harvard University Press, 2005), 442 - 461.

不仅仅记录了实体地景，也引入了具有经济价值（当然也具有政治价值）的详细经济地质信息。[1]

因为中国的第一批铁路公司大多数都是通过外国特许而建立的，最初的勘测也是由外国工程师进行，他们带来了来自其他殖民地或者参军时所获得的经验。根据 1899 年与清政府就津浦
34 线签署的第一份协议，英国和德国工程师可以在他们各自管理的区段对土地进行勘测，只要通知当地政府即可，当地政府有时会签发许可以承认勘测员活动的合法性。[2] 在英国人负责的那段津浦线上，印度殖民地既是非常重要的资源来源地，也是非常重要的模型。英国福公司（Pekin Syndicate）曾获得过河南和山西省的采矿特许权，1898 年，这家公司招募了一支工程勘探队，由 J. G. H. 格拉斯（J. G. H. Glass）领导，成员是六名“印度政府借调”的皇家工兵人员，格拉斯是政府驻孟加拉公共工程部总工程师兼部长。[3] 这支勘探队的目标就是要评估煤和铁矿藏的价值，以及这些矿场是否能够通过铁路与水道相连以便运输开采产品。工程师们期望在铁路问题上也取得积极结果，因此也接受了培训，可以为铁路做一些初步勘测，并预估建设成本。而在进行实际勘测时，格拉斯则雇用了十名由印度政府勘测部所训练的印

---

① Tientsin-Pukow Railway relief map, inserted into BLHBS, vol. 8, 1907.

② Graf Verri, “Notizen zu Bericht ueber Erkundung einer Bahntrasse im Abschnitt Tsi-nan-fu and Yen-tschou-fu”（济南到兖州段轨道勘探报告说明）, BLHBS, vol. 3, March 30, 1902.

③ J. G. H. Glass, *Report on the Concessions of the Pekin Syndicate, Limited, in the Provinces of Shansi and Honan, China, with Estimates of Cost of Railways and Other Works Necessary for Their Development* (n. p., 1899), 3 - 4. 关于企业联合的历史，参见 Frank H. H. King, “Joint Venture in China: The Experience of the Pekin Syndicate, 1897 - 1961,” *Business and Economic History* 19 (1990): 113 - 122.

度测量员，他们被视为从属职员，曾经驻扎在印度全境。①

英属印度不仅提供了员工，还为中国的铁路编制规划。为英国福公司进行的勘测，主要就是基于“印度政府为铁道项目做准备的规则”，这份规则为数据采集和记录、勘测的范围，以及在野外所做记录的性质，确立了指导方针。② 这份规则要求测量员详尽记录需要做怎样的调适工作（也就是跨越铁路线到底是用平交路口还是用跨线桥，当村庄靠近铁路且在铁路的另一侧也拥有大片土地时更是如此）；建设的设备，诸如石头、砖块、石灰石、石板和木材等建筑材料等的可及性；技术劳动力和非技术劳动力；食物和水的供应；当地的商品价格与工资数据；以及“当地任何可能对建设的速度和方法造成影响的状况”。③ 与勘测队有关的工作还包括为桥梁建设勘察重要的河流，选择合适的站址，并且就任何已经存在或者未来可能产生的“特殊交通过程……例如煤炭或者矿藏、木材、香客等等”搜集贸易信息和统计数据。④ 尽管企业联合的任务集中于从矿场运输煤炭，以及在山西省建设铸铁厂， 35
测量员还要评估不同的轨道规划和终点站的商业可行性，他们提议选址长江北岸的浦口，因为这个地点更有潜力作为未来的河畔终点站。⑤

就社区关系而言，英国的做法也从印度殖民地借来了经验。为了防止当地人对外国人不太顾及他人感受的行为作出有敌意的反应，指导方针中有一部分叫“与公众的关系”，里面告诫工程师，“每作

---

① Glass, *Report on the Concessions of the Pekin Syndicate*, 3 - 5；关于在印度工作的铁路工程师，见 Kerr, *Engines of Change*.

② Glass, *Report on the Concessions of the Pekin Syndicate*, 43 - 47.

③ 同上，第 43 页。

④ 同上，第 46 页。

⑤ 同上，第 39—40 页。

出一次尝试,都要避免干扰宗教建筑、墓地,以及其他可能具有神圣性的事物”。① 指导方针建议测量员们在进入封闭空间之前,必须获得允许,并且要由当地的负责人陪同。至于与民间有威望的人士合作,是因为他们的帮助对于保护一些实体物品而言可能至关重要,比如为了标记勘测数据而保留在露天的基准线或者钉桩。②

缺乏基于西方的地理方法制作的地图,给外国测量员识别村庄及知道村庄的名字带来了挑战。尽管中国在20世纪之前就已经发展出了地图绘制技术,但传统的中国地图对于工程目的而言并没有帮助——那些地图几乎都不是严格按照比例加以绘制的,也没有用等高线标示出海拔高度,通常是在相对准确的位置画上山或者其他地标的侧视图。在中国人看来,即便没有精确的地图,在评估和声索土地与财产时也不会有什么问题,因为中国有着很强的契约文化,但书写的契约并没有在纸上用图像描绘出每一片土地及其尺寸来标明财产所有权,而是用文字详细描绘出界线及财产的位置。③

不过还有很重要的一点需要指出,中国的本地居民在请求改

---

① Glass, *Report on the Concessions of the Pekin Syndicate*,第47页。

② 关于土地调查和地图绘制所面临的挑战,有一项绝佳的研究,见 Cheung, "Trigonometrical Survey and the Land Maps in China, 1368 – 1950," in *Colonial Administration and Land Reform in East Asia*, ed. Sui-wai Cheung (London: Routledge, 2017), 117 – 141.

③ 更多的地图,见 Iwo Amelung, "New Maps for the Modernizing State: Western Cartographic Knowledge and Its Application in 19th and 20th Century China," in *Graphics and Text in the Production of Technical Knowledge in China: The Warp and the Weft*, ed. Francesca Bray, Vera Lichtman, and Georges Metailie (Leiden: Brill, 2007), 685 – 726; Hilde De Weerdt, "Maps and Memory: Readings of Cartography in Twelfth-and Thirteenth-Century Song China," in *Imago Mundi* 61, no. 2 (2007): 145 – 167. 关于产权与合同文化,见 Madeleine Zelin, Jonathan K. Ocko, and Robert Gardella, eds., *Contract and Property in Early Modern China* (Stanford, CA: Stanford University Press, 2004).

变规划中的铁路建设时，没有回避使用请愿书来代替地图，他们既有信心这么做，也非常老练。例如，1904 年，沧州城的两位代表向津浦管理机构提交了请愿书，他们要求津浦铁路公司将计划中的铁路线移出东城墙南侧的公共墓地。在信中，请愿人欢迎铁路建设，认为这是对城市商业活动有利、对市民的流动有益的事。档案记录显示，铁路公司办公室里的一位中国助理基于请愿书绘制了一份传统的手绘地图，加上了有关东门外通往济南主路上电线杆的位置。这幅地图显示，对于熟悉传统制图术的中国人来说，将文字描述翻译成一幅地图并不是什么问题。我们可以假定，地图很方便地为津浦铁路的中国管理人员提供了抽象信息，但对于公司的外国工程师而言则毫无用处（见图 1.2）。①

从勘测的目的考虑，铁路公司不得不为传统中国制图术的缺 37
陷提出解决办法。每一位测量员都配备了一份中文写成的问题列表，他们会在一位当地人的陪同下进入村庄，而这位当地人可以将村庄的名称用中文写下来。测量员再在汉字旁写下注释，然后再给两者各标一个数字，从而将村庄标记在地图上。随后再由勘测队的翻译员对中文村庄名进行翻译。②

对于津浦铁路英国段的勘测而言，印度的殖民经验就成了范本，而德国段则是基于军事步骤和军事机构。第一批德国工程师和测量员几乎全有军队背景，他们是德国驻青岛殖民机构的一部分。他们向驻北京的德国公使馆和柏林的德国外交部报告，受运营经理锡乐巴（Heinrich Hildebrand）的监督，此人曾在胶济铁路

---

① "Cangzhou cheng"（沧州城），hand-drawn map，inserted in BLHBS，vol. 5，1904，no pagination.

② 同上。

36

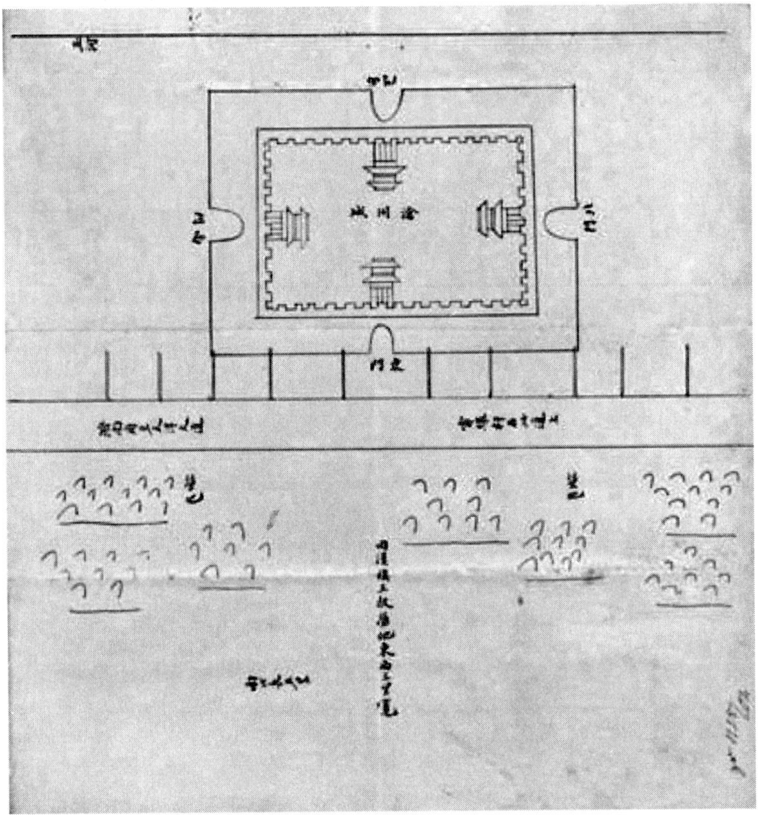

图 1.2　中国 1904 年的一份请愿书中的地图显示了沧州城的墓地。德国在华铁路建设相关记录，1898—1916 年。哈佛商学院贝克图书馆，第 5 卷，无页码，1904 年。

工作过，拥有在中国更早的殖民铁路项目工作的经验。[①]

企业联合中，德国和英国合伙人控制铁路的不同区段，因此也就分别执行测量工作。在铁路建设可以展开之前，需要由德国测量员出具一份详细报告，以决定津浦线的线路，从而使之尽可能高效地适应地景，避免建设耗资不菲的桥梁与隧道。在山东省内，津浦线平行于一条旧时的官道，这样就能使主要的工程项目，比如建设高架桥和爆破隧道等减到最少。北段也就是德国段，是由总工程师德浦弥尔（Julius Dorpmüller）负责；南段也就是英国段，则是由总工程师德纪（T. W. T. Tuckey）负责。仅北段就绘制了 430 幅地图。1908 年，北段的总工程部从天津往南派出测量员来勘测这个区域，重绘老地图，并且将整个北段分成了九个区段。1909 年，勘测即将最终完成，南段才被分成了三个区段。津浦铁路负责购买土地的办公室随后开始基于在勘测中绘制的地图来购买土地。[②]

征　地 38

我们已经知道，西方在进行铁路建设时引发了暴力反应，这是因为农村人对未知和不熟悉事物的害怕，或者是出于其他宗教

① BLHBS, vol. 1, 1898; Klaus Mühlhahn, *Herrschaft und Widerstand in der "Musterkolonie" Kiautschou: Interaktionen zwischen China und Deutschland, 1897 - 1914* (Munich: Oldenbourg, 2000)（[德]余凯思，《在"模范殖民地"胶州湾的统治与抵抗：1897—1914 年中国与德国的相互作用》，济南：山东大学出版社，2005 年）, 472.

② 济南铁路局史志编纂领导小组：《济南铁路局志，1899—1985》，济南：山东友谊出版社，1993 年，第 68 页。

和经济考虑而反对轨道、通信设备以及机车。① 在津浦铁路建设时，这些问题也同样起到了一定的作用，地方史材料提供的证据表明，当地人有关风水的宗教性考虑实际上遮蔽了与纯粹经济利益有关的担忧，比如土地价格、土地贬值，或者所有权与租赁模式改变等。实际上，津浦铁路就是一个很好的例子，显示了德州、齐河、济宁等地的农民，如何聪明地将他们的土地划定为坟地，从而为他们的土地谋取高于平均水平的售价，这是因为津浦铁路公司很希望在实际建设过程尚未开始之前，能够避免当地人任何的不满甚至骚乱。②

1900年5月底就发生了类似的攻击京保铁路（北京到保定）的事件，当时，义和团民拆毁轨道、破坏车站与电线杆，这给西方人对中国人对待铁路技术态度的诠释造成了持续影响。③ 除了给铁路线和车站造成实际破坏外，有五名外国工程师在试图逃往天津时被杀害。一天之后，义和团民焚毁了京津铁路上的丰台车站，此后几周，义和团民开赴首都，切断了北京和天津之间的铁路

---

① 似乎也有必要提及西方对铁路的恐惧，甚至在都市精英中也存在。例如，教皇格列高利十六世(Gregory XVI)害怕"地狱机器"会运来革命观念和不想要的经济竞争。见 Eamon Duffy, *Saints and Sinners: A History of the Popes* (New Haven, CT: Yale University Press, 2006), 281; Owen Chadwick, *A History of the Popes, 1830-1914* (Oxford: Clarendon Press, 1998), 50-51.

② (山东省)《德州县志》(1935；台北：成文出版社，1968年再版)；(山东省)《齐河县志》(1933；台北：成文出版社，1968年再版)；(山东省)《济宁县志》(1927；台北：成文出版社，1968年再版)。

③ 关于这些事件，可进一步参考 Paul Cohen, *History in Three Keys: The Boxers as Event, Experience, and Myth* (New York: Columbia University Press, 1997) ([美]柯文，《历史三调：作为事件、经历和神话的义和团》，杜继东译，南京：江苏人民出版社，2005年), 47.

线。[1] 1900 年 5 月 16 日，义和团民向天津和直隶省的当地人发出通知，警告他们不要“为了追求速度搭乘火车，否则他们在火车上将面临死亡”，因为“整个区域所有的铁路都将被破坏”。[2] 义和团民对与铁路有关的员工和财产造成了巨大破坏，引发了外国军队的激烈回应，比如 1900 年 6 月 18 日，俄国士兵就在老龙头保卫天津站。[3]

然而要正确看待事件，我们得记住到 1900 年，在华北地区运营的铁路网只包括直隶省内的几段很短的线路，将北京与保定、天津、海边的塘沽，以及唐山的矿场相连——加在一起也就仅仅 1000 公里轨道。延伸最广的铁路网位于俄国控制之下的东北地 *39*
区，与义和团活动的地区相去甚远。史学家柯文(Paul Cohen)提出了一个非常可信的观点，即在 19 世纪，中国与西方的关系由两种非常不同的连接方式组成，也引起了不同的反应：帝国主义一方面作为一种负面力量，另一方面又是一种积极的进步与现代性的力量。这两个方面都既是引起义和团运动的原因，也是义和团运动不太直接但具有代表性的目标。[4] 不过，我们也得在这样一种复杂的语境中来看待义和团运动对西方技术的攻击，即它是对于铁路作为帝国主义的触角以及更普遍的排外情绪的一种症候性回应，而不是一种针对铁路技术本身的反应。尽管 1896 年以后，一批因为京津铁路的到来而失去工作的船夫加入了天津的义

① Cohen, *History in Three Keys*; Susan Naquin, *Peking: Temples and City Life, 1400–1900* (Berkeley: University of California Press, 2000) ([美]韩书瑞，《北京：公共空间和城市生活，1400—1900》，孔祥文译，北京：中国人民大学出版社，2019 年), 681.

② Cohen, *History in Three Keys*, 86.

③ 同上，第 272 页。

④ 同上，第 288 页。

和团运动，不过在大量因为旱情致贫而从城市周边的农村进入城市并加入这场运动的农民当中，他们只是极少数。①

除了义和团的活动，中国反对铁路建设及土地征收的另一场声名狼藉的事件发生在为胶济铁路做准备的过程中。胶济铁路始于山东半岛由德国殖民租借的胶州领地内。这片领地 1897 年 11 月由德国海军部队所兼并，成了国家指挥的德国殖民主义意在打造的一个范本，以展示其文明的社会经济政策及政策的执行所能带来的好处。后来在 1914 年末的第一次世界大战中，这片领地被日本所占领。② 因为这片地区的殖民存在得到了军队粗暴的操纵与支持，因此他们与当地人的互动要比半殖民区域的津浦线以及其他的铁路企业联合更为政治化。

在高密附近的村庄，当地人反对胶济铁路建设，看起来是以更复杂的形式回应损害当地社会经济稳定的多种因素，包括德国铁路公司从外省雇用建设工人，铁路沿线毫不让步也毫不讲理的军事存在，以及在征地过程中不公正的协商过程。③ 铁路代表着殖民主义，德国殖民地内反铁路抗议以此为直接目标，这就引发了军事镇压，造成了大规模的人员死难，其中绝大多数是中国人；
40 然而，有关人为压低价格的证据却不是很清晰，因为史学家们的观点都是基于 1900 年一份单一的日记资料，数据极少，而且大多是凭印象记录的。④ 所以我们需要重新看待这个问题，尤其是因为我们必须考虑到中国的铁路建设绝大多数并不是发生在殖民

---

① Cohen, *History in Three Keys*, 42.

② 见 Mühlhahn, *Herrschaft und Widerstand in der "Musterkolonie" Kiautschou.*

③ 王守中，《德国侵略山东史》，北京：人民出版社，1988 年，153—153 页。

④ 王守中和余凯思(Klaus Mühlhahn)都将这本日记作为唯一的主要参考资料，这本日记给出了高密农村的一个土地均价。《筹笔偶存：义和团史料》(1900 年；北京：中国社会科学出版社，1983 年再版)，第 173 页。

租赁权的环境中。

为铁路建设购买土地这个乏味的过程表明，与和义和团有关的那些引人注目的事件不同，中国人对这种新技术持一种更为通融的态度。一些中国的史学家评论说，殖民铁路公司征地本质上具有“剥削性”；与他们的观点不同，我的研究表明从铁路沿线的中国农民手中购买土地，并不是一个太大的问题。① 为了避免公众的抗议以及漫长的协商过程，津浦铁路公司给的每亩出价要比当地的平均价格高得多。② 铁路公司也知道当地人对风水问题存在担忧，因此在处理迁坟和购买墓地这样微妙的问题时向中国农民们提供了慷慨的赔偿。比如，1899 年，负责测量粤汉铁路的美国总工程师就傲慢地说：“每座坟赔 5 美元，就什么反对都能解决了。”③

其他的铁路线在有关铁路沿线坟地的赔偿问题上，与地主达成了更广泛的赔偿协议，并且与地块的实际面积无关。北方的中东铁路，每位居民都得到了 8 两银子，以弥补“对每一位已故祖先的打扰”，并且作为对将坟墓迁往新的埋骨所的补偿。在本章开头，我们提到了工程师柏生士，在他看来，这样具有诱惑力的赔偿方案不仅消除了各方反对，也造就了一种与征地相关的新商业实

---

① Jeff Hornibrook, *A Great Undertaking: Mechanization and Social Change in a Late Imperial Chinese Coalmining Community* (Albany: State University of New York Press, 2015), chap. 4. 关于穿过安源煤矿附近的萍乡的铁路线的征地问题，霍尼布鲁克确认了要估计晚清和民国时期特定田地和土地资产的真正价格几乎是不可能的。

② Statement by chief engineer Dorpmüller, BLHBS, vol. 13, February 1913. 关于德浦弥尔回到德国并出任希特勒政府的交通部长的生涯，见 Alfred Gottwald, *Dorpmüller 1920－1945* (Freiburg: EK-Verlag, 2009)。

③ William Barclay Parsons, *Report on the Survey and Prospects of a Railway between Hankow and Canton* (New York, 1899), 40. 1913 年，德浦弥尔做出了类似的陈述，见 BLHBS vol. 13, February 1913。

践。一旦当地有企业家精神的土地投机者确定了一条规划中的新线路的走向，他们就会为了将来的建设去接触这片土地上祖坟的所有者，并作为中间人提供服务。这样一来，他们就能在建设过程之前，安排棺材重新下葬，赔偿最初的所有者，并且从铁路公司获得每个墓穴 8 两银子的收费。正如这位工程师所说，这样的安排对双方都有吸引力，因为铁路赔偿使当地的中间人能拿到一笔“中介费”。①

41 测量普遍地价水平也是工程队需要执行的测量任务之一。除了人口数、可用劳动力、工资水平、土地性质，以及建设和运输（比如骡子和小牛）可用的材料等测量范畴，所谓土地价值的范畴，需要在报告中对每一段主要线路的土地价值进行大概估计。比如说，英国福公司的测量员对计划修筑的樊城到鲁山铁路沿线的土地给出了一个很宽泛的估计，从每亩 6 到 15 两银子到每亩 20 到 50 两。② 这些估计大多数将人口密度与土壤的一般质量关联起来；然而，工程师们在报告中坦承缺乏详尽、准确的价格信息，并解释说“要拿到正确的价格信息极其困难，因为我们很快就理解到，居民会对他们的财产提出可能的最高报价，以便获得好处，只要能成交，什么价都敢报”。③

对我而言，要从中文的一手资料中获得关于铁路公司预期土地价格的确定信息极为困难，但出人意料的是，企业联合的官方与非官方文件中的信息也好不到哪里去。例如，1899 年 9 月，英国福公司勘测了浦口附近的长江北岸，以选择终点站的最佳位置连接河对岸的南京，直达沪宁线并进而连接粤汉线。工程师哈

---

① Parsons, *An American Engineer in China*, 265.

② Glass, *Report on the Concessions of the Pekin Syndicate*, app. 84A.

③ 同上。

里·奥古斯都·弗雷德里克·柯里(Harry Augustus Frederick Currie)以及两位印度测量员认为浦口是建设终点站的最佳位置,因为在离岸 45 米的地方水深达 12 米,这也是松软的长江北岸唯一适合的位置,尽管这里对于南京而言,位置过于偏东。与湖北段计划的线路沿线人口更多的土地进行的评估不同,松软、无人居住的水岸土地平均约为每亩 5 美元(约 3 英镑),包括已开垦和未经开垦的土地。① 我无法为这家公司评估其土地的实际花费。那些包含建设费用最终估计的记录,从来没有将土地成本纳入,只有每英里轨道的花费——这取决于每英里的坡度、弧度以及半径,还有隧道、桥梁以及车站的数量。②

土地评估以及如何编列征收费用的问题,在整个津浦铁路建设过程中一直存在,并且持续到 20 世纪 10 年代,当时银行和公司债券所有者已经需要更详细的财务报告。甚至到线路已经正式开通的 1912 年,官方在当年的年终报告中还闪烁其辞地说: 42
“在建设过程中,本办公室一直在高压之下工作,因而也就很容易理解,本办公室无法完成一份最终的详细调查,来记录所有的土地购买以及用界线石进行的划界。”③总工程师德浦弥尔在其 1914 年 1 月提交的对津浦铁路北段责任报告(Rechenschaftsbericht)中,更公开地表达了他对这种状况感到的挫败,这份报告仍然只是一张建设费用的总表,包括土地、机辆、车站以及所有固定资产。他认为财政透明度的缺乏是因为“无法进行量化”,并且指责说,建设费用之所以比德国在山东半岛建设

① Glass, *Report on the Concessions of the Pekin Syndicate*, app,159－160,附录 S1。

② 同上,第 60、63 页。

③ “Chinese government railways Tientsin-Pukow Line, northern section,” BLHBS, vol. 14, December 31, 1912, 2.

的胶济铁路更高，是中国方面造成的。①

之所以缺乏有关土地征收价格和花费的信息，可能是因为工程师和测量员对中国地方层面和国家层面的产权没有经验、不太了解。1899 年由英国福公司进行的调查包含了一份附件，附件中罗列了工程师们在外出调查时询问的问题，包括政府是不是所有土地的拥有者，以及地租和税款征收的结构，还有当地官员们提供的非常简略的回答。② 即便是德国测量员为津浦线山东段所做的报告，也只是制了一张表，用基于土壤状况对土地进行的所谓价值分类（Wertklassen）对土地价格进行了大概估计，这为负责交易的官员确立了指导方针和最高价格。③ 在津浦铁路南段，英国人也采用了这一标准来进行土地价值和征收花费的计算。

尽管对当地财产权安排、习惯土地价格以及当地的土地转让实践缺乏详尽了解，但津浦铁路公司无疑还是非常精明的，公司从一开始就意识到，对于外国管理人员而言，要处理个别地块的估价以及购买交易可能过于复杂了。就公平交易进行协商以及与当地居民和地主进行互动的事务，不得不外包。为了实现这一目的，津浦铁路公司将购买当地土地的责任交给了合资企业中的中国伙伴，也就是中国政府，从而依靠当地官员来处理所有相关的交易。这些地方官员成了公司事实上的中间人，在公司限定的范围内对价格进行协商，并且对正式的土地转让作出安排。④

① "Rechenschaftsbericht betreffend der Kosten der Nordstrecke der Tientsin-Pukow-Eisenbahn,"（关于津浦铁路北段成本的责任报告），BLHBS，vol. 15，January 24，1914，11.

② 同上，第 6—8 页。

③ BLHBS，vol. 3，January 1 - May 31，1902.

④ BLHBS，vol. 12，1909.

依靠地方官员对土地定价并购买土地造成了两个主要后果。43
一是缺乏文献记录:几乎没有什么文件能提供与土地交易相关的一手证据,而实际存在的那些文件又很难从殖民记录和中国的档案馆里找到。① 第二,这种办法为贪污敞开了大门。例如,津浦铁路北段总办李德顺利用其津浦铁路公司代理人的身份,一得知火车站在市内南开区计划设站的位置,就与另一位官员——候选道曹嘉祥共同创办了华兴房地产公司。这家公司以 48 万两白银的价格购买了火车站附近的土地,但在政府注册时标明价格为 130 万两,然后以这个高价出售给津浦铁路公司。② 除了火车站与仓库区,靠近计划建设的桥梁的土地也发生了投机,这遭到了德国建设管理部门的批评。尽管津浦铁路的德国经理在 1909 年的一次审计中发现了腐败问题,从而使购买政策略有改变,但对中国政府官员的依赖还是延续下来了。

最有趣的问题是如果农民拒绝卖地会怎么样。根据津浦线的记录,农民会被威胁要被告上县衙,但找不到有关类似法律争议的记录。③ 我们可以推测津浦铁路有意避免当地人的抗议和诉讼,因此他们提供的赔偿很慷慨,并且依赖地方政府作为征地的中间人。可以相当确定的是,这些官员会从购买过程中分一杯羹,他们还会以政府代表的角色向当地的土地所有者施加压力。

几乎没有现存的文件能表明当地的土地所有者会发动激烈抗议来表达他们对土地出价的不满,或者不愿意出售他们位于计

① 山东的省级和县级档案中,都没有与津浦铁路土地出售相关的记录。在伦敦国家档案馆和哈佛商学院贝克图书馆历史馆藏中的外交部相关档案里,英国段和德国段的记录都没有相关内容。

② BLHBS, vol. 12, June 1909.

③ 同上,第 7 页。我也未能在中国的地方档案中找到任何记载。

划中的津浦线沿线的土地。有关津浦铁路我找到的唯一一个例外,事关孔家以及他们在曲阜县的房产。然而孔家的地产是个非常独特的例子:其地主是孔子的直系后裔,在好几个世纪的时间里,该处的家庙与私宅都得到了皇帝的资助。根据 1900 年最早的勘测图,津浦线本来会在离孔林西墙很近的某个地点穿过曲
44 阜,孔林就是孔氏家族的巨型墓地。[①] 铁路轨道最初的路径,会严重破坏孔林风水,并且穿过周围的农田和礼仪性土地,而这些土地绝大部分都属于孔家。[②]

孔氏族长孔令贻对这个方案提出了激烈反对,并在 1904 年多次向光绪皇帝上书,宣称如果将珍贵的家族土地出售给津浦铁路公司,铁路将会“震动圣墓”,“破坏圣脉”,“打扰祖宗安息”。[③] 尽管这样的说法表达了文化与宗教意义上的愤慨,但抗议更可能是出于经济考虑。人们可能会推测孔家并不愿意出售他们位于曲阜的部分土地,因为他们可能会觉得赔偿价格不合适,或者来自这些土地的收入对于支持他们的身份以及供给家族的礼仪性献祭及仆人和家属必不可少。[④] 历史上,中国的帝国政府一直延续着对孔家的特殊赞助,在政府施压之下,津浦铁路的工程师改变了为铁路规划的路线。其结果是,铁路绕着孔林和孔家地产画了一个很大的弧,绕开近 16 公里,这就使得游客来参观这个热门

---

① Inserted draft map, BLHBS, vol. 3, 1900.

②《山东省志:孔子故里志》,北京:中华书局,1994 年;Kong Demao and Ke Lan, *The House of Confucius*, trans. Rosemary Roberts, ed. Frances Wood (London: Hodder and Stoughton, 1988)(孔德懋、柯兰,《孔府内宅轶事:孔子后裔的回忆》,天津:天津人民出版社,1982 年);柯兰,《千年孔府的最后一代》,天津:天津教育出版社,1999 年;骆承烈,《曲阜史迹百题》,济南:齐鲁书社,1987 年。

③ Kong Demao and Ke Lan, *House of Confucius*, 122.

④ 柯兰,《千年孔府的最后一代》。

旅游目的地，在曲阜站下车之后，不得不换乘后续的交通工具。[1]

铺　轨

在德国和英国的管理下，津浦铁路的奠基与建设过程反映了殖民的社会政治等级，也反映了世纪之交中国人几乎缺乏技术知识和关于铁路的专门知识。在中国，直到20世纪10年代末，铁路工程方面的专业训练才发展到较高的制度化水平，那时候，技术学院建立起来，开始培养具有铁路技术、地质科学和桥梁与隧道建设等领域专业知识的工程师。

要解决这一问题一般只能雇用外国工程师。20世纪初，乘坐蒸汽船在长江上旅行的西方人所写的记录，通常都会提到来自不同欧洲国家的男性乘客正在去工作的路上，他们要么是中国海关 45
总税务司聘的在新开埠的通商口岸工作的员工，要么就是要在铁路公司找工作，比如位于汉口的京汉线。[2] 在来中国之前，这些外国人中的许多人已经在大型建设工程中积累了经验，诸如建设巴拿马运河，或者为非洲的殖民铁路项目工作。例如，著名作家弗朗茨·卡夫卡的舅舅约瑟夫·勒维(Joseph Loewy)曾经作为总会计师成功为刚果的比利时铁路公司(Belgian Compagnie Chemin de Fer)工作了超过10年，1903年，他加入了比利时建设从北京到汉口的京汉线的铁路项目。作为华俄道胜银行(Banque Russo-Chinoise)的在华雇员，

---

① 民国时期，曲阜与泰山一道成了一个重要的旅游景点，津浦铁路将其作为旅游目的地予以积极推广。见津浦铁路总务署编查课，《津浦铁路旅行指南》，1921年；BLHBS, vol. 12, 1909.

② John Grant Birch, *Travels in North and Central China* (London: Hurst and Blackett, 1902), 73.

他负责与比利时铁路特许权直接相关的业务。①

1910 年初，山东省内的建设进展达到了全速，津浦线雇用了 38 个德国人，他们被分配到德州、济南、泰安和兖州四个建设区间。跨越黄河的大桥是一个重要的建设项目，因为需要建设混凝土柱和临时性陆桥。为了这一特定目的，德国段从德国机械制造商奥格斯堡—纽伦堡机械工厂（MAN，Maschinenfabrik Augsburg-Nürnberg）的古斯塔夫斯堡桥梁建设研究所（Brückenbauanstalt Gustavsburg）雇用了 16 名员工。跨越黄河是这条线路上最大的挑战：在 1912 年末德国工程师完成铸铁大桥之前，乘客们需要在一岸下火车，然后乘渡船过河，再到对岸等候下一程火车（见图 1.3 和 1.4）。②

46

图 1.3　乘客坐船渡过黄河，背景是尚未建成的铁路桥，1912 年。德国在华铁路建设相关记录，1898—1916 年，哈佛商学院贝克图书馆，1912 年，第 14 卷，第 34 页。

---

① Anthony Northey, *Kafka's Mischpoche*（卡夫卡一家）(Berlin: Verlag Klaus Wagenbach, 1988), 22 - 28. 卡夫卡的作品里也写到了他舅舅的工作与铁路经历，尤其是在 1914 年的小说片段《卡尔达站回忆》(Erinnerungen an die Kaldabahn)中；同上，第 39—45 页。

② BLHBS, vol. 12, no. 1443, July 1909.

47

图 1.4　津浦铁路黄河大桥通车典礼邀请函，1912 年。德国在华铁路建设相关记录，1898—1916 年，哈佛商学院贝克图书馆，1912 年，第 14 卷，“报告附录第 110 号”插图，无页码，1912 年。

然而雇用外国工程师却并不完美。与中国工头交流时，他们需要翻译，即便如此，语言上和文化上的沟通问题也非常严重。① 在当地工程学院能够发展起来之前，最好的解决办法就是雇用在国外接受过训练的中国工程师。因此，为了争取少数几个从美国或者比利时学成归来的中国人，铁路公司彼此展开了竞争。例如，1909 年，在与沪宁铁路就珍贵的人力资源展开积极竞争之后，津浦线成功雇到了李春湘（Albert C. Lee），他是一位美国训练的工程师，也是第一个加入铁路公司管理层的中国人。② 作家韩素音（Han Suyin）的父亲是另一个例子。他曾在比利时接受训练，后来作为一名铁路巡视员在河南的铁路上工作。根据韩素音的回忆录，这个家庭的生活方式可以证明她父亲对于这家公司的价值：从一个岗位转到另一个岗位时，他们全家都住在由铁路管

① BLHBS, vols. 1 - 3, 1898 - 1901.

② BLHBS, vol. 12, 1909.

理方提供的豪华住宅里。①

缺乏训练有素的专业人员这一问题,不仅仅局限于铁路工程知识方面的专家。还有一个问题是缺乏职业学校,能够通过基本的技术训练和在职培训,让中国雇员做好准备,上路作为售票员、司机、信号员等等。因为这些是需要技术的低层次职业,德国管理层决定在天津开办铁路学校,就这些重要的科目对中国人进行培训。但教学徒们德语的尝试失败了。到20世纪10年代中期,英语成为中国"铁路语言"的趋势越来越明显(见第二章),学校就关闭了,学徒们被送去了唐山工业专门学校,这是中国最早的采矿学校。②

因为最初缺乏中国籍技术工人以及办事雇员,德国工程师及负责人决定在津浦线建设的早期阶段雇用德国公民作为工头和低阶管理者。然而,这类雇用人员有时却成了铁路公司一种严重的累赘。人员记录显示,这些工头往往背景可疑,他们或是在本国惹上了官司,或是在部队里工作不成功,有的也没怎么受过教育。对他们而言,在中国的德国公司或者国际公司谋求职位,只是他们重新开始事业以及个人生活的一种努力,而且经济政治等级要比在本国的雇用机会高得多。③

因为缺乏经验、文化敏感性和常识,有些工头严重冒犯了本地中国人。企业联合雇用职业表现不佳的所谓低级欧陆人,这在所有铁路公司中间都很普遍,而且造成了严重的问题,以致报纸

① Han Suyin, *Destination Chungking* (Boston: Little Brown, 1942), 10.

② "Vertraulich: Im Anschluss an den Bericht vom 17. Juni 1909"(机密:1909年6月17日报告续), BLHBS, vol. 11, 1908-1909, June 22, 1909, no pagination.

③ BLHBS, vol. 12, 1909, report from August 13, 1909, no pagination.

都开始讨论，比如 1900 年出版的《北华捷报》(*North-China* 48
Herald)。[1] 例如，津浦铁路的一名德国工头有酒后行为失控的倾向，并且曾随机射杀了一名无辜的当地村民，他还给自己的上级造成了许多其他问题。因为担心公司的声望会遭到永久性损害，总工程师德浦弥尔以及高级管理层决定炒掉这个惹麻烦的人，并且在 1909 年以后就只雇用中国工头，这样一来，低阶的德国管理人员事实上就被公司逐步淘汰。[2]

中国铁路上的劳工主要是本地人。津浦铁路的建设与运营为铁路建设廊道附近的本地山东人创造出了一批拿现金工资的非农业就业机会。平整地形、准备路基、铺设轨道，全都是由从附近村庄招募的中国日结零工完成的。他们在传统的包工体系中工作，由招募他们并给他们付薪水的中国工头领导。[3] 在建设工地的劳动力管理上，中国工头有很大的权力，他们事实上代表了津浦铁路公司里最低的一级中国管理者。为了在财务上更好地控制工头，德国的铁路建设部门试图直接外包给本地劳工，但不怎么成功。

在征地过程中，一些中国政府官员为自己捞取了丰厚的利益，与此相同，还有一些人也成了铁路建设过程中所必需的物流

① "Hankow," 822; *North-China Herald*, May 9, 1900.

② 一名姓彼得里(Petri)的男子的不端行径引发了德浦弥尔和管理层的极大愤怒。BLHBS, vol. 12, report from August 13, 1909, no pagination.

③ 有关中国铁路劳工的照片，参见山东省档案，未标记的照片集，20 世纪 20 年代。有关工头，参见 Köll, *From Cotton Mill to Business Empire*; Elizabeth J. Perry, *Shanghai on Strike: The Politics of Chinese Labor* (Stanford, CA: Stanford University Press, 1993)([美]裴宜理，《上海罢工：中国工人政治研究》，刘平译，南京：江苏人民出版社，2001); Emily Honig, *Sisters and Strangers: Women in the Shanghai Cotton Mills*, 1919 - 1949 (Stanford, CA: Stanford University Press, 1986)([美]韩起澜，《姐妹们与陌生人：上海棉纱厂女工，1919—1949》，韩慈译，南京：江苏人民出版社)。

掮客。比如说，商人及候选道李莲溪被任命为津浦铁路的一名代理人，他创办了一家运输企业，对津浦铁路公司的材料运输要价4.5美元（银圆）每吨。然后他将这份订单转给一个每吨收费1.43美元的承包商，这样一来他就获得了可观的利润。也难怪德国管理人员会批评说这也是一种腐败行为。[1]

津浦线的设备和机辆几乎是从外国进口。就德国段而言，大型钢铁公司和知名的机械制造商，比如德国的奥格斯堡—纽伦堡机械工厂就提供了最初的设备，这些设备用船运到青岛，再通过胶济线从青岛运到津浦铁路总部。[2] 根据 1912 年 12 月 31 日的机辆库存清单，北段有 50 辆机车，其中 20 辆用于牵引货物，20
49 辆用于运输旅客，还有 10 辆则是在轨道之间调车。机车服务于 125 辆旅客车，30 辆行包和邮车等服务车，以及 646 辆载重量不同的货物车。[3] 尽管这份清单没有列出机辆的特定品牌，但我们可以推测绝大部分都是在德国制造的。南段短很多，相比之下需要的机辆少了三分之一，机辆是由英国制造商提供的。[4] 1949 年以前，津浦线和其他的铁路公司一直从德国、英国和美国进口机车车辆，因为当时中国的机械工业还不能生产高质量的本国替代品。[5]

标准轨的津浦线，是一个由蒸汽机牵引列车的单线系统。钢轨是从德国进口的，但也有一部分从本国的汉阳铁厂采购。汉阳

---

① “Die Missstaende an der Tientsin-Pukow Bahn,”（津浦线上的不法行为），BLHBS, vol. 12, 1909, 1 - 8 (separate pagination).

② 《山东省志：铁路志》，济南：山东人民出版社，1993 年，第 236 页；《济南铁路志》，第 226—227 页。

③ “Chinese government railways Tientsin-Pukow Line, northern section,” December 31, 1912, BLHBS, vol. 14, p. 5.

④ BLHBS, vol. 15, June 20, 1914.

⑤ 上海市档案馆，Q55 - 2 - 493，交通银行总行：业务类，1936 - 1938。

铁厂是当时中国最大的炼钢厂。在铁路的两段，每一根钢轨会安置在 14 根枕木上，这些枕木大多是从美国和日本进口的。连锁信号显示车站的一段轨道是否可以使用，沿线则安装了有四条控制绳的木制信号标杆这种通信设备。①

将笨重的建筑材料与机械运到轨道建设工地并不是容易的工作。最初，在缺乏良好路网的情况下，水运似乎是运输笨重而庞大的货物的最合适方式，尤其是沿大运河这条经过了山东省并与上海港相连的南北通道，进口设备的大型汽船可以停靠在上海港。鉴于这些情况，津浦铁路的工程师从镇江出发，沿大运河进行了长途旅行，在镇江，船可以从长江进入大运河，然后北行进入山东。他们的结论是，大型物料运输(有的要运输整台机车)行不通，这可能是因为所需船舶的尺寸和吃水，以及运河河床的淤塞。因此，这种状况就需要沿山东省的铁路，从青岛港运往济南。②

尽管存在着半殖民政治与文化上的误解所带来的挑战，但线路建设进展相对迅速，两段都于 1912 年完成。德国的线路北段与英国的线路南段相连，它们用了同样的轨距，以免于昂贵且费时的换轨。津浦线与大运河平行，很快就开始与运河竞争起河 50
北、山东、江苏等省内的货物运输，也吸引了从北京和天津到长江下游地区的大部分旅客交通。京汉铁路连接了华北与位于长江沿岸的内陆省份商业中心，与此类似，津浦铁路在穿过南京后，到达最终的终点上海，铁路给上海的商业发展带来了好处。这样一来，这条铁路就成了民国时代连接中国北方的政治中心与长江三角洲地区商业中心最快捷、最方便的连接线。津浦铁路与粤汉铁

① 《济南铁路志》，第 68—69 页。

② BLHBS, vol. 12, "J. no. 1443," July 1909, report by Dr. Betz.

路和京汉铁路一起，成了战略性铁路发展的主干，改善了旅客运输，扩展了商业和工业供应，并发展了国家的交通网络。

总　结

在全球铁路发展与雄心之中，中国现在获得了"战后明星"① 的地位，鉴于此，中国在起步阶段就明显显得落后了。到 19 世纪末，其他任何一个主要国家，都已建立起了一个巨大的铁路网络，而中国只有几条很短的线路，服务于矿业公司。为什么铁路在中国出现得那么晚、发展得如此蹒跚呢？

本章表明，中国铁路建设又晚又慢，并不是因为一些中国人可能对进步抱持一种不可救药的卢德主义敌对态度，而是因为许多结构性问题，这些问题与政治语境有关，也与国内缺乏一些关键性资源有关，尤其是财务和机械方面的专门知识。晚清的中国缺乏强有力的中央权威，以及铁路等大型基础设施项目所必需的经济制度结构。相反，中央政府和省政府的利益存在分歧，不同的外国企业联合的代表以及外交团体，中国的省级和地方官员，以及公司在现场的负责人、经理和监理，需要对财务和运营管理的每一个细节进行协商，这些协商是通过很多层次的平行但独立的科层机构进行的。这种权力的碎片化，使得既定利益更容易阻
51 挠铁路建设。然而，津浦铁路的例子也表明，外国和中国各方的不屈不挠，使得建设能够向前推进，并胜利完成。②

19 世纪晚期和 20 世纪初的铁路建设，展现了一种高度复杂

① Wolmar, *Blood, Iron, and Gold*，第 329 页，另参见第 324—329 页。

② Faure, *China and Capitalism*; Hsien-chun Wang, "Merchants, Mandarins, and the Railway," 50 - 51.

的商业和管理机构进入中国的经济、政治和财务领域，却不存在相应的大型商业机构和铁路科层机构时，会面临怎样的问题。有关铁路的知识的确存在，但这些知识尚未制度化并加入教育系统当中。即便帝制晚期的中国有着促进经济和技术进步的强烈意图，但中国缺乏工程教育的既定传统——这对于一个完全本土的铁路项目的发展至关重要。

将铁路引进中国的任务，不只是铺轨和进口机车的问题：也需要建设一整套的教育机构，来创造必要的工程与管理的专业知识。用当下的话来说，在中国引入铁路，是将新技术和硬件引入这样一个环境，其中既缺乏工程知识体系，又缺乏经过技术训练的人力资源等必要软件。在一个经济和政治环境中同时引入新设备和与之相关的知识体系，既昂贵，又需要外国在不同层次上加以介入。即便是反对铁路的中国官员，也非常敏锐地预见到本国缺乏这些东西会让中国的铁路成为欧洲施加金融和政治影响的一种渠道。

鉴于这些障碍的存在，中国铁路发展既慢又相对较晚就并不奇怪了。更有甚者，七八个殖民势力在中国的管理下建设铁路所造成的张力与误解，纠缠着铁路建设进展的每一个阶段，从融资到勘测，再到土地购买与建设。冲突既产生于顽固的殖民势力之间，也产生于本地权力源中间，为低效和腐败创造了无穷无尽的机会。第三章将表明，早期中国铁路公司的发展所依循的管理路径，是由他们的外国伙伴与投资人在本国的经验所规定的。与此同时，他们不得不适应管理控制的双链，这产生于半殖民环境，也纳入了本地的管理实践，比如本地工业公司的包工系统。现代的 52
西式专业管理和企业治理等例子还不存在。

重要的是，在任何国家，都不能太过期待 19 世纪的企业治理能够成为一种绝对标准。史学家史蒂文·乌塞尔曼(Steven Usselman)已经展示了从19世纪中叶到20世纪早期,美国铁路创新及其规章制度所面临的巨大的且往往是具有破坏性的挑战影响了管理和运营。[①] 正如史学家理查德·怀特(Richard White)满怀热情所说的,即便是在美国这个工业化与资本主义全面发展的环境里,横贯大陆铁路的建设也表明铁路建设就是一个效率低且常常发生腐败的过程。[②] 中国铁路公司的管理结构发轫于曾经的半殖民主义,在1911年辛亥革命之后,给中国民族国家的兴起让路。因此,早期的冲突主要集中在外国公司及其各自政府的殖民利益面对中国政府的国家利益时不同的议程,1911年以后,新的冲突产生于省级铁路公司、地方军阀以及中央政府,最显著的原因是采取了国有化政策。

① Steven W. Usselman, *Regulating Railroad Innovation: Business, Technology, and Politics in America, 1840 - 1920* (Cambridge: Cambridge University Press, 2002).

② Richard White, *Railroaded: The Transcontinentals and the Making of Modern America* (New York: Norton, 2012).

第二章　民国早期的管理转变 53

20 世纪 10 年代，无论对于中国还是中国的铁路而言，都是一段不稳定的转变时期。铁路在调动大众反对外债的情绪并借此反对清政府这一问题上，偶然扮演了一个间接的政治角色。政府宣布对规划中的川汉铁路及粤汉铁路实行国有化，并依靠外国借款进行建设，在受影响的地区，这一举措引发了中国民众反对政府的行动，1911 年 5 月在四川省激起了保路运动。这些铁路的中国私人投资者大多数是商人和士绅，他们都反对政府的决定，即用政府债券而非现金来对他们三分之二的投资加以赔偿。投资者们与其他省的激进分子一道，用民族主义和反对外国的语言，提出需要建设由中国出资、本地运营的铁路，但这些语言严重高估了当时中央政府的财政能力。四川保路运动引起的动荡动摇了清廷权威，结果在华中地区造成了军事力量的真空，极其意外地引发了 1911 年 10 月的武昌起义，并最终推翻了清政府。①

---

① 有关 1911 年革命的详尽讨论，可参见 Joseph Esherick, *Reform and Revolution in China*。有关保路运动在政治、经济和金融方面造成的影响，见 Lee En-han, *China' Quest for Railway Autonomy*, 1904 - 1911: *A Study of the Chinese Railway-Rights Recovery Movement* (Singapore: Singapore University Press, 1977); Elisabeth Kaske, "Sichuan as Pivot: Provincial Politics and Gentry Power in Late Qing Railway Projects in Southwestern China" in *Southwest China in a Regional* （转下页）

从帝国向工业国转变的过程中，发生了诸多变化，其中就包括政府、经济和社会机构的大规模重组，以便适应国家新的法律与政治框架。处于规划、建设和完成的不同阶段，还相对较小的铁路网也成了重组工作的一部分。从最宽泛的意义上讲，中华民
54 国的出现伴随着铁路国有化过程。然而，这个过程以及与之相关的公共讨论，1911 年以前就已经在特定情况下开始了，比如与川汉铁路相关的讨论，这些讨论持续了很多年。除了铁路国有化，还有许多其他改革努力也在界定着这个新的民族国家。与这些改革一样，铁路国有化这一转变过程中，一些观念复兴并持续发生变化，它们是随 1900 年以后晚清的改革而产生的。①

因此，对国有化过程中铁路机构转型的分析就必然不是一种线性发展的故事。还必须考虑到在铁路公司层面管理和财务经过一段时间逐渐发生的变化；还有国家层面的调节和管理的变化，这些变化旨在为现代铁路打造一个科层体系。使问题更为复杂的是，国有化和中央化的过程也取决于过去与外国伙伴建立的

(接上页)*and Global Perspective* (*c. 1600 - 1911*), ed. Ulrich Theobald and Cao Jin (Leiden: Brill, 2018), 379 - 423; Thomas Kampen, *Revolutionäre Eisenbahnplanungen in China: Die Aufstäde in der Provinz Sichuan und das Ende des Chinesischen Kaiserreiches* (1911) [《中国的革命性铁路规划：四川省起义与帝制中国的终结(1911)》](Berlin: WIssenschaft und Technik Verlag, 2002); Mary Backus Rankin, "Nationalistic Contestation and Mobilization Politics: Practice and Rhetoric of Railway-Rights Recovery at the End of Qing," *Modern China* 28, no. 3 (July 2002): 315 - 361; *Investment Values of Chinese Railway Bonds* (Paris, 1923), 6 - 7.

① 有关清末的改革，可参见 Peter Zarrow, *After Empire: The Conceptual Transformation of the Chinese State, 1885 - 1924* (Stanford, CA: Stanford University Press, 2012), 和 Joan Judge, *Print and Politics: Shibao and the Culture of Reform in Late Qing China* (Stanford, CA: Stanford University Press, 1996) ([美]季家珍，《印刷与政治：〈时报〉与晚清中国的改革文化》，王樊一婧译，桂林：广西师范大学出版社，2015 年)。

联合铁路公司的继续参与及协商，这些外国伙伴的影响，尤其是在管理和财务安排方面的影响，到20世纪20年代依然存在。本章将表明，尽管在帝国的最后几年，许多中国人已经开始反对外国人控制他们的铁路，但民国又花了二十年时间才发展出足够的经营与管理能力，来对它自己的系统进行有效经营。

在这种特定的语境下，还有一点需要引起注意，那就是“国有化”这个词并不意味着中国政府征收了外国的所有铁路投资，使得产权和管理控制产生某种突然且激进的变化。从中国政府的角度来看，实现国有化的转变，意味着在一个战略部门实现政治与经济的独立，并且能在外国影响之下确保国家利益。就政治而言，国有化会把铁路的主权完整转移给中国政府。而就财务而言，随着国有化的推进，中国政府将继续偿还过去企业联合欠的外债，政府甚至在伦敦和纽约的公开市场上发行了新的债券。[1]就管理而言，到20世纪20年代，在已经国有化的中国铁路公司中，无论其是完全由政府所有，还是在中国人的管理控制之下，许多高级职位仍然由外国人担任，因为协议委托是系于外国的债务协议，而且对于中国工程师和高级技术工人而言，一个公开的劳动力市场尚未形成。例如，1922年，中国约有四分之一的铁路线
仍然由外国人拥有并运营，另外四分之一左右因为债务安排也仍 55
然受外国影响。[2] 本章认为，在公司层面，向国有化转变的过程既缓慢又复杂，从而造就了一种混合的结构，中国铁路公司只是

---

① Thomas Rawski, *Economic Growth in Prewar China* (Berkeley: University of California Press, 1989), 208 - 212; Ernest P. Liang, *China, Railways and Agricultural Development 1875 - 1935* (Chicago: Department of Geography, University of Chicago, 1982), 10 - 11。

② "Railroad Finances," *Journal of the Association of Chinese and American Engineer* 3, no. 5 (June 1922): 22 - 23.

在名义上得到了完全发展。①

将中国的铁路公司国有化并把它们整合进一个科层化的超级结构之中以助益新的民族国家，这一过程是渐进的，也是零散发展的。对于熟悉民国早期政治的破碎与易变的读者们来说，这样的发展并不足为奇。托马斯·康蓬（Thomas Kampen）对辛亥革命语境下早期铁路的发展做了评价，他证实了中国铁路的国有化发生得太早，并没有带来大量的组织与经济收益。② 不过，本章聚焦的并不是国有化过程本身，而是铁路公司作为一种理性的管理组织、社会组织和财务组织，其机构所发生的演化。史学家们已经认可这样一个事实，即“对于每一条铁路线而言，情况都会不同”，具体情况如何，取决于在为控制肇建的民国所展开的政治斗争中它们处于怎样的位置。③ 不过即便如此，也不会妨碍我们对总体性机构的过程加以综合讨论，当我们追踪铁道部管理下铁路局体系演化时更是如此，在 2013 年前，这个体系一直是中国铁路管理机构的框架。

本章将介绍民国早期国家铁路管理组织结构的出现，以及参与者受到的政治与财务压力给机构造成的后果。本章将展示知识转移是如何持续的，以及新兴的铁路公司怎样从其西方伙伴处借鉴了一些特征，比如欧洲管理组织的部门制以及美国铁路的账目体系。与此同时，铁路局开始了演变，发展成一种集中不同铁路线的管理体系，但成效有限。然后本章的讨论将从管理层面转

---

① 对于 1911 年以后的时期，我将政府所有的国有化铁路称为铁路公司，这包括了其管理路网内特定线路的行政角色。

② *Revolutionäre Eisenbahnplanungen*, 126.

③ 张瑞德，《中国近代铁路事业管理的研究：政治层面的分析（1876—1937）》，第 134 页。

向等级制以及工作场所内的工作条件，以揭示铁路如何策略性地回应技术劳工和工程师的缺乏这一问题，还有有着不同职业背景和社会背景的劳动成员如何让自己嵌入到铁路大院的机构文化之中。

56

创建国家管理框架

1911年之后，新成立的政府面临一项艰巨的任务，要将既存的私人铁路、省属铁路和国有铁路纳入到新兴国家科层机构之下，并且负责铁路的规划、融资、建设和管理。随着国有化进程缓慢且混乱地向前推进，到1922年，我们可以确认有关铁路线的下列数据：外国人仍然拥有并控制着3800公里线路，中国已经国有化但作为贷款协议必要条件需要接受外国指导的线路有3500公里，中国已经国有化但会计和工程员工仍受外国人掌控的线路有7500公里，还有800公里是为矿场运转提供服务的短距离区域性铁路，仍然由地方的私人所有。① 五条铁路仍然保留着外国特许权：中东铁路、南满铁路、滇越铁路、山东铁路（胶济铁路）和粤汉铁路英国段。铁道部监管着11.8万公里由政府所有或者控制的线路，以及一些私有线路。② 在后面几章中将会讨论到，在整个民国时期，再没有建设新的干线铁路来实现铁路网的实质性扩张，因此1934年末的统计数据表明，国家铁路的轨道长度只是略有增长，只有私有的工业线路增长了一小段，轨道里程达到了

① "The Railroads of China," *Journal of the Association of Chinese and American Engineer* 3, no. 5 (June 1922): 17 - 19.

② "Chinese Government Railway Operations for 1920, from the Annual Report of the Ministry of Communications," *Journal of the Association of Chinese and American Engineers* 3, no. 6 (July 1922): 29 - 34.

1300 公里。①

当然，在 1911 年，政府控制也不是一种全新的现象：中国的中央政府从一开始就参与到了全国的铁路当中。从 19 世纪 80 年代到 1903 年，铁路事务属于总理衙门的权限，1898 年，总理衙门附设了矿务局。1900 年义和团运动爆发后，位于北京的矿务局关闭，铁路事务和矿务移往新成立的外务部，直到 1903 年。20 世纪初年晚清政府进行的改革使行政管理发生了变化，到 1903 年，清政府试图通过将铁路事务划分给商部，来处理铁路基础设施的功能性角色。从 1906 年到清朝覆灭，邮传部执掌了铁路事
58 务。② 因为该部的不同部门负责不同的线路，因此科层管理是通过地理而不是按照组织功能来加以划分，从而造成了效率低下和缺乏协作。③

1911 年以后取代清政府的南京临时政府，其管理结构最终从针对政治和地理角度，转向了更为针对铁路基础设施的运营组织。铁路事务由交通部管理，这个部门负责道路、铁路、水道、邮政服务、电报、船运和造船等事务，以及对船员的管理。④ 袁世凯统治下的北洋政府迁往了北京，成立了民国的第一个正式政府，交通部既保留了名称，也保留了宽泛的职权。直到 1928 年，国民党政府建立起中国的第一个铁道部，这是一个成熟的、专门管理国有铁路的科层机构。⑤

---

① Lin, *Chinese Railways*, 63 - 65.

② 从 1919 年 2 月到 9 月这一个短暂的时期，矿务和铁路事务曾由矿务铁路总局统一领导。王晓华、李占才，《艰难延伸的民国铁路》，郑州：河南人民出版社，1993 年，第 75—76 页。

③ 同上，第 44—74 页。

④ 韦庆远，《中国政治制度史》，北京：中国人民大学出版社，1989 年，第 646—647 页。

⑤ 王晓华、李占才，《艰难延伸的民国铁路》，75—77 页；孔庆泰等，《国民党政府政治制度史》，合肥：安徽教育出版社，1998 年，第 165—167 页。

铁路从属的管理部门的变化，显示出官方对铁路观点的逐渐转变：过去，铁路是一种纯粹的军事和战略工具，到20世纪10年代，铁路被认为是一种复杂的、多功能的企业，需要拥有自己的权限进行专门化管理。尽管从清朝末年起，管理中国铁路事务的政府官员就都是有经验的行政人员，他们有着很强的政治目的，但却几乎没有技术和管理方面的知识。此外，1911年之后交通部的领导层经历了惊人的人员流动：从1912年到1927年，这个部门至少有过21位总长，其中一些人多次任职。[①] 顶层的频繁变化并不令人意外，在民国早期，无论是南方还是北方，分裂政府中的联盟不断发生变化，使得政治景观非常脆弱，这也表明最高的职位仍然以政治任命为主，在实践方面的权威很有限。

在交通部各司局层面，路政司辖下的九个课负责铁路事务，课级行政人员的流动率就低很多了，一些任命可以持续多年，这就至少保障了一定程度的稳定性。到1917年，这些课形成了更明确的责任，分别负责商业管理、法律事务、控制、规划、监理、雇佣、协商、房地产，以及中央事务。除了处理铁路运营的功能外，59
1911年之后，铁路行政管理还引入了房地产、法律事务及协商等领域，这反映了铁路是一个商业实体和一种公共物品，管理国有化线路拥有的大量土地资产有必要界定其法律权利与责任。[②] 这种结构一直保留下来，直到1928年铁道部的建立，这个部门将铁路管理集中起来，并且将科层机器简化成四个操作部门：总务司、理财司、管理司和建设司。

在民国早期管理机构的频繁改组中，最重要的科层机构出现

---

① 刘寿林等，《民国职官年表》，北京：中华书局，1995年，第50—53页。

② 同上；王晓华、李占才，《艰难延伸的民国铁路》，第75—77页；1917年，最初的六个课增加到了九个。

了，这也是中国铁路系统的标志，即铁路管理局，其简称铁路局更为著名。就结构而言，铁路局是从过去的铁路线总局发展而来的，但在1911年之后的转型中，它们受交通部直接管理。① 对于本书论点而言，有一点很重要，即铁路局的结构带着极强的韧性，一直延续到了21世纪（见第七、八章）。今天，铁路局仍然支配着中国的铁路管理，与百年前的同名机构并无二致。②

这个新形成的系统，按照主要线路所覆盖的地理范围，对中国国有铁路的职责进行了划分。每个铁路局都成了某条干线铁路及其附属支线的管理及运营总部，总部通常位于线路始发总站所在的城市。以津浦铁路为例，铁路局设在了天津，1927年在位于新首都南京附近的浦口设立了分局。③ 在后面的章节中我们会看到，随着时间变化，各铁路局划分职权的地理边界会有所改变，但这个基础系统仍然存在。

作为一个机构实体，铁路局并没有引起史学家们太多关注。④ 这很遗憾，因为铁路局的内部记录为1949年以前铁路公司管理的发展增加了重要洞见。但铁路局被视为政府管理机构的一部分，服务于国防，现在由铁道部*掌管着的内部文件很难

---

①《山东省志：铁路志》，济南：山东人民出版社，1993年，第547页。

② 有关所有铁路局信息的持续更新，参见官方网站铁路网下的"铁路局专辑"分类 http://www.tielu.cn/tieluju，2018年5月21日查询。

③ 铁路协会编辑部编，《民国铁路一年史》，北京，1914年，插入的表格，无页码；《济南铁路局志，1899—1985》，济南：济南铁路局史志编纂领导小组，1993年，第10、13页。

④ 即便是张瑞德有关战前中国铁路发展的详细研究，也没怎么关注铁路局系统。参见张瑞德，《中国近代铁路事业管理的研究》；以及 Chang Jui-te, "Technology Transfer in Modern China: The Case of Railway Enterprise (1887 - 1937)," *Modern Asian Studies* 27, no. 2 (1993): 291 - 296.

* 2013年，国务院机构改革，铁道部撤销，其行政职责划入交通运输部及国家铁路局。——编者注

拿到。作为补救，我的分析将会使用多种不同的档案资料，以及 60
民国时期由不同层级的机构留下的内部记录。

区域铁路局结构作为一个正规系统，是民国早期的机构建设过程中为了推动更高层次的自治权而出现的，这似乎有些讽刺。然而，这个系统是在各条线路有特定的融资安排以及军阀混战对轨道和机辆实体造成破坏这样的语境中发展出来的，当时，无论对于一个更大的区域，还是对于这样一个国家，在运营上都没有进行协同。事实上，在民国早期，尽管独立存在的线路数量很大，但要说有一张连在一起的铁道“网络”可能就有些误导人了。直到 1914 年 4 月，华东和华中五条最大的铁路才第一次实现了直通运营，而直到很晚，许多其他线路都还没有相互连接起来。① 在 20 世纪 20 年代早期，有 16 家铁路局覆盖了已经存在的主要线路网络，铁路局的总部设在全国的 11 个城市。② 总的来说，区域的政治碎片化以及网络连通性受到严重限制，都使铁路系统成了按区域分裂开的，这也使得集中组织和管理的努力变得更困难。

关于 1911 年后立刻发生的改革，很难从记录这一转变的铁路公司内部资料中加以分析，但报纸和期刊上的话语显示出许多铁路专家和顾问受新政治情境的鼓励，就中国铁路的新开端展开讨论。附属于交通部的中华全国铁路协会于 1912 年 1 月在北京成立，这个协会成了中国铁路改革者们最重要的机构平台。其计划包括集合中国人才，交流知识与专业技能，从而给国有与商有或者私有的铁路带来利益。按照其成立文件，该协会的目标是：

---

① 杨勇刚，《中国近代铁路史》，上海：上海书店出版社，1997 年，第 154 页。

② 王晓华、李占才，《艰难延伸的民国铁路》，第 76—77 页。

“1）协助全国铁路之进行，2）促进铁路工业之发达，3）保护本国铁路之权利，4）融洽铁路同人之情谊。”① 1912 年，时任民国临时大总统孙中山在协会做了一场热情洋溢的演讲，并非巧合的是，
61 他也鼓励使用外国贷款来建设新铁路，因为“今日之铁路问题，实为中国生死存亡之问题”。② 对于国家的基础设施，以及从更广泛的意义上讲，对于中华全国铁路协会及其成员在管理和公共话语中所追求的经济改革，孙中山都提倡采用一种实用主义的路径。

中华全国铁路协会既是一个政府咨询委员会，又是一个游说组织，也是一个专业交流的平台，还是广泛公共教育的推动者，这个组织的成员接受过专业级的工程训练，或者有国外学习背景，再或者有其他与铁路相关的专业技能。1912 年的 420 名注册会员中，包括耶鲁毕业的著名工程师詹天佑，当时他是粤汉铁路的会办（助理监理）；从日本大学获得法律学位的铁道官员；以及在公司学校里接受过训练的津浦线沿线站长。③ 袁世凯的政治盟友梁士诒出任首任会长，梁士诒政治上的门生叶恭绰任第一副会长。叶恭绰的经历是一个很好的例子，可以体现出在政府持续变化的政治组合中，成员们如何在与改革工作和行政任命相关的活动与职位之间变来变去。叶恭绰加入了京汉线的保路运动，之后从 1912 年到 1914 年，任交通部路政司的首任司长，以及统一铁路会计委员会的会长。当梁士诒不再受袁世凯器重后，叶恭绰也辞职了，但袁世凯死后，叶恭绰复出，继续他在政府中的生涯，于

---

① 中华全国铁路协会编辑部编，《中华全国铁路协会第一次报告》，北京：中华全国铁路协会编辑部，1912 年，第 5 页。

② 孙中山，《国父全集》（全 6 卷），台北：文物供应社，1957 年，第 3 卷，第 65—66 页。

③ 中华全国铁路协会编辑部编，《中华全国铁路协会第一次报告》，第 33—75 页。

1920 至 1921 年以及 1924 至 1925 年任交通总长，1931 至 1932 年任铁道总长。①

另一个由推动铁路改革和重组的中国专家们组成的团体，其成员是一批接受过西方教育的归国学生，他们为了基础设施的现代化和国家的经济发展，鼓吹严格效仿西方模式。这批人中，在游说彻底改革方面最直言不讳也最活跃的，莫过于王景春(1882—1956)，他还有一个更有名的称呼——C. C. 王博士。1908 年，他从耶鲁毕业，获得了土木工程荣誉学位，1911 年，他又从伊利诺伊大学获得经济学与政治学博士。回到中国之后，1912 年，他被任命为工商部次长。次年，他在统一铁路会计委员会的 62
常务委员会中扮演了关键角色，1917 年，他成为京汉铁路局长，在整个民国时期，他都担任与铁路、外交和管理相关的职务。②

中华全国铁路协会集中通过本国政治渠道以及自己的会刊《铁路协会会报》展开工作，但王景春还用了他自己的语言技能和有关外国铁路系统的知识，在国外推广中国的铁路事业。③ 王景春是美国政治经济体系热情的赞颂者，也与基督教青年会(YMCA)过从甚密，在革命前夜，王景春通过在《美国政治学评论》(*American Political Science Review*)和《美国国际法期刊》(*American Journal of International Law*)上发表文章，向美国

---

① 刘寿林等，《民国职官年表》，第 50—53 页，第 591—593 页；*Who's Who in China*, 1919 ed. (Shanghai: Millard's Review repr., Hong Kong: Chinese Materials Center, 1925[1982]), 34 - 35.

② *Who's Who in China*, 1919 ed., 42 - 44; Howard Boorman, ed., *Biographical Dictionary of Republican China* (New York: Columbia University Press, 1967 - 1979), 3: 362 - 364.

③ 例见铁路协会编辑部编，《铁路协会会报拔萃》，1913 年，北京，第 1、2 卷。

读者解释了中国人对外国铁路债的反对。①

在这些文章中，王景春花了很长的篇幅论证中国人的原则并不是要反对国外债务，他们反对的是附加在债务安排上的条件。王景春用很多种方式将对民国早期中国财务状况的实用主义理解与某种将中国预想为“一个新美国”的热情的民族主义结合在一起。尤其是在1911年之后随即进行的重建过程中，王景春发表了一篇长文，再次向美国投资人们保证中国前途无量的未来，以及中国有意愿“与美国和其他国家做生意，这是真正的生意，而不是和国际政治搅在一起的没有前途的经济”。②

王景春支持中国国有化铁路系统经济潜力的文章回应了20世纪10年代前期外国媒体上的一些评论，这些评论是关于特定线路并不太有吸引力的财务表现，军事影响对线路造成的实质破坏，以及完成规划线路的延误。外国债务和外国人参与到债务协议的规定当中，使得西方人成了相当数量铁路线的实际所有者，他们的政府也焦虑地观察着中国政府是否有能力偿还债务。与此同时，新的主要工程要开展建设，就必须获得新的外国资本投资。因此，有关中国铁路发展的正面新闻，特别是管理和运营方面透明度的新闻，就能帮助确保潜在投资者的利益和信托。在这些努力之中，将西方的铁路标准和规章引入很有必要，但我们后面会看到，铁路线却没什么办法转移军事行动造成的破坏。

---

① Ching-Chun Wang, “Why the Chinese Oppose Foreign Railroad Loans,” *American Political Science Review* 4, no. 3 (August 1910): 365 – 373; Ching-Chun Wang, “The Hankow-Szechuan Railway Loan,” *American Journal of International Law* 5, no. 4 (July 1911): 653.

② Wang, “The Hankow-Szechuan Railway Loan”; Ching-Chun Wang, “The New China Will Be a New United States,” *New York Times*, November 10, 1912.

权威与语言 63

在语言上确立对铁路系统的控制，是 1911 年之后建立一个国有的中国铁路管理机构的重要方面，也同样是一个复杂的过程。用中文取代西方语言，既包括文件的制作，也包括外国人和中国人就管理铁路运营而进行的互动。人们也认为，对于培训和教育未来的铁路专业人员及技术工人，中文很有用。

前文已经讨论过，中国第一批与铁路相关的出版物，主要是江南制造总局的翻译人员翻译的英文课本。第二批出版物，以及第一本为了传播铁路知识而写成的书，要么是由在国外获得过学位的中国工程师写的，要么是由西方工程师所写，他们有着在中国长期工作的经验，因此对中国有着浓厚的兴趣。例如，来自广州的胡栋朝于 1905 年在康奈尔大学获得土木工程硕士学位，他写了《中国铁路指南》一书，该书的特点是把有大量插图的工程学教科书，与对铁路的经济和政治角色的概要介绍相结合。[①] 在回答“什么是土木工程”这个问题时，胡栋朝将每一种新式的土木工程都描绘成对推动文明与人类进步所作的贡献。胡栋朝说：“正如文明创造了机械，机械也创造了文明。”这反映了他的教育使命，也反映了当时的知识和政治环境。清末民初，文明一词在有关现代化特征的讨论中成为基石。[②] 除了将工程置于现代性这

---

① 胡栋朝，《中国铁路指南》，上海：广智书局，1905 年。

② 同上，两处引用见第 9 页。有关“文明”一词的讨论，见 Kristin Stapleton, *Civilizing Chengdu: Chinese Urban Reform, 1895 - 1937* (Cambridge, MA: Harvard University Asia Center, 2000)（[美]司昆仑，《新政之后：警察、军阀与文明进程中的成都(1895—1937)》，王莹译，成都：四川文艺出版社，2020 年）。

样的语境之中，胡栋朝的教科书还展现出与旧式出版物的决裂，因为他不仅洞察到用外国投资来进行铁路建设会给中国带来好处，也基于他自己的训练，解释了铁路公司的机构组织和技术层面的问题，比如有关铁路曲线的工程学。①

胡栋朝在1906年写成的教科书充满了英文术语，都是与铁路相关的技术和管理概念，这提出了一个重要问题，这个问题对
64 土木工程作为一门学科以及一种专业事业在中国的发展产生了重大影响，这个问题就是：知识转移和工程师培训需要用什么语言呢？这个问题非常复杂，因为它包含了使用英文或者中文的争论，这引发了在中国的英国、德国和法国工程师的激烈争论，他们都争着想让他们各自母国的语言获得认可，成为工程的通用语言。

这样的竞争不仅是一个学术意识形态的问题，也是国家荣誉的问题，这可以从同中国合作建设第一批铁路的外国工程师们的评论中体现出来。选择用于教学和沟通的语言，成了一个需要争论的问题，尤其是在津浦铁路的建设过程中，德国工程师负责线路的北段建设，而英国人则负责南段。前文已经提到，德国人将确保他们在铁路上的利益作为一项经济和政治议程，于是采取了一种全面的办法，他们也希望在自己的学校里培训技术工人和工程师，使用德语作为教学语言。② 中国政府官员对在天津为津浦铁路建设铁路学校提出了严厉批评，这些官员反对使用预算安排

① 胡栋朝，《中国铁路指南》，43—50页。在其后来的职业生涯中，胡栋朝获得了川汉铁路总工程师的职位，但据称在他所监管的工程项目中，他被指控能力不足、粗心大意。见 Lee, *China's Quest for Railway Autonomy, 1904 - 1911* (Singapore: Singapore University Press, 1977), 135。

② Report by K. Luxburg, July 3, 1911, vol. 13, Baker Library, Harvard Business School (BLHBS).

的铁路基金，也反对在学校里用德语而不是英语。根据公司1909年的一份报告，时任山东巡抚，也兼任津浦线帮办大臣的孙宝琦明确提出，在线路建设完成之前，津浦学校可以继续使用德语；但建设完成之后，教学语言就应该用英语。孙宝琦认为这是中国现存铁路的一种总体趋势，即便是在法国企业京汉线沿线使用和教授的法语，也将逐渐被废弃，转而使用英语。①

在中国人看来，要求使用英语还有一个政治因素，因为这样就可以利用英国的利益来对抗德国的利益，从而控制津浦线，这样一来这就能对德国立足于山东半岛租借地来控制华北地区的企图加以约束。另外一个重要的原因是，中国在开始进行一系列铁路建设以及交通部肇建之时，曾承诺为在国外接受过训练的中国精英阶层成员提供就业机会，他们中大多数是在使用英语的学术环境中学习的。时任江苏巡抚李鸿章也青睐英语，他建议德国 65
铁路学校开始教授英语，因为他希望毕业生们能够到京张线上工作，在京张线上，使用英语已经是主要的交流形式，许多广东籍雇员都有了一些初步的英语知识。②

在德国人看来，在计划中的津浦铁路学校中以及在和雇员的交流中使用德语，可以进一步确保铁路未来的供应链，也就是说，通过德国的工业企业及其代理人将德制钢轨、机械以及其他五金配件进口到中国。1909年，在一份提交给德国驻京领事的报告中，总工程司明确表达了这样的商业蓝图，即把“未来订单的命

---

① Report by K. Luxburg, July 9, 1909, vol. 12, BLHBS.

② Georg Baur, *China um 1900 : Aufzeichungen eines Krup-Direktors*（1900年前后的中国：克虏伯公司负责人文集），ed. Elisabeth Kaske (Cologne, Germany: Böhlau, 2005)，1892年2月19日日记条目。

运”与德语的使用和德国工业的推广绑定在一起。[①] 当然,语言问题会对经济和政治造成更大的影响,但这对于德国官员不起作用,他们多少有些天真地希望津浦和胶济线上说德语的中国人可以成为“面对英美垄断意愿时最好的防御……只要中国人意识到掌握德语可以成为职业进步的工具”。[②]

除了为国家的经济利益而保障供应链外,语言问题也对学术知识转移造成了影响。1920 年之后的几年,专业性期刊发表了有关铁路工程的中文文章,里面有数学方程,但因为这些文章仍然保留着传统的从右到左的书写形式,要阅读这些公式就很困难了。[③] 格奥尔格·包尔(Georg Baur)是第一位在天津讲授工程课的工程师,像他这样的外国工程师抱怨道,中国的教学材料以及教科书中对数学证明的安排,使得对内容的讲授和理解变得很困难。尽管包尔也依附于德国的利益,但他也非常支持用英语来授课。他认为,因为中国海关总税务司成功在其跨国组织中使用了英语,其他专业部门也应该以此为范本。[④]

随着中国教育机构中工程教育的增加,以及最终编写教科书的工程学毕业生人数的增加,中国教科书的质量也相应提高了。但教科书使用两种语言这种现象一直没有完全消失,重要的技术

---

① Report by K. Luxburg, July 9, 1909, vol. 12, BLHBS.

② 同上。有关中国铁路学校的课程中缺乏德语课,还有一条 1914 年对此的抱怨,见 Julius Dorpmüller, “Stellung der deutschen Sprache in der Verwaltung der Tientsin-Pukow Eisenbahn (Nordstrecke)”(德语在津浦铁路北段管理中的位置),1914, vol. 15, 1-8 (separate pagination), BLHBS.

③ 铁路协会编辑部编,《铁路协会会报拔萃》,北京:铁路协会编辑部,1914 年,第 444 页。

④ Baur, *China um 1900*, diary entry May 18, 1892, 362-363. 包尔承认,他的信念没人理睬,而他有关英语的看法被他的上级认为是“在损害德国的利益”。

术语还会插入英语，或者在正文末尾的词汇表中加注。到20世 66
纪20年代，用中文印刷的工程教科书和专业文献都是从左到右横排，这样一来就有利于技术写作，包括插入公式和图表。①

当然，在中国人看来，使用汉字是一个关系到国家主权以及便利的问题。1913年，新成立的中华全国铁路协会的期刊上发表了一篇题为"铁路应用中国文字授"的文章，作者代表那些无法阅读车票说明、货物规则以及张贴在火车站的时刻表的顾客们发出了恳求。② 甚至即便大多数铁路都已国有化，也还花了很长时间来减少英语（以及德语和法语）的使用，这是之前中国公共空间中殖民影响的残迹。然而，作为铁路上的一种国际语言，在民国时期，英语一直没有从学术文献和铁路公司的入职考试中消失。③

账目和轨道上的混乱

与西方国家不同，中国几乎没有生成与运用现代统计数据的经验。在欧洲，以法国大革命和拿破仑战争的军事动员为标志，政府开始普遍推动更系统地搜集人口和经济统计数据。④ 第二次推动大约始于1870年，在世纪之交及第一次世界大战之后加

---

① 关于民国时期公民权、课本和印刷文化等议题，可以参考 Robert Culp, *Articulating Citizenship: Civic Education and Student Politics in Southeastern China, 1912 - 1940* (Cambridge, MA: Harvard University Asia Center, 2007).

②《铁路应用中国文字授》，载《铁路协会会报拔萃》，第585—587页。

③ 黄逸峰，《铁路职业指导》，上海：商务印书馆，1936年，第85—91页。

④ Stuart Woolf, "Statistics and the Modern State," *Comparative Studies in Society and History* 31, no. 3 (July 1989): 588 - 604; Silvana Patriarca, *Numbers and Nationhood: Writing Statistics in Nineteenth-Century Italy* (Cambridge: Cambridge University Press, 1996).

速,随着衡量国内生产总值、失业率和通货膨胀等标准化宏观经济统计项目的出现而达到了顶峰。①

晚清和民国早期的中国政府,包括交通部的铁路局,对于它所负责管辖的机构就缺乏这样的统计信息。就铁路而言,多数令人困惑之处都可以归咎于铁路的半殖民起源。1913 年,交通部任命了统一铁路会计委员会,用其中一位成员的话说,该委员会发现,"铁道把会计与统计完全掌控在自己手里。而就财务而言,
67 似乎当时所知的……主要就是钱的问题。每条铁道都以自己的方式进行会计与统计记录,并且按照自认为合适的做法来改变记录方式"。②

更有甚者,因为一战之前中国铁路的融资主要是靠外国借款,线路就得受制于大量不同的国家利益、操作流程和语言。尽管债券持有人实际上在很远的地方,但他们可以通过多种形式来施加压力,以增进他们的利益。金融与工程公司形成了各种各样的联合,来对最初的铁路贷款进行协商,其中包括中英银公司(the British & Chinese Corporation)、英国福公司、华美合兴公司(the American China Development Corporation)等,都在中国设立了办公室,这些办公室可以对铁路管理进行监督,并且直接或者通过他们的外交代表对中国官员进行游说。最大的几家中就有中英银公司,其主要成员包括怡和洋行和汇丰银行(Hong Kong-Shanghai Banking Corporation),中英银公司对铁路的监

① J. Adam Tooze, *Statistics and the German State, 1990 - 1945: The Making of Modern Economic Knowledge* (Cambridge: Cambridge University Press, 2001), 7.

② Ching-chun Wang, "The Administration of Chinese Government Railways," *Chinese Social and Political Science Review* 1, no. 1 (1916): 68 - 85, quote 81.

管达到了极其精细的程度，随时注意榨取更多利润，以利于债务偿付。有时，公司密切的监管会严重影响铁路公司的决策。比如说，1922 年，中英银公司的代表 S. F. 迈耶斯(S. F. Mayers)以未来的铁路收入向制造商抵押，避免了为新机辆，也就是后来颇受欢迎的蓝色快线旅客列车的装运付款，但这样做违反了最初的贷款协议。① 四年之后，这些车辆还没有付钱。②

到 1913 年，铁路数据不完整、不连贯的状态造成的挫折感压垮了中国官僚们捍卫自己地盘的愿望。中国政府要求统一铁路会计委员会协助改革管理机构。委员会的目的是要提高有关铁路的统计知识，在面对外国投资者时，能够强化中国的国家利益。

委员会背后的推手还是王景春。③ 王景春的博士论文是关于英格兰的铁路金融规章，他说服了密歇根大学的经济学教授亨利·卡特·亚当斯(Henry Carter Adams，1851—1921)花了一年时间在中国做委员会的特别顾问。亚当斯于 1913 年到 1914 年间前往中国，在此期间，他将自己从 1887 年开始担任州际商务委员会(Interstate Commerce Commission)总统计师期间为美国所做的事情都为中国铁路再做一遍：将贪婪的私营企业纳入到公 68
共管控之下。④ 在美国，他的目标曾是要强加一种统一的账目系

① S. F. Mayers (British & Chinese Corp.) to Sir Beilby Alston (His Britannic Majesty's Minister), Peking, August 22, 1922, FO 228/2803, British National Archives (BNA).

② British Legation, Peking to the Wai Chiao Pu, November 4, 1926, and W. F. Ker (Consul General), Tientsin, December 14, 1926, to Wm. Forbes & Co., Tientsin, FO 228/2803, BNA.

③ Boorman, *Biographical Dictionary of Republican China*, 4: 366 - 369.

④ A. W. Coats, "Henry Carter Adams: A Case Study in the Emergence of the Social Science in the United States, 1850 - 1900," *Journal of American Studies* 2, no. 2 (October 1968): 195.

统，从而使政府能掌握信息，避免铁路公司索要过高的比率。他在一封寄给儿子的家书中写道，在中国，他希望阻止“外国人敲骨吸髓”。① 他注意到，中国铁路的资本来自外国，这使得铁路的经理们陷入困境。“要给政府保留收入，政府有资格从铁道获得收入，与此同时也要全面确保债券持有者们的债务安全，这就让中国铁道的总会计师处于一种……一仆事二主的处境。”②在另一封信中，亚当斯就交通部路政司缺乏财务和管理方面的专业知识感到恼火，主要是因为这样一来就让精明的外国投资人占了上风。“这里的困难在于，政府没有人足够了解，能够站起来反对讨厌的外国人，因此，即使我们能够为铁道制定出一种记录形式，人们有可能聪明地加以使用，但也可能不会。”③

人们希望通过改善铁路的账目来提高管理效率，从而带来更多利润，并最终增强中国国家的借贷能力。最初，亚当斯并没有意识到这个委员会目标的国际影响，但他一来到中国，这些影响便清晰起来，因为他意识到自己工作的“重要性我做梦也没想到……这里的事情都很糟糕，就财务而言……我的工作可能会为给这个国家授予信用提供极大帮助。这也是为什么银行家和铁路人员给我留下善意的印象。”④

与民国时期的许多西方顾问不同，亚当斯的影响持续了很

---

① H. C. Adams to Carter, January 27, 1914, H. C. Adams Papers, Box 13, Bentley Historical Library, University of Michigan. Quoted in Paul B. Trescott, “Western Economic Advisers in China, 1900 - 1949,” *Research in the History of Economic Thought and Methodology* 28A (2010): 6.

② H. C. Adams, *Manual of Railway Accounts* (Peking, 1926), 12.

③ H. C. Adams to Teddy and Carter, Peking, November 28, 1913, H. C. Adams Papers, Box 13, quoted in ibid., 7.

④ H. C. Adams to Carter, Shanghai, December 21, 1913, H. C. Adams Papers, Box 13, quoted in ibid.

久。他注意到，在他的任期内，北京有 18 位西方顾问，但“在这里，只有他不是作为花瓶存在的”。① 然而，王景春说明了委员会的成就有多重要。② 这个委员会总计会晤超过 70 次，最终制定了 9 套账目和统计规章，用于管理资本投资、运营收支、年度预算、机辆统计和其他基础性事务。这个委员会也为铁路运营的年度报告规定了标准流程与格式。1915 年，这些规章开始生效，直 *69*
到 1937 年都在实施，仅作了少量修订。③

结果，铁路报告成了民国早期中国少数几个统计上的亮点之一。农商部从 1914 年起开始发布年度报告，但到 20 世纪 20 年代末，它的数字都还只是粗略的估计。中国海关总税务司基于搜集的系统性数据发布了贸易数字，但总税务司有外国经理，还有大量的外国雇员。因此，铁路成为由中国人运作的国家机构里唯一一个对有关本国物质状况的量化数据加以汇编并定期发布的机构。④

在政府建立铁路管理机构以及铁路公司改组取得进展的大多数时候，中国都处于剧变之中，政治碎片化越来越严重。1916 年，袁世凯去世，军阀们发动了战争以夺取北洋军的控制权，北方

---

① H. C. Adams to Teddy and Carter, Peking, November 28, 1913, H. C. Adams Papers, Box 13, quoted in ibid., 6.

② Wang, “The Administration of Chinese Government Railways,” 81.

③ Ralph William Huenemann, *The Dragon and the Iron Horse: The Economics and Railroads in China* (Cambridge, MA., Harvard University Press, 1984).

④ 对民国时期统计数据的评估，见 John K. Fairbank, “Bibliographical Essay,” in Cambridge History of China, vol. 12, Republic China, 1912 - 1949, part 1, 831 (Cambridge: Cambridge University Press, 1983)（费正清主编，《剑桥中华民国史（1912—1949 年）》（上卷），杨品泉、孙开远、黄沫译，北京：中国社会科学出版社，1998 年）; William C. Kirby, James Chin Shih, Man-houng Lin, and David A. Pietz, eds., *State and Economy in Republican China: A Handbook for Scholars*, 2 vols. (Cambridge, MA: Harvard University Asia Center, 2001), 10.

由北洋军阀支持的大总统袁世凯与南方的革命派国民党之间的裂痕加剧了。随后的权力真空,在军阀、袁世凯之前的拥趸,以及掌握省级军队的将军们之间,引发了暴力与破坏性的斗争,这些人建立起了控制着军事和民政的独立领域。为了终结中国的领土分裂及政治动荡,国民党与共产党建立起短暂的同盟。1928年,蒋介石的队伍消灭了军阀,清洗政治左派,实现了国家统一,并在南京建立起国民党政府。①

中国的铁路线在这些事件中受到地方军阀以及各种不同军队的严重影响,他们既破坏了线路的实体资产,也损害了线路的管理,破坏的严重程度取决于线路在战区之中所处的位置。在下文中我们将会看到,民国早期铁路在管理和经营上的许多创新都受到了外部因素的损坏,这些外部因素超越了线路管理层的控制。

对于轨道设备和道床所受到的浩劫,最为详细的一些描述源于外国工程师和顾问们的评论,他们见证了他们负责建造的这个系统所受到的破坏。托马斯·约翰斯顿·伯恩(Thomas Johnston
70 Bourne)曾于1908年到1911年在津浦线上做区段工程师,根据他的日记,第一次军事破坏就发生在1911年革命之后不久。当时,臭名昭著的将军张勋撤出了南京,跨过长江,并要求将他的队伍从浦

① 例见章开沅,《辛亥革命与中国政治发展》,武汉:华中师范大学出版社,2005年;Li Chien-nung, *The Political History of China, 1840–1928*, trans. Ssu-yu Teng and Jeremy Ingalls (Princeton, NJ: D. Van Nostrand, 1956)(李剑农,《中国近百年政治史,1840—1926年》,北京:商务印书馆,1942年);James E. Sheridan, *China in Disintegration: The Republican Era in Chinese History, 1912–1949* (New York: Free Press, 1975); Lloyd Eastman, *The Abortive Revolution: China under Nationalist Rule, 1927–1937* (Cambridge, MA: Harvard East Asian Monographs, 1990)([美]易劳逸,《流产的革命:1927—1937年国民党统治下的中国》,陈谦平、陈红民等译,北京:中国青年出版社,1992年)。

口运到徐州。工作人员拒绝给张勋提供服务，他便抢占了两列空的道砟车，把他的军队运去了徐州。在徐州，他盘踞在火车站，并开始住在一节铁路车厢里，“机车顶上总是冒着蒸汽，这样一来他一收到消息，就能立刻开拔”。张勋控制了铁路沿线地区的人口，并实行恐怖统治，车站的站台变成了一个公开展示惩罚与行刑的场所。①

在20世纪20年代前期的内战中，拥有运营总部和铁路工程重要线路的枢纽成了争夺的战略目标。1924年，东北和华北地区两个主要军阀张作霖和吴佩孚之间的战争又开始了，作为京奉线总部以及开滦矿业所在地，唐山市被卷入了战线。C. P. 菲茨杰拉德(C. P. Fitzgerald)是线路上的一名仓管，他在回忆录中写道，尽管即将到来的军事行动已经人尽皆知，但铁路没有采取任何防备性措施。菲茨杰拉德将这种无所作为归咎于上层管理仍然掌握在外国人手里，他们并不理解政治现实，还幼稚地期望北京政府能够控制军阀。② 吴佩孚试图把他的队伍开到东北边界的山海关，这第一次对京奉线造成了影响，因为军官们征用了货运列车来运送军队，还征用了机车来运输未经许可的列车。比起抢占硬件来，缺乏有关轨道系统的物流如何运作的知识造成的破坏性还要更大，这致使线路中断。与大多数铁路类似，京奉线是单线，每个车站有侧线，对向行驶的列车可以会让。十三列长长的列车堵塞在唐山站附近的线路上，造成军队和火炮弹药没法

---

① “Journal of Thomas Johnson Bourne (of Winfarthing, China and Wimborne), Written at the Request of His Children at Odd Times from 1939 to 1940” (unpublished manuscript), 32. 感谢刘陶陶博士提醒我注意这一文献。

② C. P. Fitzgerald, *Why China? Recollections of China, 1923 - 1950* (Portland, OR: ISBS, 1985), 57 - 58.

移动，自然而然就成了冯玉祥将军的队伍发动突然袭击的靶子。①

战争期间对铁路造成的破坏，只是军阀队伍军事上软肋的一个例子；他们缺乏足够的经验与训练，无法规划铁道的战略动员以供军事行动之用，而这些军事行动日益需要大规模地运送士兵
71 以及军械和补给。军阀和他们的士兵认为，驾驶列车需要的“经验，并（不）比驾驶一辆马车更多”，他们还粗暴地对待铁路员工，包括机车司机，根据目击者的报告，一旦料到军队会过来，所有的技术职员和机械职员都会弃职逃走。② 被抓住的人被迫工作让火车运行起来，“机车上冒出蒸汽，直到锅炉烧坏，或者漏了的烟道把火灭掉”。③ 如果这还不足以造成破坏，当军队自己用光机车里的热水或者煤水车里的冷水，机车很快就会坏掉。约翰·厄尔·贝克于1916年到1926年曾担任中国交通部顾问，这期间军阀张作霖占据着天津，贝克见证了杨村的轨道上挤满车厢，七台不能运转的机车堵住了车站。④

即便是在线路最终重新开放之后，军队还是会给交通造成消极影响。列车发车时间变得难以预测，使得乘客过度拥挤或者不开心，军官们还会鲁莽地占据一等车厢。⑤ 货物和旅客运输减少，军队人员拒绝为运输付钱，这都造成了收入减少，严重危及线路的财务状况。经济史家和社会批评家理查德·托尼（Richard

---

① Fitzgerald, *Why China?*, 58—59页。

② John Earl Baker, *Explaining China* (London: A. M. Philpot, 1927), 71. “机车司机”指的是操作意义上的工程师，他们驾驶列车，这与一般的专业意义上的工程师一词不同。

③ 同上。

④ 同上，尤其是第77页。

⑤ 同上，第64—65页。

Tawney)在哀叹 20 世纪 20 年代末铁路网络扩张和质量均受限制时，挖苦了与军事相关的破坏对中国铁路造成的长期影响："一个控制着一条铁道的将军，就像一只带着手表的猴子；因为内战，这样的铁路有一部分已经无法达成长期的商业目的。机辆变成碎片，因为缺乏机械资源，无法进行检修。不受约束的军人为了自己方便，把机车和车厢都扣了下来。在有些区域，永久道路已经无法修复。"[1]面对这样混乱的破坏，要对作为一个商业机构和组织结构的铁路线进行重组，简直就是个幻迹。

线路管理

在对国家铁路管理进行重组时，每条线路都进行了管理和结
构改造，直辖于交通部。1914 年，铁路局系统正式组建，全部十 72
一条干线都在总部所在地设立了管理局；另外五条当时尚未建成的线路在总工所之下运作，这些总工所随后会改成管理局。[2] 外国线路维持着他们自己的体系，独立于交通部的管辖，而为开矿建设的短距离私人线路和区域线路则在监管办公室之下运营，有的线路最终会被纳入干线的分支机构加以管理。[3]

1911 年以后，中国铁路公司的主要任务之一就是让它们机

① R. H. Tawney, *Land and Labour in China* (London: Allen and Unwin, 1932), 86.

② 铁路协会编辑部编，《民国铁路一年史》，附件附表，无页码。

③ 同上。例如，从清化到山西三里湾的道清铁路，是一条很短的线路，用于山西省的煤炭运输，在监督局之下运营。从石家庄到太原的正太铁路，最初是由法国获得的特许权，也是在监督局之下运营，1932 年铁路正式国有化后，它成了平汉线(京汉线)的一条支线。见 Lin Cheng, *The Chinese Railways: A Historical Survey* (Shanghai: China United Press, 1935), 70.

构的结构适应国有化之后新出现的控制与所有权安排。前文已经提到,将原来的外国管理与技术员工替换成中国人才既缓慢又是渐进的,组织和管理的重构涉及让外国的铁路商业模型适应中国上层管理层面和工作场所层面的机构结构。每一家铁路局的机构起源都可以追溯到不同的半殖民管理方式,它们从一开始就带着不同的机构遗产。

中国大多数铁路线的线路管理都沿用了欧洲铁路公司的机构结构。阿尔弗雷德·钱德勒分析了 19 世纪末 20 世纪初美国铁路公司作为大型商业企业的兴起,按照他的说法,在欧陆和英国,铁路以"部门性"(departmental)组织为特征,而美国铁路则偏向"区段制"(divisional)。钱德勒认为,铁路管理是一个复杂的过程,跨越空间距离,有着不同类型的运输、货物和财务账目沟通,这两种路径都是要回应铁路管理所带来的挑战。美国的大型铁路公司用了一种去中心化的线路—员工区段结构,造就了一种"从总经理开始,通过总主管(general superintendent)",一直到部门主管的"直接线条"。① 相反,英国和欧陆铁路公司所采用的部门性结构,则让职能经理负责特定的地理区域,由他们向总公司对应的职能部门直接汇报。这种中央化的部门性结构,更适应轨道长度更短、运输量不太大的线路,也被视为一种更"自然"的组织形式。②

---

① Alfred D. Chandler Jr., *The Visible Hand: The Managerial Revolution of American Business* (Cambridge, MA: Belknap Press of Harvard University Press, 1977), 106 ([美]小艾尔弗雷德·D. 钱德勒,《看得见的手——美国企业的管理革命》)。

② 同上,第 107 页。

早期的铁路企业联合和特许公司以及他们的工人，都是在英 73
欧体系下接受训练的，他们对这种结构传统更为熟悉，因而在建设的最初阶段引入了部门系统最基本的形式。就这一点来说，津浦铁路组织结构的发展可以作为中国管理演化的一个例子。根据 1909 年由督办提交的一份内部备忘录，北段（德国段）总局分为十个部门，包括文案、收支、勘测、翻译、购地、工程、材料、电报、机辆和供应处。[①] 当时，津浦铁路尚未完工，这份文件不是一份组织流程图，而是概述了部门制的线路管理：工程师将要负责机械、机车车间、建设、供应、测量、收支经费、通信、材料、电报、机辆和监管。他们的副手则驻扎在各段，负责购地、通信、调查、维护秩序、翻译、经费收支以及工程监理。他们也会负责员工，比如办公室职员、通信员、警卫和马夫。[②] 在等级结构中，督办、总办及他们的助手占据着最高管理层，但没有固定的职责，而总主管和助理总主管则负责法律事务、收支经费和供应、翻译、监督、购地，以及管理治安员、抄录员、会计和探员。[③]

1914 年由全国铁路协会汇编的一项调查记录了线路重组的第一步：津浦线于 1912 年开通，一年以后，线路被国有化，完全纳入了中国管理之下，在天津到浦口的 1009 公里的轨道上有 89 个车站。津浦铁路管理局监管天津的机械厂、济南工厂以及浦口的机车厂。天津机械厂的设备尤其精良，有三台蒸汽机和一部发电机，雇用了 141 名员工。济南的工厂雇用了 481 名员工，浦口则雇用了 400 人。考虑到当时大规模工业企业的低水平，以及调查

① Memo prepared by managing director, May 17, 1909, FO 233/132/71, BNA, archived at 112.

② 同上，第 113 页。

③ 同上，第 114 页。

74 排除了搬运工和其他的临时劳动力，以这项调查来说，津浦铁路在劳动力人数、物质资产和提供服务的范围方面，按照任何标准都是中国的重要经济机构。①

1915 年津浦铁路的第一幅组织流程图则显示，管理上按照外国控制的区域划分的北段和南段已经废除了。② 设在天津的铁路局负责监管总务、工务、交通和养护四个部门，各个部门又各自负责专门化的分部。不过这时仍然不存在部门制结构。这一结构改变发生在第二年，当时工务处和养护处将他们各自的管理责任分成了各段和分段。而按照 1916 年的流程图，这种区段划分遵循了此前的德—英划分，以山东和江苏两省交界处的韩庄站作为分界线。工务段和养护段的十个分段，是按照线路上的主要车站进行划分的。③

对比此后一年的组织结构演化，可以发现一项实验性过程，即将账目办公室从总务处中析出，设立一个单独的部门对铁路局负责。这个步骤显示出铁路会计标准化的重要性日益增强，这时候它们在公司的组织和管理中更具存在感。还有一些变化表明，福利机构，比如沿线与津浦铁路相关的新的医院大楼和医疗站，在管理上整合了起来。例如，1917 年，线路的医院和治安警卫完全被整合进了管理结构之中，各自获得了独立的部门地位。④

直接对津浦铁路局负责的部门数量增加了，这一趋势贯穿了

① 铁路协会编辑部编，《民国铁路一年史》，附件附表，无页码。关于劳工的数量，见 Rawski, *Economic Growth in Prewar China*（[美]托马斯·罗斯基，《战前中国经济的增长》）。

② 青島守備軍民政部鐵道部，《青島守備軍民政部鐵道部調查資料：津浦鐵道調查報告書》，无出版地：大正八年（1919 年），第 27—28 页，1915 年 1 月图表。

③ 同上，第 29—34 页，1916 年 6 月图表。

④ 同上，第 34—37 页，1917 年 6 月图表。

整个民国早期，直到1927年国民党接管了铁路并对铁路的管理机构进行了重组。就线路管理而言，这一改革努力反映了对地理分区内各种不同运营和管理任务的认可，还有这样一个渴望，那就是让从机车车间到铁路医院的铁路各个部分都通过中央化的沟通与命令渠道变得更有效率。

尽管20世纪10年代的改组过程偏离了欧式部门制模型，但 75
这个改组明确显示出越发关注地理分区以及将功能分区段整合到空间分区之中。例如，1918年，津浦铁路局管理着十个部门，包括两个基于以前南北分区的不同工务部门；两个不同的交通部门，一个按照功能划分，另一个则按照地理划分；还有两个不同的会计部门，一个负责中央账目，还有一个负责区段账目。这条指挥线创造出一个庞大且笨拙的组织结构，在这样的结构中，区段和功能所负的责任不同，但最终仍然由铁路局控制。①

从一个比较性的铁路管理视角来看，可以说中央化的英欧模式提供了基本的框架，但中国人通过赋予地理区段和部门一样的地位，发展出了一种混合的模式。这就使得区域和地方的机构以及工厂，都被赋予了直通津浦铁路局顶层的权力，这种赋权对中国铁路作为一种机构的本质产生了持续影响，因为政府的其他线路也经历了类似的重组。② 在本国人看来，他们可能会说铁路改革一定程度上使国家管理层面的体系集中了，但在线路层面则间接地造成了区域化，强化了负责地方和区域的机构的权力。

在部门系统内部各段取得了制度化的权力，但各段负责人缺乏合作，造成了冲突与内部的碎片化，这并不意外。并存的部门

---

① 青島守備軍民政部鐵道部，《青島守備軍民政部鐵道部調查資料：津浦鐵道調查報告書》，第37—48页，1918年7月图表。

② 京汉线与沪宁线同样如此。

致使流程复杂,文书工作繁多,却又不鼓励彼此间相互交流信息,在这样的背景下,工程师们对各段的功能管理者不愿意合作以及线路责任不清提出了抱怨。组织内部的复杂性,也造成铁路部门管理高层的外国雇员与各部门、各段的低层的中国管理人员之间的差异持续存在下去。在运营方面,线路的日常管理也引发了争议,通过员工们的通信可以看到,这些争议很容易就会发展成带有政治或者民族主义意味的争论。①

76 尽管经历了国有化和机构本土化,但直到 20 世纪 20 年代,中国铁路还是在继续雇用外国经理和工程师。这一方面是因为在 20 世纪 10 年代,接受过训练的中国铁路工程师和管理人员数量还相对较少,无法满足线路正在扩张的铁路管理的需求(本章随后将进行讨论)。例如,沪宁铁路的员工记录显示,1920 年,在总工程师和总经理这样的位置上,以及工程、运输、账目、机车、仓储和医疗等部门的领导职位上,线路仍然在雇用外国人,总数达 37 人。②

来自外国债务公会(loan consortia)的压力,是继续雇用外国人的另一个原因。最初的借款协议有许多都指明特定的职位必须要由特定国籍的人来担任。S. F. 迈耶斯是中英银公司在当地的代表,他尽了极大努力要让英国人占据沪宁和津浦线的要职,尤其是在 1917 年 3 月之后,当时因为一战的政治环境,中国

① Dossier 5c, Tientsin-Pukow and Shantung Railways, June 1918 - April 1927, FO 228/280, BNA.

②《中华国有铁路沪宁沪杭甬线职员录》,(n. p: 1920, 1 - 6, Shanghai Municipal Archives [SMA]), Y 2 - 1 - 1097.

切断了与德国的关系，并且接管了津浦线上德国人的职位。[1] 1910 年，中国与德国和英国签署的补充借款协议规定，在建设完成之后，欧洲人必须要管理整条线路；但到 1919 年，这一条款仍未兑现。S. F. 迈耶斯与英国驻华大使馆、伦敦的国务大臣和铁道部长进行了大量通信，并且进行了多次私人访问，最终成功让 A. R. J. 赫恩（A. R. J. Hearne）被任命为津浦铁路全线的第一任总工程师。[2]

西方股东似乎达成了一致，那就是让欧洲人负责中国的铁路会提高利润率，加快债务偿付的速度。然而这样的看法缺乏证据，并且似乎表达了在面对中国组织的脆弱时，西方人更有效率、更可靠的情绪。例如，1918 年，迈耶斯协助 C. L. G. 韦恩（C. L. G. Wayne）从沪宁铁路运输部的一个中层职位升到了津浦铁路运输部门负责人的位置；1925 年，韦恩又升职成津浦铁路的署理总经理。[3] 韦恩明确说，他希望自己的任命可以提高债务偿付
率。为了升职他写了许多信以争取支持，他在信中指出，“通过任 77

① Memorandum of S. F. M. (S. F. Mayers), British & Chinese Corporation, Peking, January 30, 1919, FO 228/2803, BNA; S. F. Mayers to under secretary of state, Foreign Office, March 12, 1919; draft memorandum, April 22, 1919, ibid. 关于一战之后德国和日本在中国的存在，以及山东半岛铁路控制的变化，参见 Elisabeth Köll, “Chinese Railroads, Local Society, and Foreign Presence: The Tianjin-Pukou Line in pre-1949 Shandong,” in *Manchurian Railways and the Opening of China: An International History*, ed. Bruce A. Elleman and Stephen Kotkin (Armonk, NY: M. E. Sharpe, 2010)，第 123—148 页，尤其是第 124—127 页。

② Memorandum of S. F. M. (S. F. Mayers), British & Chinese Corporation, Peking, January 30, 1919, FO 228/2803, BNA; S. F. Mayers to under secretary of state, Foreign Office, March 12, 1919, FO228/2803, BNA.

③ Dechamfils (Consul-General in Nanking), to Sir Donald Macleay (HM's Minister), Peking. November 12, 1925, FO 228/2801, BNA.

命他,中英银公司可以确保获得一些好处”。[①]

在民国早期,面对管理和机构上的这些挑战,中国铁路持续改变着其线路管理的结构。从纯粹的机构视角来看,就管理和人员而言,1911 年的革命与国有化并不像人们所以为的那样是某种激进的断裂。从内部出版物中的流程图和当地管理人员的个人通信可以看出,改组并借此获得改善的愿望很强,但组织变得过于复杂,使得具有强烈区域性、镶嵌于地方之中的铁道利益没法与中央铁道管理部门和政府所追求的国家议程绑定在一起。民国早期碎片化的政府与铁路管理机构,无法有效地把手伸进个别铁路局的结构当中。[②]

1927 年之后,国民党政府统一了中国,并且对政府线路进行了重组,这样就改变了 20 世纪 10 年代铁路大多分得过碎的状况。例如,1928 年,津浦铁路重组成了 6 个由铁路局直管的部门,区段划分的结构降级到了较低的层次,向各处报告(见附件 A)。[③] 最终这种组织结构从许多方面来看都开始更像欧洲的分部门模式,与此同时,西方在铁路管理方面的影响最终开始消退。

铁路大院与工作场所

在民国早期作为一种混合机构出现的铁路,在城市的建成环

---

① Mr. A. C. Clear to Mr. S. F. Mayers (British & Chinese Corporation, Ltd, Peking), December 9, 1918, FO 228/2803, BNA; quote from Mr. C. L. G. Wayne (Traffic Department, Shanghai-Nanking Railroad) to Mr. A. C. Clear (engineer in chief and general manager, Shanghai-Nanking Railroad), December 6, 1918, FO 228/2803, BNA.

② “Telegramabschriften: Tientsin-Pukow Bahn,”(电报转录:津浦线), vol. 15, 1914, BLHBS.

③ 聂肇灵,《铁路通论》,上海:商务印书馆,1930 年,第 58—66 页。

境与工作场所等不同的领域都留下了深刻的印迹。铁路将车站所在的小镇与城市转变成了截然不同的环境，往往受到西方启发的现代建筑、技术设备以及商业设施被嫁接到中国传统城市之上。例如，津浦铁路实体的出现，就对省城济南的都市发展产生了重要影响。[①] 济南是一座重要的铁路枢纽，津浦线与胶济铁路在此交 78
会，胶济线穿过山东半岛，连接了济南与青岛。由此引起济南的经济发展和城市扩大，将这座城市的性质从一个行政管理中心，转变成了20世纪早期的一个商业、工业和交通中心。[②]

在济南由城墙环绕的城市空间里，有着诸如衙门和庙宇等传统公共机构，津浦线从城墙西侧经过。图2.1所示的北京前门车站是一个更早的例子，铁路在城墙以外运营，线路走向沿着城墙，这里的空间能容纳更大的站场和车站的建设。1904年，济南自行划定为通商口岸，在城墙以外创造了一个全新的现代城区，这里也成为铁路车站、商店、银行、邮局以及津浦铁路局的所在地（见图2.2）。[③] 被称为济南机厂的维修工厂是一个大型工厂大院，占据了城墙外城市新区的一整个区域，里面有仓储设备与管理建筑。济南的铁路车场成了山东省最大的维修工厂，吸引了来 80
自全国的劳工和管理人员。

---

① 关于济南城市史的详细讨论，见 David D. Buck, *Urban Change in China: Politics and Development in Tsinan Shandong, 1890 - 1949* (Madison: University of Wisconsin Press, 1978)（[美]鲍德威，《中国城市的变迁：1890—1949年山东济南的政治与发展》，张汉、金桥、孙淑霞译，北京：北京大学出版社，2010年）。

② 庄维民，《近代山东市场经济的变迁》，北京：中华书局，2000年。

③ 张润武、薛立，《图书济南老建筑：近代史卷》，济南：济南出版社，2001年，第6—11页；罗腾霄、李厚基，《济南大观》，济南：济南大观出版社，1934年；济南市史志编纂委员会，《济南市志》，济南市史志编纂委员会，1999年，第2卷。

图 2.1　北京前门火车站，1909 年。山本三七郎（Sanshichiro Yamamoto），《北京》（*Peking*，东京：1909 年），插图 4，无页码。复制自作者藏品。

79

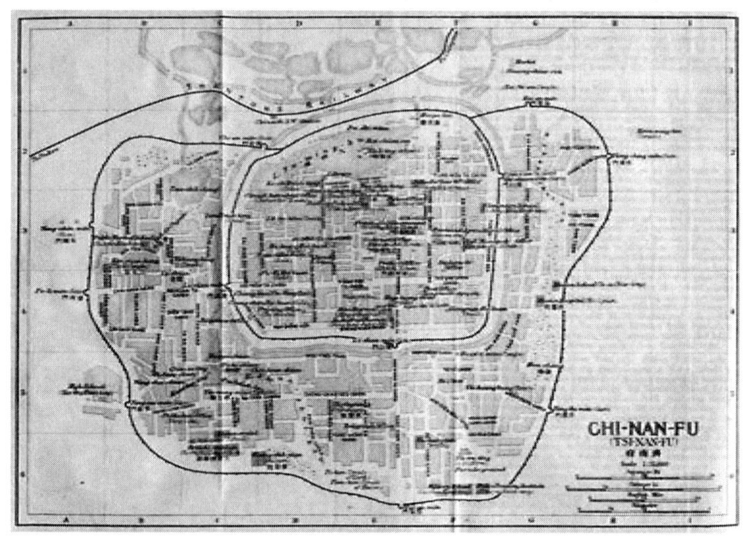

图 2.2　山东省会济南地图，1915 年。日本铁道省，《东亚官方指南——欧亚之间的洲际联系》（*An Official Guide to Eastern Asia—Trans-Continental Connections between Europe and Asia*），第 4 卷，《中国》（东京，1915 年），对开页第 104 页，哈佛大学冯汉柱图书馆。

津浦铁路大院成了城市里的一个主要存在，发展为一座城中之城。铁路作为一种运输及大规模商业运营方式，启发了城市规划与建筑，这也反映在城市大量的西式办公建筑和机构上，例如津浦铁路局总部、津浦铁路宾馆以及津浦铁路医院等。[①] 与城墙围合的老城区不同，济南铁路区成了一座不同的城市，有着现代街道格网，街道命名缺乏想象力，是根据数字系统，如经一路、经二路等等(见图 2.3)。1910 年后的二十年间，济南这个较新的区域成了现代银行、工业企业、医院、学校和外国贸易公司的所在地。[②] 津浦铁路的火车站位于这个城区中央，建成于 1911 年 12 81

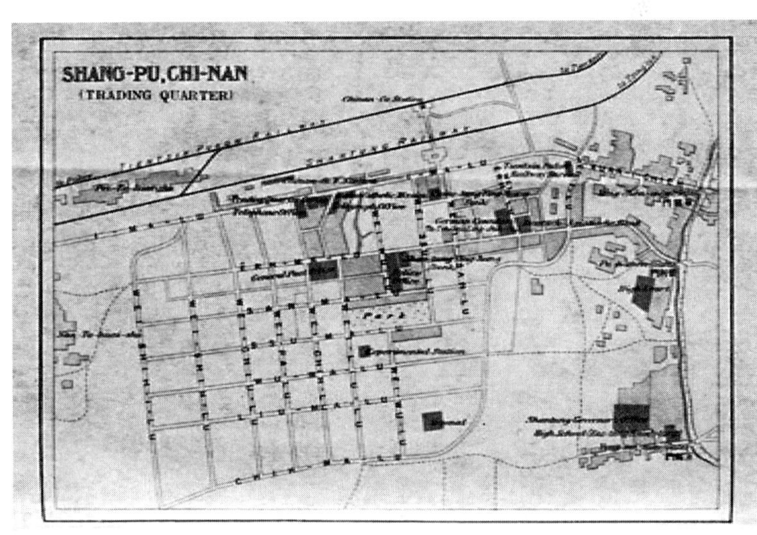

图 2.3　济南的铁路与商埠，1915 年。日本铁道省，《东亚官方指南——欧亚之间的洲际联系》，第 4 卷，《中国》(东京，1915 年)，对开页第 110 页，哈佛大学冯汉柱图书馆。

---

① 张润武、薛立，《图说济南老建筑：近代史卷》，126—128 页；東亜同文会，《支那省别全志：山东省》，东京：東亜同文会，大正六年(1917 年)4：第 436—476 页。

② 张润武、薛立，《图说济南老建筑》，地图，2—11 页；Buck, *Urban China in China*, 100。

月,它是西方效率与纪律的代表,完美模仿了德国的车站建筑,也是中国第一批西式铁路建筑之一,建有钟楼、候车室、售票室以及单独的行包储存间。①

民国年间,津浦铁路是济南主要的白领和蓝领雇主之一,它在塑造现代化城市工作文化方面也扮演了主要角色。1925 年,津浦铁路列出了在济南站工作的工人和雇员名录,将近有一千人。② 2005 年,我对以前在津浦铁路上工作的工人进行了访谈,按照他们的说法,他们中绝大多数都是第二代或者第三代铁路工人。这里的"工人"一词指的是具有高技术的工人,他们在机器工厂或者维修工厂里至少实习了两年,还有一些人甚至被津浦管理部门送到铁路技术学校去提高技术水平。③

第一代铁路工人里,许多都有在兵工厂、矿场或者铁匠铺工作的经验。④ 因为这些技术在铁路站场和维修车间都用得上,他们在 20 世纪 10 年代来到了山东,加入津浦铁路。他们的家人从天津、唐山以及河北省其他地方来到济南,甚至直到今天,这些家庭的户口还留在故乡,不在山东省。我访谈的工人们指出,通过公司培训获得就业机会,由铁路的医院和学校、公司住房等提供
82 的社会服务,以及津浦铁路公司作为可靠机构雇主的声望是很重要的因素,吸引了作为技术工人的他们。他们在欧洲和北美的同

① 张润武、薛立,《图说济南老建筑》,107—116 页;《山东地志》,20 世纪 30 年代,中华书局;济南铁路局史志编纂领导小组,《济南铁路志,1899—1985》,济南:山东友谊出版社,1993 年,第 72—73 页。

②《铁路职工教育学刊》,1925 年,第 9 卷,23 页。

③ 济南机器工厂访谈,2005 年 6 月 19 日。

④ 对于在铁路上求职的男性而言,铁匠是一个经典职业。我的曾祖父在加入哈布斯堡帝国的铁路系统并成为南提洛尔地区的一名机车司机之前,也接受过铁匠训练。

行，也是出于类似的动因到铁路上工作的。①

用技术上通常很先进的进口工具和机械训练一名有技术的中国劳动力，让他们能够在车间里从事维护和维修工作，对于建立一个中国的国有铁路管理机构而言是另一种挑战。1911 年之前，外国铁路公司在中国训练铁路职工已经取得了一定程度的成功，但这些尝试大多规模较小、时间较短，而且很狭隘地着眼于运营这些铁路的外国铁路公司和国家的利益。最早专门针对铁路的技术教育，是由天津武备学堂的铁路工程科所提供的。这个科是由我们在前文提到过的格奥尔格·包尔所创办，从 1890 年到 1893 年，他任职于德国克虏伯（Krupp）公司，在华担任铁路相关事务的技术代表与顾问。②

铁路科于 1890 年 11 月 26 日开学，当时有 20 名学生。这个武备学堂是在总督李鸿章的资助下运作的，成员有德国军事教员，以及像格奥尔格·包尔一样经过专业训练的铁路工程师。办一个科而不是一所独立的学校似乎比较合适，因为办科不需要通过北京的清政府正式许可。1893 年，两个班里的学生总数为 28 名，但其中只有 13 人完成了学校教育。10 名毕业生在铁路管理机构找到了工作，两人在矿业公司工作，最好的学生留在了学校，

① Walter Licht, *Working for the Railroad: The Organization of Work in the Nineteenth Century* (Princeton, NJ: Princeton University Press, 1983); Lothar Gall and Manfred Pohl, eds., *Die Eisenbahn in Deutschland: von den Anfängen bis zur Gegenwart* (Munich: Beck, 1999)；济南机器工厂访谈，2003 年 7 月 30 日，2005 年 7 月 10 日、15 日。

② 作为顾问和代理人工作的准备，克虏伯将包尔送到柏林一所大学的东方语言学系学习中文。包尔与中国政府官员发展出了极好的关系，1892 年，他被任命为李鸿章的铁路事务顾问，1913 年，他又被任命为大总统袁世凯的钢铁厂建设顾问。Baur, *China um 1900*。

成了一名助理教员。[1] 不幸的是，在 1900 年的义和团运动期间，这所学堂被彻底摧毁。最终它培训出来的毕业生仅有 40 人。并且按照严格的学术意义来讲，大多数毕业生并不是经过专业培训的工程师，他们只是具备铁路建设和运营所必需的特殊技术和管理技能。

为了在一个铁路相关的场景中将理论研究与实践应用结合起来，公司运营的课程班让学生们直接参加实地考察和田野训练。这标志了一种激进地脱离中国传统的教育方式。许多外国
83 工程师相信，技术上熟练的工人极端缺乏土木工程实践，因此他们认为中国工程学的未来，系于训练更多更好的拥有实践经验的技术工人和工头。[2] 实践场所成了学生们的课堂，他们被派到天津的法租界练习地形测量。为了让学生们能够探索铁路建设、桥梁建造、线路设备等一手技术问题，1892 年，格奥尔格·包尔带着他班上的 19 名学生进行了教学旅行。这个团队花了几天时间，从天津旅行到中东铁路上的滦州，中间停了很多次进行现场参观和教学。在唐山，学生们也有机会参观铁路车间，他们观看了机车和铁路车厢如何组装，以及运营中的煤矿。[3]

对于中国的课程来说，强调田野实践工作是一种全新的东西，这反映的是西方的思路，也就是把工程学视为一种建立在科学理性和方法论基础上的学科，科学理性和方法论是可以进行实地测试的，因而也就能进一步推动创新。在铁路和工程学校里接受训练的第一代中国学生，对这种工程思想方式并不熟悉。他们

---

① Baur, *China um 1900*, diary entry September 29, 1893, 531.

② O. J. Todd, *Two Decades in China* (Peking: Association of Chinese and American Engineers, 1938), 400.

③ Baur, *China um 1900*, diary entries December 5 - 11, 1892, 467 - 472.

自视为有着高等地位的学生，追求着光荣的现代教育，也是中国传统中超然的文人阶层中的一员，他们不认可实验室或者田野中的工作也是自己职业教育不可分割的一部分。因此，学生们不愿意执行简单但重要的任务，因为从精英的角度看，这些任务会拉低他们作为接受高等教育者的社会地位。也需要注意到，对于职业训练中一种早已确立的复杂实习体系，中国人当然非常熟悉，但这套体系并不存在于教室环境的正式教育这样的语境之中。[①]

尽管急需中国工程师和技术工人，但在铁路建设早期，缺乏现代意义上可以进入的劳动力市场，也为毕业生们找到合适的工作制造了巨大障碍。从格奥尔格·包尔的铁路科毕业的学生，大多数在帝国的京张铁路上找到了工作，这是一条在建的铁路，连接北京附近的丰台站和北京西北的张家口。这条铁路线是第一条利用中国资金建设的铁路，负责人是著名的中国总工程师詹天 84
佑（1861—1919），他于 1881 年从耶鲁大学获得铁路工程专业的土木工程学位，现在常被称为“中国铁路之父”。[②] 然而，在早期的铁路建设与工程中，詹天佑作为中国工程师的开拓者以及所取得的成就，只是例外而非常例。

那些从国内培训班毕业的学生，拥有的是用某种西方语言学到的、针对某个公司的知识，这意味着他们的流动性大受限制；他们的专业技能和交流技术并不能通用。另外，因为铁路公司之间

---

① 感谢哈佛大学出版社的本书预读者对这一点所做的评论。即便是像德国这样有着更长科学教育传统的国家，要在学术教育和实践训练之间找到最有效的组合也是一种挑战。在 19 世纪 80 年代，年轻的工程师被指责说缺乏“观察”以及“对个别细节重要程度的鉴别力”，因为学校有着强烈的学术取向，却没有必要的实践训练。Kees Gispen, *New Profession, Old Order: Engineers and German Society, 1815–1914* (Cambridge: Cambridge University Press, 1989), 151.

② 凌鸿勋，《詹天佑先生年谱》，台北：中国工程师学会，1961 年；谢放，《中国铁路之父：詹天佑》，广州：广东人民出版社，2008 年。

的竞争，以及公司管理中聘用策略是由外籍工程师和负责人所决定的，中国的工程毕业生缺乏有关职业机会的非正规信息，除非他们受到当时少数几个中国工程师中某人的青睐。① 即便是在领导岗位上的中国官员，大多数情况下也没有工程训练或者经验，这就意味着他们没有把毕业生的才干用到最好。比如说，1893 年，时任中国铁路总公司总办张世瑜计划将一位有着出色数学才能的毕业生安排去做售票员，这让学生和他的老师都很失望。②

到 20 世纪 10 年代，从专门训练工程师的中国大学和工程机构里毕业的第一批学生们，仍能感受到缺少一个开放的就业市场。例如，凌鸿勋于 1915 年从位于上海的交通大学毕业，获得土木工程学位，他后来成了一位杰出的铁路工程师和政府管理者，尽管他的学位颇有声望，但他毕业后还是找不到工作。他在自传中提到，缺乏在与工程相关的公司里实习的经历使得毕业生们很难和未来的雇主建立起关系，他背景比较低，没有私人关系。因此，他选择了回到故乡广州，帮助他父亲料理小生意。交通大学最终给他提供了一笔奖学金，让他前往美国进行研究生学习，使得他能够完成自己的工程训练，并获得职业生涯的成功。③

公司对于技术工人的训练助力良多，但更需要国家来促进学
85 术教育以及对工程师的职业训练。在清朝灭亡、民国建立的岁月里，只有四家与采矿、军事和军工部门相关的机构提供大学阶段

① 《津浦北段总办得人》，《国报》1909 年 8 月 7 日，newspaper article inserted in vol. 12，1909，BLHBS.

② Baur，*China um 1900*，diary entry September 21，1893，527.

③ 凌鸿勋，《七十自述》，台北：三民书局，1968 年，第 17—18 页。

的工程课程：上海高等实业学堂、太原的山西大学堂、唐山路矿学堂和天津的北洋大学堂。[①] 政府建立了专攻交通和运输的交通大学，这既是一种改革中国教育的努力，也推动将现代科学与工程整合到课程之中。在第五章，我们将讨论从 20 世纪 10 年代早期到民国结束，交通大学都是工程和科学领域最卓越的学术机构，这可以从铁道部提供的慷慨的政府资金以及大规模的毕业生数量得到证明。通过国家看得见的手，中国的工程教育最终走上了机构建设、专业化和被整合到民国的国家远景中的过程，这不仅会有利于铁路部门，也会有利于国家经济和社会发展的其他领域。

总　结

在民国早期，政府努力建设一个现代铁路管理机构，这一努力成功创制出一种科层机构的蓝图，就其结构而言，它远离了铁路的政治性角色，而转向对其功能和运营的管理。这一关键性发展塑造了中国铁路系统的机构结构，这种结构经过局部调整，一直延续到 1949 年之后。然而，集中化和由国家直接控制的目标，在某种程度上受到了铁路局系统的破坏，各种区域性的半殖民遗产使得铁路局为单独的线路赋予了高度的自主权。每条线路都面临各自不同的区域性政治和财务挑战，这是中央铁路管理机构和政府无法应对的，这些挑战扰乱了线路运营，减少了收入，因此降低了作为商业机构的铁路的

① Arthur Judson Brown, *The Chinese Revolution* (New York: Student Volunteer Movement, 1912), 76.

86 增长。从民国早期中国历史发展的轨迹来看，铁路发展的历史反映了中国的国家从帝国向共和国的断裂性转变并不是线性的。更重要的是，那些旨在实现更高层次的国有化和集中化的努力，同时也在政府、社会和铁道基础设施的结构上造成了更强的区域自主。

20 世纪 10 年代，是在政治不稳定的年代对科层结构和管理机构进行试验的一段时期。作为一个管理机构，铁路成了民国早期国家建设过程的关键一环。国家处于新兴阶段的这一性质，对铁路发展产生了重要影响。在宏观层面，中央政府的虚弱造就了一段政治动荡和军阀内战的时期，从而阻碍了铁路运营和管理上的统一。地方军阀会干预各自区域内的线路，征用机车车辆，拆毁轨道，并且用各种不同方式阻挠铁路管理机构创建一个贯通的国家铁道系统。结果，铁路利润没能满足中国和海外的高度期待。

但缺乏强有力的中央控制也有其好处。铁路公司着眼于区域，发展出了一套管理结构，能够克服国家弱点、财务低效和工程师及技术工人的缺乏。在国家层面的机构进行改组的同时，铁路线日益成为一个自足的实体，开始在城市和国家这样较大的语境中封装起一个小社会。事实上，铁路大院有着自己的住房政策、社会服务以及教育任务，开始变得像 1949 年以后社会主义单位的革命前版本（见第五章）。

与商业史学家阿尔弗雷德·钱德勒和托马斯·科克伦（Thomas Cochran）的研究所展现的美国铁路一样，中国铁路公司也发展成了一种大规模的组织公司，有着独特的科层特征和严格的等级结构。劳工史学家沃尔特·利希特（Walter Licht）强调说，尽管工作场所具有一些制度性特征，“但 19 世纪美国铁道工的工作经历，仍然受他们与监工和工头私人关系的影响”。[①] 就此而言，中国铁路工人的经历也差不多，这是源自基于籍贯和身份的特定招工过程，以及工作时间的非正式互动。

在民国时期，津浦铁路也通过在铁道走廊沿线的特定地方区
域创造出一种对于经济增长和社会进步都必需的基础设施，促进 87
了民族国家建设。作为一条国有铁路，1912 年到 1927 年，津浦铁路与中央政府的关系并不是很密切。对于津浦线的招工过程等日常事务以及远景规划等，交通部的政府官员都干预得不太多。然而，中央政府有时却可能为了公共工程榨取铁路的资金。例如，1920 年，北京的中国政府从火车票价和运费中抽取饥荒附加税，并将这些经费用于在山东省建设从潍县到芝罘的公路。[②] 到 1928 年，津浦铁路成为铁道部管理的一个机构，处于南京政府的直接控制之下，铁路就由政府行政人员密切监督、管理，并推进其集中化。

---

① Alfred D. Chandler Jr., *The Visible Hand: The Managerial Revolution in American Business* (Cambridge, MA: Belknap Press of Harvard University Press, 1977), 79 - 205（[美]小艾尔弗雷德·D. 钱德勒，《看得见的手——美国企业的管理革命》）; Thomas C. Cochran, *Railroad Leaders, 1845 - 1890: The Business Mind in Action* (Cambridge MA, Harvard University Press, 1953); Licht, *Working on the Railroad*, 269.

② A. Viola Smith and Anselm Chuh, comp., *Motor Highways in China* (Shanghai, 1929), 211.

第二部分

市场与社会空间中的铁路

第三章　在市场中运送货物

91

尽管内战造成铁路中断，勘测的线路建设也非常缓慢，但铁路还是成了民国时代人们经济和社会生活的一部分，提供了更快、更方便、更安全的货物与旅客运输。相比之下，在世界上大部分地方，铁路旅行已经改变了大大小小的经济体系。从最大尺度上讲，19 世纪，铁路使得运输成本大幅降低，也推进了全球经济统一的过程，这被史学家们视为第一个全球化的时代。在欧洲、美洲甚至非洲，铁路都深入了内陆地区，但在中国，铁路触及的地方以及随之带来的改变基本局限在东部沿海领土以及汽船所能服务到的大河系统。①

本章将讨论民国早期铁路在地方和区域经济中所发挥的转型作用。读者们必须注意到，本章的目的并不是要衡量并确定由铁路发展带来的经济增长，而是要分析铁路的机构角色及其在国家的不同区域对经济生活所作的贡献。到 1937 年日本侵略时，中国建成的铁路网达到约 21600 公里，铁路的实体存在更加显眼，也成为一个整合了水道与汽车运输设施的基础设施系统的一部分。铁路在中国所作的经济贡献，与在英美等国不同，在这些

---

① Kevin H. O'Rourke and Jeffrey Williamson, *Globalization and History: The Evolution of a Nineteenth-Century Atlantic Economy* (Cambridge, MA: MIT Press, 1999), 2.

国家，铁路成为大规模工业化的一部分，或者因为大批人口转向铁路沿线，新的城市居民点得以建立。相比之下，中国对于铁路
92 的经济影响，感受最深的领域是农业，以及铁路在新的区域经济枢纽和沿海港口城市之间建立起来的联系。

在历史学关于铁路社会经济效应的所有讨论里，核心议题都是铁路通过所谓“后向联系”(backward linkage)和“前向联系”(forward linkage)对增长存在的潜在贡献。所谓“后向联系”，即增加了对劳动力、煤炭、钢铁或者金融服务的需求，而“前向联系”则表现为因工农业运输成本的降低所能带来的经济影响。① 鉴于中国不同区域的经济状况具有多样性，铁路渗透的程度也不一样，要在一章甚或一本书中对所有线路及它们对全国经济社会发展的影响进行全面分析，不仅不可能，甚至是很蠢的想法。梁柏力(Ernest Liang)和托马斯·罗斯基所做的宏观经济研究，提出了一个令人信服的观点，即在民国时期，特定铁路线沿线的城市和村庄都从运输和交通方式的增加中获益，这激发了农业的商品

① 例见，Albert Fishlow, *American Railroads and Transformation of the Antebellum Economy* (Cambridge, MA: Harvard University Press, 1965); George Rogers Taylor, *The Transportation Revolution, 1815 - 1860* (New York: Rinehart, 1951); Albert Fishlow, “Internal Transportation in the Nineteenth and Early Twentieth Centuries,” in *The Cambridge Economic History of United States*, vol. 2, *The Long Nineteenth Century*, ed. Stanley L. Engerman and Robert E. Gallman, 543 - 642 (Cambridge: Cambridge University Press, 2008) ([美]斯坦利·L. 恩格尔曼等，《剑桥美国经济史(第二卷)：漫长的19世纪》，王珏、李淑清译，北京：中国人民大学出版社，2008年)；Dan Bogart and Latika Chaudhary, “Engines of Growth: The Productivity Advance of Indian Railways, 1874 - 1912,” *Journal of Economic History* 73, no. 2 (June 2013): 339 - 370.

化。[①] 按照这样的解释，交易成本越低，农民获得的收入就越高，从而让他们的产品能更好地整合进国内市场体系之中，甚至与国际市场建立了联系。然而，在民国时期，特定地方与区域经济状况的互动限制了这种激发作用，并且创造了经济发展区块，而不是一种依赖铁路基础设施的全国性经济增长趋势。[②]

本章的研究基于这些发现，但会用相反的方法论路径，本章会用机构的视角，分析中国铁路的商业运营及其战略回应，以思考中国铁路的经济影响，铁路既可以作为补充性商业以及采用新商业实践的催化剂，也可以引发转运枢纽战略性增长。如果我们把中国的铁路线当成一个机构黑匣子，并辨认出其实现用成本更低、更高效的方式进行货物运输的工具、实践和机制，我们就能更好地理解铁路对地方经济生活转型所起到的各种作用，以及对经济发展的影响（或者缺乏影响）。

本章关注这样一个问题，即在主要的铁路通道沿线，铁路作为一个商业机构是如何与地方和区域经济互动的。本章首先会对不同铁路沿线的货物生意、其运输管理以及挑战加以考察。当 93
农产品和其他货物的供给和需求都在增长，创造出在整个国家以及海外市场进行转运的需求时，运输公司应运而生，并与铁路公司展开了合作。我在本章的第二节提出，这些运输公司成了中国物流运输网络建设的奠基石，因为它们担保了货物保险，并促成

① Ernest P. Liang, *China, Railways and Agricultural Development, 1875 - 1935* (Chicago: University of Chicago Press, 1982); Thomas G. Rawski, *Economic Growth in Prewar China* (Berkeley: University of California Press, 1989)（[美]托马斯·罗斯基，《战前中国经济的增长》）.

② Thomas G. Rawski, *Economic Growth in Prewar China*; 亦见 Ralph William Huenemann, *The Dragon and the Iron Horse: The Economics of Railraods in China, 1876 - 1937* (Cambridge, MA: Council of East Asian Studies, Harvard University, 1984).

了商业票据的使用——在 20 世纪 30 年代之前，铁路本身要么没法采用，要么不愿意采用这样的商业实践和安排。

本章第三节将讨论货物生意、征税和商务实践融入铁路的运营管理之中，逐渐适应并标准化，而这成了民国时期中国经济现代化过程的一部分。因为在世界的其他地区，铁路的到来通常都造成了新的城市和工业中心的建立，本章的最后一部分会探讨这样的现象在多大程度上也适用于中国。读者们将会看到，铁路改变并强化了中国的商业枢纽，但并没有制造出大型的工业中心，除非这些地区与铁路线的运营设施存在直接联系。

货物运输与农业商品

尽管在线路或线路的部分区间开通时，铁路可以吸引大量乘客，但通常要靠长途货物运输才能带来更多收入，尤其是在津浦线和京汉线这样的主要干线上。关于 20 世纪 10 年代各条铁路线创造的货运量与收入，我们只有零碎的信息，尽管如此，由交通部下属的统一铁路会计委员会所搜集的数据，还是为有关当时货物运输的能力与经济活力提供了有用的洞见。

从 1915 年起，统计数据就作为官方记录开始发布(见附录 B)，这表明在华北平原与内地的主要铁路干线上，货物运输成为
94 收入的主要来源。诸如津浦线和京奉线等主要干线上，来自货物运输的收入一直比客运收入更高；在京汉线和胶济线上，货物运输收入约占总收入的三分之二。就津浦线而言，1915 年，其运输收入有 46%源于货物，39%源于旅客。在 1927 年以前，这个比率一直相当稳定，直到 1927 年，旅游服务和旅客快速列车的开行才增加了旅客收入。津浦线及延伸到长江三角洲和上海港的沪

宁线上，就产品类型而言，在很长时间里都主要是农产品（见附录C）。在20世纪30年代，矿物运输（特别是煤）在收入中所占的比例甚至更大。[①] 到1935年，国有铁路系统的总收入中来自货物运输的占51%。

沪宁、沪杭甬等铁路线路更短，而且持续地与水路运输竞争，它们大部分收入都来自旅客运输。这些线路一开始就主要是客运线路，现在仍然如此。农产品和制造业产品占据了货物中相对较小的一部分。[②] 例如，在1910年，沪宁线货运收入总计为客运收入的16%多一点。在其出现的头几年，这条线路的货运生意一直较差，这成为大众讨论的主题之一，但这条线路在财务上大获成功，成为最成功的旅游导向的旅客线路，到20世纪20年代末，诋毁之词终于平息了。[③]

中国铁路为农业提供的东西中最受瞩目的，是超出本地经济甚至区域经济，将大批商品快速运输到新的市场。[④] 货运统计数字揭示了商品流的内容和方向。线路位置、配套基础设施、既存农业模式以及与商业枢纽和港口的连接，具有特定的组合方式，这成为各条铁路发挥经济功能的前提条件。因此，本章中所介绍的经济发展，无法被解释为一种全国性趋势。

---

① 从交通部《中国铁路统计》推测的数字，交通部（后来是铁道部），《中国铁路统计》，北京（后来是南京）：铁道部统计处，1915—1936年。这一系列覆盖的铁路财政年度持续到1935/1936年。因为内战对铁路运营的影响，报告的发布延误了很久。1925年的数据卷1929年才出版，1928年的数据到1933年才出现。从1926年起，每一卷都有英文版和中文版。从1930年起，这一系列的标题稍加改动，变成《中华国有铁路会计统计汇编》。

② 同上。

③ "The Shanghai-Nanking Railway," *North-China Herald*, January 14, 1910, 67; 同上, July 1, 1910, 71.

④ Liang, *China, Railways and Agricultural Development, 1875 - 1935*; Rawski, *Economic Growth in Prewar China*.

津浦线北通天津、北京，通过济南与青岛这个山东半岛上的海港相连，在浦口过长江后，跨过南京，连接上海港，为江苏、山东
95 和直隶省农产品的生产和营销造就了不同的动力。借铁路运输之便，一些农产品的供求都有了增长，其中就包括花生、烟草、棉花和丝绸等。早在1911年，《北华捷报》就观察到了铁路对山东省的花生种植所造成的影响，该报注意到，农民们很快就意识到了铁路的好处。[1] 20年后，日本社会科学家天野元之助为南满铁路调查本部完成了一份详细的调查报告，报告确认，山东的农业经济从津浦铁路获得了显著收益，沿线棉花与花生生产和贸易的商业化程度也有所提高。[2]

青岛港务管理部门1931年提交了一份关于通过铁路运入和运出码头货物的报告，报告显示了货物的属性及其来源地和目的地。就总量而言，从内地通过铁路运到青岛的最大宗出口商品是煤炭，随后是花生、麦麸、烟叶、大枣和原棉。煤炭是从靠近矿区的四方、坊子、博山等胶济铁路沿线车站运来的，烟草则是从辛店和二十里堡。通过铁路运往港口的非农产品种类很少，主要有竹篮、染料、杂货等，数量几乎可以忽略。[3] 进口一方，也就是通过铁路从码头转运、穿越山东半岛的货物，从重量来说煤炭又是最大宗的进口商品，但只占到出口煤炭总量的1.2%。建筑材料、五金、粮食是主要的进口商品，具体而言包括水泥、铁、木材、火

---

① "In Praise of the Peanut," *North-China Herald*, January 13, 1911, 85; "Taianfu [Shantung]," *North-China Herald*, May 20, 1911, 484.

② 天野元之助，《山東省经济調查資料》第3卷，《山東農業経済論》，大连：南滿洲鉄道株式会社，1936年，第125页。

③ 青岛市港务局编，《中华民国20年港务统计年报》(香港统计年鉴：民国20年)，青岛，1931年，第286—289页。

油、糖和面粉。[1]

铁路货物列表也反映了山东省内的贸易流和贸易动态。农业商品运往青岛港，会用船继续转运到上海、香港，以及亚洲的其他目的地。烟草和花生等大宗商品是运输的主体，但铁路也把少量的鸡蛋、兽皮和羊毛运往市场。进口商品（大多数通过上海、香港和日本港口转运）则满足了铁路工厂、矿场和商业企业对机械及零件的需求。例如，外国的高级水泥被运往胶济和津浦沿线的矿场和工场，桥梁部件、侧线、木料和油等也是如此。棉纱被运往 96
济南和潍县的纺织厂，染料、颜料、硫磺和用于制造火柴的材料满足了山东省及津浦铁路沿线各种轻工业的需求。[2]

就个人消费品而言，铁路将大量基础货物，比如磨制面粉、火油、火柴、卷烟和肥料等，运到沿线农业人口占绝大多数的地区。根据1920年英国外交部的《华南贸易报告》（*South China Trade Report*），“铁路运送的进口货物”种类包括棉纺织品，比如运往广州的手帕，以及日本缝纫棉线（卷）。印度和日本的棉纱、日本火柴、干鱼和咸鱼，以及美国火油等，是主要的进口货物。[3] 铁路也进口了更多的奢侈品，比如少量的服装、家具、外国蜡烛、玻璃器皿、陶瓷、茶叶等，以满足一小部分富裕消费者的需求和品位。[4] 与通过津浦铁路和胶济铁路运进和运出青岛的总重量相比，在20世纪二三十年代，出口货物的总量明显比进口货物多出三分之二。[5]

---

① 青岛市港务局编，《中华民国20年港务统计年报》，第292—295页。

② 同上。

③ “Trade in South China: The Crisis during 1920,” *North-China Herald*, July 30, 1921, 354.

④ 青岛市港务局编，《中华民国20年港务统计年报》，第282—295页。

⑤ 同上。

中国农民已经意识到，铁路能够激发农业商品生产和交易的经济潜力，那些以处理生鲜农产品为主要业务的公司也积极推动。例如，英美烟草公司(British-American Tobacco, BAT)引进了美国烟草种子，并在山东省的铁路沿线推广种植。英美烟草公司有一位很有能力的中国代理人，他是在潍县工作的胶济铁路前雇员，在他的指导下，英美烟草公司在六座火车站建设了设施，例如用来加工烟叶的设施，进口了能达到最高技术标准的机器。20世纪10年代初，为了鼓励烟草种植，英美烟草公司慷慨向农民提供有利可图的条件，包括免费烟草种子、特殊设备贷款、信贷准入，并且为现场的所有产出支付现金给付。正如史学家高家龙(Sherman Cochran)所说，对于英美烟草公司而言，这样的安排非常成功，山东的烟草种植面积从1913年的15.78公顷扩展到1920年的9307.77公顷，公司就觉得没必要延续那些政策了。① 除了在潍县建立一个直接从烟草种植者处收购烟草的系统外，1917年，英美烟草公司在许昌建立了另一个大型购叶中心，许昌是京汉线上的一站。②

97 中国铁路也试图通过引进可供商业种植的新种子和机会，积极地为自己的货运服务创造消费者。为了实现这一目标，1919年，京汉铁路采取了一种独特的新方式，鼓励农民用铁路运输他们的货物。按照时任京汉线管理局局长王景春的说法，铁路创造了一种特殊的广告车厢，或曰“种子展示列车”，在沿线来回运行。

---

① Sherman Cochran, *Encountering Chinese Networks: Western, Japanese and Chinese Corporations in China, 1880–1937* (Berkeley: University of California Press, 2000)([美]高家龙，《大公司与关系网：中国境内的西方、日本和华商大企业，1880—1937》，程麟荪译，上海：上海社会科学院出版社，2002年)，64–65; Liang, *China, Railways and Agricultural Development*, 116–117.

② Cochran, *Encountering Chinese Networks*, 66–68.

列车装载着信息展览，随车人员中有一些专家，他们会就“新类型、新品种的种子，改进的农业方法，以及将产品投放到市场上的方法”等向农民发表演讲。[①] 京汉线的管理者很睿智地意识到，对与提高产量相关的教育进行投资，可以吸引新的货物消费者。当然，京汉铁路在公众教育中所扮演的积极角色，也代表了王景春的进步性社会使命，他觉得自己也是一名农学家。不过，种子展示列车却成了一种绝妙的工具，能够免费打广告并获得巨大的公共价值，特别是这种列车也可以发挥电影院的功能，在当时的中国农村，电影放映仍然是一种非常罕见的娱乐形式。[②]

丝绸生产商很早就用铁路来把他们的商品运往市场，尤其是在沪宁铁路这条连通长江三角洲通商口岸的丝绸工厂与内地的管道沿线。蚕茧昂贵，但保存时间不长，蚕茧生产者都希望他们的货物能够快速运送到上海的织造厂。根据1910年的一篇报纸报道，从水运转向地面运输，大大减少了运输和装卸的时间：“这种交通最有趣的一个特点是其运输方式——可以说这是从旧到新的变化。过去，蚕茧是用船运到上海的。沿途要花费很长时间，抵达上海后，要将货物卸下来，又得耽误很长时间，过去可能需要数周的事情，现在只需要几天就能完成，而且正常情况下还用不了多久。”[③]

沪宁铁路开通的头几年，与许多其他线路一样，在应对货物运输的季节性需求时遇到了困难。例如，1910年的夏天，蚕茧供应量非常之多，超出了铁路的能力，无法妥善地对这种娇弱的货

① “China's Railway Ambitions: Expansive Views of Mr. C. C. Wang,” *North-China Herald*, August 16, 1919, 412.

② 同上。

③ “The Cocoon Season,” *North-China Herald*, June 24, 1910, 761.

98 物加以保存和运输。① 造成这一局面的主要原因是机辆不足。我们没有1910年的准确数字，但在1915年，沪宁线每百公里有11辆机车，达到了中国当时其他营运铁路的平均水平。然而就在这一年，这条线路每百公里的货车数量则低于平均水平，货车的载重量也就比津浦铁路略高一点。②

中国几乎所有的铁路都面临这样一种困难，即货运及其季节性需求会增加既有机辆运营和管理的困难。在20世纪10年代，每百公里的机车和货车数量以及载重量都没发生变化。③ 这种可怕的状况，使得一些线路寻求银行融资来大批量购买进口设备。例如，根据1921年的购买协议，由上海怡和洋行作为代理，沪杭甬铁路向大都会客货车与金融公司(Metropolitan Carriage, Wagon and Finance Company)和比利时工厂(Belgian Works)订购了16部列车底架。购买的资金由中国银行集团的铁道车辆贷款提供，汇丰银行北京分行作为担保。④ 同年，由来自同一机构的资金支持，津浦铁路局下了一份大得多的订单。这家铁路局从比利时制造商中央建设公司(Compagnie Centrale de Construction)处购买价值340万比利时法郎的载重140吨钢壳货车。在这笔交易中，上海协隆洋行(Fearon Daniel Company)作为制造商代表，华比银行(Banque Belge pour l'Etranger)则是代表比利时一方利益的担保人和代理商。⑤ 20世纪20年代早

① "The Cocoon Season," *North-China Herald*, June 24, 1910, 761.

② "Build China's Railways," *Far Eastern Review* 19 (September 1923): 588-589.

③ 同上。

④ "上海商业储蓄银行:总行,1923—1927", Q275-1-772, 上海市档案馆;"竟目车责银行团代表交通部直辖沪杭甬铁路管理局", 1921年,第126—131页。

⑤ "竟目车责银行团代表交通部直辖津浦铁路管理局", 1921年,第119—124页, Q 275—1—772, 上海商业储蓄银行:总行,上海市档案馆。

期，因为持续内战造成的破坏和军阀干涉，中国政府在比利时和英国金融联合企业支持下，不断发行十年期国债作为特殊的“铁道设备贷款”（见图 3.1）。① 然而，直到 20 世纪 30 年代内战结束、铁路管理实现重组之前，机辆状况、设备和维护都没能得到显著提高。②

从管理的角度看，货车的长期短缺以及因此给农产品生产 99
者、商人及终端客户造成的困难也非常严重。一位德国督察员曾于 1912 年 10 月进行了一趟“信息之旅”，旨在搜集商业和管理情报，在他提供的一份详细的报告中写道，在当年的头九个月里，因

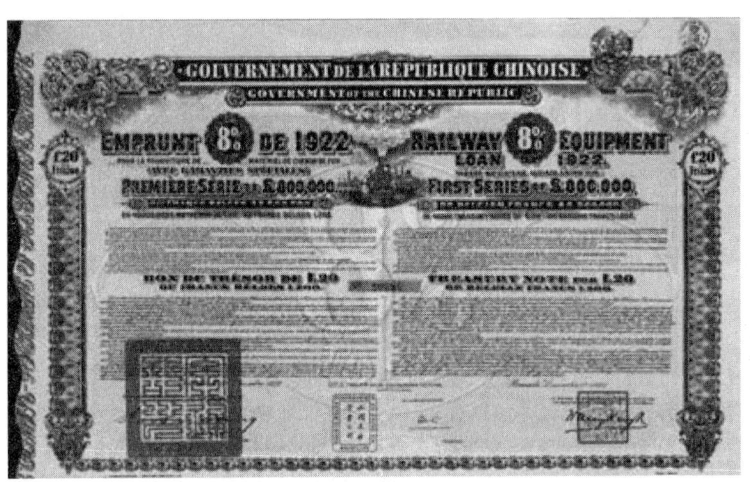

图 3.1　1922 年发行的比利时铁道设备国债。复制自作者本人收藏。

① Gouvernment de la République Chinoise, *Railway Equipment Loan*, *1922*. 作者本人收藏。

② 见许内曼在 *The Dragon and the Iron Horse* 一书中对铁路财务状况的负面评估，第 185—185 页。

津浦线货车短缺而造成农产品出口损失估计达 40.2 万元。[①] 这位督察员抱怨说，数以千吨的货物就在沿线的临淮关、蚌埠、徐州等车站露天堆着，这些车站成了商品中心。为了给本国人留下深刻印象，他的报告还附了一张照片，照片显示，在韩庄站的站台上堆码着很多排装满了的麻袋等待运输（见图 3.2）。[②] 天气变化难免也会糟蹋相当数量的货物。

100 货车短缺也给机构带来了影响，而且比财务上的损失严重得多。铁路线的去中央化组织结构，尤其是站长的角色对此至为重

图 3.2　1912 年，津浦线韩庄站的商品积压。德国在华铁路建设相关记录，1898—1916 年。哈佛商学院贝克图书馆，第 14 卷，第 23 页，1912 年。

① Dr. Wendschuh, "Berichct ueber eine Informationsreise entlang der Suedstrecke der Tsientsin-Pukou Bahn, Anfang Oktober 1912"（沿津浦线南段进行的信息之旅的报告，1912 年 10 月）, vol. 14, 1912, Baker Library, Harvard Business School (BLHBS).

② 同上，第 5 页。

要。德国督察员报告说，津浦铁路的雇员利用车辆短缺的状况索取贿赂，将货车拍给出价最高的竞拍者。① 这样的行径一直延续到了20世纪20年代，约翰·F. 贝克(John F. Baker)当时是中国政府的铁路财务顾问，像他一样的专家就对此提出了批评。他在发表于1926年的分析中说，与美国的习惯不同，在中国，货车不是由线路管理者的中央分配办公室加以分配的，而是由许许多多个别的站长加以分配。② 对于贝克的说法，人们可以解读成是在评论1927年以前的那段时期站长所扮演的角色，相当独立自主，但却造成了一些问题，比如说腐败。货车的分配是基于当地的需求和特殊主义的利益，而没有充分对特殊运输的季节性需求加以规划，这是这种高度地方化的、以站长为中心的组织模式的另一个消极方面。

除了季节性缺乏货车外，线路之间缺乏有效的连接构成了货物运输的另一种物质性障碍，这也造成了以地方为主的导向。铁道部有关“始发”与“经过”货物的统计数据表明直通运输(即货运列车跨越线路，不中途重新编组，直达目的地)运量很低：从20世纪10年代到30年代，铁路从其他铁路线上转运的货物量非常之低。比如，晚至1935年，津浦铁路上运输的总吨数只有约8.5% 101
不是从本线起运的。所有线路都存在这样的趋势，这表明缺乏能够在不同铁路线间建立连接的轨道延伸和新建设。③

---

① Dr. Wendschuh, “Berichct ueber eine Informationsreise entlang der Suedstrecke der Tsientsin-Pukou Bahn, Anfang Oktober 1912”, p. 6.

② J. F. Baker, “Comparison of Chinese and American Railway Practices,” in Julean Herbert Arnold, *Commercial Handbook of China* (Washington, DC: Government Printing Office, 1926), 127 - 128.

③ Ministry of Railways, *Statistics of Government Railways*(铁道部:《中国铁路统计》), 南京:铁道部统计局,1936年,第69—78页,表22。

高效直通运输安排的另一重障碍是，不同的线路虽然可能为同一座城市提供服务，但却设立了不同的车站，而且彼此没有轨道连接，这就让货物和旅客运输更耗时耗钱，更不方便。例如，济南1904年开通了胶济铁路，1912年开通了津浦铁路，但在1924年之前，这两条线路之间都不存在连接线。① 1911年，一名旅客也抱怨说，在上海需要从一座干线车站到另一座换乘火车。② 在广州，没能把广九线和粤汉线相连也是一个存在已久的问题。在超过15年的时间里，旅客和货物都得穿越车站间的5公里路程。③ 香港的英国当局与广州的中国当局最终达成了一个不那么完美的妥协，于1928年在两站之间共同建设了环形轨道。④ 不得不换车站对于乘客而言肯定不方便，但更为重要的是，卸货和换车站装货会让运输成本大幅提高。

中国铁路网上的许多断裂，都源于建设速度太低。部分建成的轨道区间，会在全线建成之前很多年就开通。建设速度慢最典型的例子是粤汉铁路。其建设始于1902年，轨道从广州到三水延伸了50公里，这段轨道成为1916年开通的到韶州的干线的一部分。但在后来的13年里，建设因为缺乏资金而停滞，1929年到1930年，在铁道部发行的2000万债券的支持下才得以复工。尽管一些建成的区间提供了本地的短距离运输，但全线直到1936年才建成。⑤

---

① 山东省地方史志编纂委员会，《山东省志：铁路志》，济南：山东人民出版社，1993年，第152页。

② "Shanghai and the Railways," *North-China Herald*, August 5, 1911, 327.

③ "The Canton Railway Loop," *North-China Herald*, March 17, 1928, 425.

④ "Hongkong-Canton Entente: Kowoon and Hankow Railway All but Linked," *North-China Herald*, March 24, 1928, 472.

⑤ 见 Lin Cheng, *The Chinese Railways: A Historical Survey* (Shanghai: China United Press, 1935), 65－68.

连接:物流公司

在某些地区,铁路公司的业务激发了商品的生产,它们能够从货物运输的增加中获益。它们还间接地启动了一整套新物流企业,也就是转运公司的演化,这同样很重要。就津浦线上的货 102
物业务而言,这样的物流公司扮演了重要的角色,它们成为铁路公司的伙伴,转运区域货物,满足商业功能,这是仍处于运营初期的铁路公司无法单独完成的。

早期铁路公司向其客户提供的必要服务,主要就是货物保险和运送保证。20 世纪 10 年代初,中国铁路明确拒绝承担对其承运货物的责任,商人们不得不自己处理,亦即“当运输货物时,货主或者他派的什么人,必须买到终点的票和‘押’货,也就是跟车,因为铁路不承担任何责任。每趟货物列车除了运货,最终还会运送数十名乘客”。① 除了不方便与效率低,这样的做法还可能导致严重事故。例如,京汉线上一列火车与另一列相撞,就造成许多在失控车辆上保护他们货物的乘客死伤。②

为了填补这个空白,转运公司很快出现了。到 1915 年左右,这种做法实现了相对标准化。以津浦铁路为例,转运公司协商出一份特殊协议,根据这份协议,线路给予他们专属的货运低价,以换取他们来承担责任。津浦铁路与汇通转运公司于 1914 年达成的合同可以作为标准协议的一个例子,这种协议后来延伸到沿线所有的铁路车站及运营,但没有超出津浦铁路局的管理范围。这

---

① “A Railway Disaster,” *North-China Herald*, February 18, 1910, 358.

② 同上。

种协议的格式在很长时间里都没发生太大改变，只是手续费率有所调整。①

这样一份合同使得转运公司能够在整条线路上招揽并运输货物。获得这一特权后，汇通转运公司与津浦铁路局一道，存了一笔由银行担保的钱，额度 3 万元，为“在全线运输的货物投保，以应对火灾、水毁、抢劫和盗窃等风险”。② 铁路明确拒绝对损失承担任何责任，将潜在的索赔及结算责任都转移给了汇通。如遇损失，在天津和浦口之间运输的“货物、银、铜和政府货币”，汇通
103 需要为每 100 元付 0.1 元保险金，对于在浦口和下关之间过江的货物，每 100 元的货值还需另付 0.05 元保险金。运输“贵重”物品所需的保额是货值的百分之一。对存储在铁路或汇通的仓库中等待运输的货物，每 100 元货值的货物每年需收费 0.4 元，按季付费。③

对于一条铁路而言，通过这样的安排获得的财务收入似乎应该很大，因为铁路局规定，对于所有投保货物，每座车站都要随货物征收保险费。转运公司不得不预先与铁路局一道存了 2 万元，作为货物收费的保证金。每月结账一次，汇通在其公司账户中收取 5%的代收费。这样的安排看似为津浦铁路带来了一笔数量大、可靠且易于征收的收入流。铁路也在运送未指明的“超级货物”的货车上安排了更多的警力上岗。④

乍看之下，这样的安排似乎只会有利于铁路公司，转运公司

① “翻译。1914 年 3 月 20 日一份协议的附件一，由赵庆华(Chao Ching Hua，津浦铁路管理局局长)与林左青(Lin Tsoo Tsin，汇通转运公司总经理)签署，” FO 228/2803, pp. 1 - 5 (separate archival pagination) British National Archives (BNA).

② 同上。

③ 同上，第 2 页。

④ 同上。

拿不到好处。不过，合同协议中有一项条款，允许沿线所有车站向转运公司出租土地和建筑用于商业目的。这份协议允许汇通利用仓储设施和仓库，甚至可以通过一条轨道侧线与车站相连，从而使货物的装卸更方便、更快捷。作为一条政府所有的国家铁路，津浦线可以出租土地，提前收租，但津浦铁路局似乎并没有与中央的部级管理机构分享收益，至少在 20 世纪 10 年代是如此，这时候，铁道部领导下 1928 年进行的科层机构集中和重组尚未开始。①

每年，转运公司可以据其招揽的货物，按总货值的一定比例从铁路获得佣金。例如，汇通公司如果招揽了 5 万元以上的货物，就可以获得 4%的佣金，货值达到 50 万到 60 万，佣金可以达到 9%，货值超过 100 万，还有额外奖励。汇通的佣金率仅适用于天津到利国驿之间的线路北段；在利国驿到浦口之间的南段，津浦铁路与立达转运公司达成了另一份协议。1919 年这份协议 104
中的佣金是，货值 35 万以上为 5%，货值超过 50 万可以提高到货值的 10%。很明显，那时候线路上的货物运输已经有了普遍提高，使得津浦铁路能够精明地提高佣金费用的门槛。而政府货物及铁路管理所需材料的运输，则不必缴纳这样的费用，对于一条国有铁路而言，也属正常。②

津浦线设定的协议条款，旨在通过转运公司尽可能多地获取佣金，又不损害合作的动机。转运公司必须提供运输的材料，比如“藤条、篮子和包装布”，并且自己雇用装卸货车的劳动力。作

① “翻译。1914 年 3 月 20 日一份协议的附件一，由赵庆华(Chao Ching Hua，津浦铁路管理局局长)与林左青(Lin Tsoo Tsin，汇通转运公司总经理)签署”，第 2—4 页。

② 同上，以及德夏姆菲尔斯(Dechamfils，英国驻南京领事)致约翰·乔丹爵士(Sir John Jordan)的信，January 17，1919，FO 228/2803，p. 2，BNA.

为回报，津浦铁路会定期给汇通的雇员发放免费乘车证，可以在线路和摆渡船上使用。汇通在发商业电报时，津浦线的车站还会打八折。前文提到的这份合同有效期达五年，如果没发生违约或者破坏铁路规章的事件，还可以续约。在条约中，津浦线还特别明确提出，未经授权，不得运输军火等危险货物，货车超载或者不按规则进行货物报告，会受到惩罚或者中止合同。津浦线也保留在未来的合同中降低佣金率的可能。①

转运公司在津浦铁路局和铁路管理机构注册，需要披露公司的信息，这与 1904 年公司律对商业注册的规定类似。特别之处在于，转运公司需要由中国人持有。② 中国转运公司在与个别铁路线的合同中，取得了铁路运输业务事实上的垄断权，这招致了批评，尤其是那些嫉妒的外国竞争者的批评。1919 年，英国驻南京领事对外国企业所受到的不公正对待以及他们不能直接通过铁路线运输进行了评论。他抱怨说，本国转运公司获得了“仓库、侧线等特殊条件……以及商业企业或者个人所设有的特殊折
105 扣……，[以及] 运输商品的机辆方面的优先权”。③ 在 20 世纪 10 年代末到 20 年代，后一个问题格外重要，当时因为内战的破坏和货物运输的扩展，机车车辆供应严重不足。

中国政府所属的许多线路为货物运输付佣金，也根据地方和区域经济的需求而做出必要调整。例如，沪宁线不仅与“官方认可的转运公司”达成协议，与津浦铁路不同，它还与“运输他们自

① “翻译。1914 年 3 月 20 日一份协议的附件一，由赵庆华(Chao Ching Hua，津浦铁路管理局局长)与林左青(Lin Tsoo Tsin，汇通转运公司总经理)签署”，第 4 页。

② 见 E. T. Williams, trans., *Recent Chinese Legislation Relating to Commercial, Railway, and Mining Enterprises, with Regulations for Registration of Trade Marks, and for the Registration of Companies* (Shanghai, 1904).

③ Dechamfils to Sir John Jordan, January 17, 1919, BNA.

己货物的私人商人和企业”达成协议。① 根据一份1917年的协议，货值为1.5万元及以上的运输，铁路会付5%的佣金，货值超过5万元，铁路则会付10%的佣金。短距离的线路为长江三角洲的农业中心（棉与丝的产地）与作为工业中心的上海之间提供了关键性的连接，佣金给付的门槛较低，这可能意味着许多商人并没有依赖少数几家转运公司，而是自行负责运输自己的产品。在这一特定的地方环境中，有必要在货物运输和旅客运输之间做出明确区分。因此，协议明确佣金率仅限于只运输货物的列车，或者混运列车中的货运车厢，而排除了存放在行李车厢或旅客列车制动室中的货物。②

为了确保物流客户能更为忠诚，同时改善数量很大的小型货物转运业务的经济状况，沪宁铁路严格要求商人们在一个财务年度内运送的货物要达到最低货值，才会付佣金。商人们在运输大量特定商品时，也可以申请特殊的佣金率。特殊农产品运输，可以按照特殊费率执行，并免除任何佣金，蚕茧就是其中一个主要的例子。为了避免其他商人和企业对佣金系统加以滥用的可能，个别的商人和企业会同时扮演发货人和收件人的角色，从而取得佣金资格。代表非官方转运公司运输货物的公司（也就是没有在沪宁铁路注册的公司），如果每年运输的货值达1.5万元，最多仅 106
能获得5%的佣金。③

对津浦铁路和沪宁铁路提供的合同进行对比可以看到，后者

① “沪宁铁路。货物运输佣金”，A. C. 克利尔（A. C. Clear）签署，第2条，翻译合同，July 1, 1917, 1, FO 228/2803, BNA. 到1919年，对于50000元及以上的货物，佣金率上涨到5%，10万元以上的货物，佣金率上涨到10%。Dechamfils to Sir John Jordan, January 17, 1919.

② 同上。

③ 同上，第1页。

采用了一个更简单的佣金系统来服务其规模庞大的客户群，这个客户群主要是小规模的个体商人。佣金被整合进了线路的货运费用系统中，而没有物流运营方面保险或者风险管理的额外责任。从铁路管理的角度来看，要求发货人同时也是收货人，无论是作为一个个体还是来自同一家企业，都在一定程度上缓解了缺少规则带来的风险。没有限时合同以及更新的要求，减少了铁路管理的文书工作，让商人们在运输选择上能相对灵活。只要他们遵守该财务年度账目所制定的规则，就能够从佣金率中获得好处。沪宁协议也意味着，在长江三角洲地区，水路运输作为另一种选项持续存在。佣金协议在没有影响铁路及其客户间长期关系的情况下，间接鼓励商人们在线路的货运容量达到极限时，将蚕茧等季节性运输转向水道。

主要干线及其官方转运公司之间的协议，却没有给客户留同样的弹性。因为他们必须在交通部注册，而且每五年要更新一次，这就让转运公司不时会觉得在协商协议条款时处于不利地位。这样一来，公司们偶尔就会团结在一起。例如，1918 年 1 月，天津总商会代表天津市的转运公司向津浦铁路局请愿，反对铁路局宣布公司将失去在部里的注册以及佣金上的特权。① 公司们抱怨说，前一年军事运输获得了使用铁路车辆的优先权，这反过来就会严重降低他们的商业运量。

这份详细的请愿书，不仅展示了转运公司与津浦铁路之间复
107 杂的商业关系，也表明私有物流企业如何将这种冲突描述成一个

① “津浦铁路各转运公司手帖”，1918 年 1 月，128－2－3－2010，天津档案馆。这份请愿书由十家转运公司联署：通远、兴成、锦源、黎汇长、樑运、瑞春、利兴、元成、汇通和悦泰。

官与私或者官与商之间的议题。[①] 转运公司认为，从招揽的货物业务上收取的佣金，是对他们替线路承担风险与损失责任的合理补偿——这样的状况与其他的线路不同。在他们看来，1912 年，津浦铁路局因自身仓库和其他货运设施不足，为了自身的利益恳请建立这些公司。后来，就像公司在其抱怨中所指控的那样，铁路就能够坐享货运业务的利润，却不怎么需要承担责任。铁路提供了货运车辆，但公司要负责资本密集的运输过程中的每一个步骤。当铁路局在更新合同时降低佣金，公司就会用“日益增加的责任和资本支出”为理由提出抗议。一些转运公司因此而倒闭。仍在注册的十家公司因为觉得协议不公正而质疑津浦线，甚至包括铁路管理机构。[②]

除了预期支出更高以及运输费用支出的负担，公司还抱怨他们需要承担下雨、潮湿、腐烂和发霉等风险，这些风险都很高，尤其是对于农产品而言：“我们公司已经承担了财务责任如此大的风险，怎么可能依赖这么一点点佣金作为赔偿呢？”[③]请愿人以铁路局、发货人和转运公司相互依赖的名义提出恳求，认为佣金不足会自然而然地损害这个互动三角形中的另两个参与方。事实上，正如这些公司所说，他们会将收入的损失转嫁给他们的客户，也就是发货人身上。[④]

转运公司与津浦铁路局之间协商的意义在于，作为国家铁路管理机构的一部分以及一个政府实体，铁路局通过控制转运公司的注册及佣金率，掌控着他们的命运。一方面，他们的投资系于

① “津浦铁路各转运公司手帖”，第 12 页。

② 同上，第 8—9 页。

③ 同上，第 9 页。

④ 同上，第 9—10 页。

线路,因此不那么容易收回。另一方面,转运公司也意识到他们自己在货物运输中的角色,以及货物运输失败会对铁路和区域经济造成的财务影响。他们认为,过高的费用以及大量的文书工作
108 可能把货物赶到水道以及山东半岛上由日本人管理的胶济铁路上,而不是其他的国有铁路。①

货车数量不足,以及铁路雇员和站长拥有的相对权力,也影响到了转运公司的具体业务。他们要行贿,还要付出过高的费用,又把这些成本转嫁给发货人和运输产品的生产者,这些人如果想要运走他们的货物,尤其是季节性易腐货物,在协商价钱时就处于一个相对弱势的位置。发货人向铁路管理机构抱怨说,1912 年,在津浦铁路南段的徐州至浦口区间运营的 16 家公司抬高价格,而公司则向铁路局抱怨铁路员工的行为使得价格过高——双方都没能取得成功。②

抱怨转运公司作为转运过程中间商的另一个原因是,他们习惯在车站上向发货人收取额外费用。例如,1919 年,特威迪先生(Mr. Tweedy)想从浦口运一批烟草。他"在寻找订货商时已经困难重重,当这最终完成时,又在拿到账单时遇到了巨大困难(很明显有额外收费,他判断这就是'勒索',因此对他来讲变得非常困难)"。③ 特威迪先生的经历强调了转运公司对货物运输的控制,使得他们能够自由决定自己的条款。与此同时,铁路管理机构不鼓励直接与铁路局做生意,同时故意将各种业务导向转运公司,这也不是什么秘密。当时的人们怀疑,中国铁路和线路管理

① "津浦铁路各转运公司手帖",第 10—11 页。

② Wendschuh, "Bericht," vol. 14, 1912, BLHBS.

③ Dechamils to Sir John Jordan, January 17, 1919; 亦见 Huenemann, *The Dragon and the Iron Horse*, 204 - 205.

的许多高级官员都是转运公司的投资者；尽管没有什么直接证据，但这种解释似乎也说得通。①

发货人与转运公司之间的费用问题，在整个民国时期一直存在，但经过一段时间之后，收取过高费用的手段变得更为复杂，也更制度化。1937 年，中国海关总税务司的一则通信表明，客户的货物被扣在汉口进行海关检查时，转运公司会向客户索取一笔高额费用。收费的借口是他们要向海关检查员行贿，以便能放行发货人的货物。在之前几年这可能只是尚可接受的麻烦事，是一种 109
非特定的业务开销，现在变成了官方的、法定的事项，因为发货人在他们的账目簿中记下了这笔费用，作为行贿海关官员的收费。这样的账目记录引发官方对诸如汉口的贤记转运公司展开调查，这家转运公司向多家公司索取费用，声称是要用于贿赂海关官员。②

尽管存在这样的抱怨，但即便是最典型的批判性外国观察家也承认，转运公司为在他们监管之下进行运输的货物提供投保服务很有必要。1919 年，英国驻南京领事将一名英国人的不满转给了在北京的公使馆，但他也指出，中国转运公司为当地生产者提供了金融服务，促进了贸易往来，否则贸易将无法进行："不能忽视他们对铁路经过区域出口贸易的发展所发挥的重要工具性作用。他们既是银行家，又是运送者；他们把托运物的钱预付给农民以及其他人，然后就对此负全责，这让许多人都能够交易他

① 领事在他的信函中表达了这样的怀疑。Dechamfils to Sir John Jordan, January 17, 1919.

② E. N. 恩索尔(E. N. Ensor)(汉口)致梅乐和爵士(Frederick Maze)(上海，海关总税务司)附件，1937 年 5 月 17 日，China Maritime Customs (CMC), reel 277 679 (1) 28314."在设有海关检查局检查岗的通商口岸，在铁道土地之外，对指定货物发货人所声称铁路不法行为进行之调查。"

们的产品，除此之外再无其他办法。必须加上一点，那就是他们还对他们提供的服务索取过高的费用，然而他们的确满足了真实需求。”①

既然这项业务有利可图且需求如此之大，那么中国的铁路线为什么不作为一个垂直整合的公司运营他们自己的业务呢，尤其是他们还具有政府机构这样的性质？从财务角度来解释，将服务外包给独立的运输公司多多少少与一个持续存在的问题相关，即通过不同线路运输货物，货物就需要卸车再重装到新的货车上去。1920 年的一本商业手册告诉我们，转运公司在铁路枢纽对所谓直通业务的货物转运，每日收费要比用于在慢线之间转换的货车更便宜。② 转运公司的开价很有竞争力，因为他们能够利用大量廉价的体力劳动者在徐州、浦口和上海等枢纽装卸货物。从
110 管理的角度看，中国的铁路公司一定认为不必直接参与对劳动力的管理是一种好处。这些劳动力数量大、大多数没有技术且不稳定，处在他们的管理及车间大院之外，他们是按照传统的包工制系统组织起来，由当地的工头监管。③

从 1910 年起到 20 世纪 20 年代早期，中国所有铁路公司的机辆都很有限，鉴于此，转运公司通过快速腾空货车、缩短周转时间，也扮演了一个额外的重要角色。到 20 世纪 20 年代末，中国铁路还受困于军事需求造成的货车与机车的持续短缺。根据一份 1920 年有关机辆的报告，中国铁路运营中的线路，每公里约有

① Dechamfils to Sir John Jordan, January 17, 1919.

② Julean Hebert Arnold, *Commercial Handbook of China* (Washington, DC: Government Printing Office, 1926), 126.

③ 有关民国早期的合同工制度，参见 Elisabeth Köll, *From Cotton Mill to Business Empire* (Cambridge, MA: Harvard University Asia Center, 2003), 95.

0.3 辆机车、0.6 辆客车和不到 5.3 辆货车，与收入或者运输量接近的外国铁路相比要低得多。[①] 繁重的应季商品运输需求，让已经很紧张的机车车辆状况进一步恶化。例如，1920 年，津浦铁路无法处理大量的货物运输需求，因此"每座车站都堆着等待运输的本地产品，好多产品就坏掉了"。[②] 根据一份官方估计，11 月到次年 1 月是浦口站转运运输最为繁忙的月份，每天约有 7 列货车到达，装载着 1600 吨煤和 3500 吨产品。一年里剩下的时间，在这座江畔枢纽车站，每日运送的货物总量要低约 25%。[③]

如果我们将转运公司视为由中国铁路创造的货运业务机会带来的前向联系，那么以蒸汽为动力的新汽船公司的创建则代表了因为需要额外的旅客运输服务而创造的前向联系。例如，沪杭铁路建成后不久，一家叫德新的新汽船公司与铁路组建了一家合作企业来推动旅客运输。按照他们的协议，两家公司都出售通票，将从苏州到杭州的汽船和铁路旅行结合起来，还提供免费的行包直达业务。旅客乘坐德新的汽船，花六个半小时可以经大运河从苏州到嘉兴，然后在嘉兴换乘下午三点从上海开出的快速列车，两个小时之后抵达杭州。[④] 商业汽船也提供摆渡服务，让铁路旅客可以渡过没有建桥的大河。例如，1910 年 10 月，汽船就搭载着旅客在济南以北渡过黄河，然后继续他们的火车之旅。[⑤]

---

① Arnold, *Commercial Handbook of China*, 1926, 126.

② V. T. [?] Pratt to Sir Beilby Alston, HM Minister, Peking. Aprial 20, 1922, FO 228/2803, BNA.

③ 同上。

④ "Soochow: A New Line to Hangchow," *North-China Herald*, June 10, 1910, 618.

⑤ "The Tientsin-Pukou Railway," *North-China Herald*, November 4, 1910, 271; 亦见第一章图 1.3。

111 通往铁路终点站的汽船服务是一项颇有利可图的业务，有时甚至会让相互竞争的汽船公司打起价格战。粤汉铁路南段于 1911 年修到了北江，旅客们可以坐汽船继续旅行至英德，再从那里换乘一艘“吃水浅的尾式轮船”到韶州，就能把旅时从十四天减少到两天。两家公司在英德与铁路总部所在的广州之间竞争乘客，发动了价格战，甚至引起两艘汽船船员之间互殴。①

有时汽船还会和铁路产生竞争，而不再是作为互补的运输方式。以上海为例，1911 年，沪杭铁路将终点站设在离贸易中心和黄浦江很远的地方，这招致了反对。结果，蒸汽船公司因为低价保存了其优势，直到 1918 年还是铁路的竞争者。② 在 1910 年以后的二十年里，新的汽船和轮渡服务作为补充性的运输业务兴起，它们可以把乘客运到稀疏的干线系统沿线的铁路车站，这些车站通常离旅客和货物的最终目的地都很远。③

在民国时期，甚至有些矿区也不得不依赖汽船服务而不是铁路来运送其产品。例如，1919 年，大型的蒸汽驳船将煤炭从位于江西乐平县（今乐平市）和余干县的矿区，穿过鄱阳湖运到九江，水道在九江与长江相连。尽管这些煤炭富集区离勘测中的从南昌到芜湖铁路的线路很近，但直到 20 世纪 30 年代一条连接粤汉线的线路才建成了，能够通过直通运输抵达海滨。④

---

① “Shiuchow [Kwangtung]: Railway Matters,” *North-China Herald*, May 20, 1911, 483 - 484.

② “The Provincial Railways: Hangchow,” *North-China Herald*, September 9, 1911, 660; “The Trade of Shanghai,” *North-China Herald*, August 31, 1918, 532 - 534.

③ “Soochow: A New Line to Hangchow,” *North-China Herald*; “The Trade of Shanghai,” *North-China Herald*.

④ “The Coal Deposits of Kiangsi,” *North-China Herald*, February 1, 1919, 263.

商业规章和征税

作为现代商业机构，铁路在 20 世纪早期的演进影响着管理这套高度复杂的基础设施体系运作的规章的形成与实践，以及它与地方、区域和国家层面经济环境的互动。在整个民国时期，铁路作为一个机构实体，关注的是线路运营管理以及劳动力专业行为的标准化和实践范例。建立实践范例和规章，也是要对乘客、 112
旅客以及普罗大众进行有关安全和纪律的教育。货运运输实践范例和规章的兴起，则是伴随运输货物的数量和类型不断增加，并且开始处理保险、安全、征税以及财务服务等有关问题，从而促进了商品流和内部财会及货币交换办法的发展。

乘客们把数量空前的商品带上车，很快就有了一系列规定，指明一位旅客能够带上旅客车厢的行李和商品的限额。1920 年之前的几年，旅行指南和铁路出版物列出了允许携带的产品类型，以及指定在货车中运输的商品的运费。详细的列表还列出了每单位的安全等级及费用的结构，从谷物到纺织品再到工矿业产品。特殊类别还列明了车辆及禽畜的运输费用，包括人力车、自行车和棺材，空棺材费用会低一些。①

在民国时代，关于易腐烂货物的规章也在稳步增加。在早期的津浦、胶济和陇海铁路上，生鲜产品的运输受限于各条线路规定的范围，商人们要运输这样的货物，唯一的办法就是自己安排并派出一名护送员。从 1904 年到 1914 年，在德国

① 见李彦，《道清铁路旅行指南》，焦作：道清铁路监督局，1918 年，第 2—5 页，第 17—18 页。

人的管理下，山东半岛上的胶济铁路配属了三辆双轴冷冻车，但还是忽视了鲜鱼的运输。1923 年，中国人从日本人手里收回了这条线路的所有权，开始采取一些措施来保护易腐烂货物。这条线路获得了多辆冷冻车厢，连接在客运列车上，以确保运输更为快速。每年运输的新鲜货物总量达到了约 1000 吨，大多数都是要运往日本市场的鸡蛋。① 津浦和陇海铁路主要服务于内陆地区，运输的易腐烂货物量就少得多。在 20 世纪 20 年代，津浦铁路只有一辆冷冻车，陇海线则没有。1938 年，日本占领了山东半岛并控制了胶济铁路，引入了一趟“急行货物列车”，上有冷冻车，可以为从青岛开始的沿线车站提供鲜鱼，这对于日本饮食非常重要。②

113 民国早期各条线路都发展出了自己的一套货运规章，鉴于此，1927 年以后，铁道部对整个路网的规章进行了标准化。于 1932 年出台的《站场管理办法》，授权几个关键车站管制货物运输。例如，津浦线上的济南和徐州站以及陇海线上的徐州和铜山站，都被授权颁发货物运输许可以及可以进出车站的运输货物列表。尽管这些标准并没有取消关键性铁路枢纽及其职工的权力，但新的管理系统通过用序列号对货物区域和货物单位进行分类，并将序列号提供给管控着货物的检查员，从而提高了标准化程度。③

这些规章也涉及火油和火柴等危险物品的运输，过去各条线

---

①《济南铁路局志，1899—1985》，第 16 页；Jennifer Ning Chang, “Vertical Integration: Business Diversification, and Firm Architecture: The Case of the China Egg Produce Company in Shanghai, 1923 - 1950,” *Enterprise and Society* 6, no. 3 (2005): 419 - 451.

②《济南铁路局志》，第 169 页。

③ 同上，第 178 页。

路有不同的处理办法。与其他很多线路一样，津浦线和陇海线是将有关安全的安排和责任留给货主的。直到 1932 年，铁路才对这类“正常物品”的运输负起了直接责任，而对爆炸物、武器和弹药、有毒化学品等的责任，还是由货主自负。① 在整个国家的管理机器里，铁路资产保险发行的引入相对较晚。直到 1936 年 6 月，铁道部才命令每条政府所有线路的铁路局发行火灾保险。②

中国铁路是在一个植根于晚清时期的税收系统中运作的。在民国早期，尤其是在 1927 年以前，不同军阀统治之下的不稳定与区域破碎，严重挑战着中央政府从这个演进中的民族国家征税的权威和能力。这使得政府主要的收入流只包括关税和盐税两种，这两种税是通过中国海关总税务司和盐务署（Sino-Foreign Salt Inspectorate）管理，再直接转给中央政府。③ 厘金的征收则稳健得多，厘金就是运输税，在南京国民政府（1927—1937）时期进行财政改革时才逐步加以废除，在这之前，厘金一直是省级的主要收入来源。④

每条铁路线都面临按价收取运输税的问题，从 19 世纪晚期开始，就对运输线路沿线的货物征收这种税，税率一般是 2%，有 114

① 《山东省志：铁路志》，第 183 页；《济南铁路局志》，第 168 页。

② 中国铁路史编辑研究中心编，《中国铁路大事记（1876—1995）》，北京：中国铁道出版社，1996 年，第 131 页。

③ Elizabeth J. Remick, *Building Local States: China during the Republican and Post-Mao Eras* (Cambridge, MA: Harvard University Asia Center, 2004), 37.

④ 有关税务问题更为全面的讨论，见 Felix Boecking, *No Great Wall: Trade, Tariffs, and Nationalism in Republican China, 1927 - 1945* (Cambridge, MA: Harvard University Asia Center, 2017).

时也在运输的起点或者终点作为一种生产税征收，类似销售税。[①] 在铁路建设的早期，利用铁路进行货物运输的比例相对较低，这让厘金备受批评，因为商人们更喜欢用其他方式运输以避税。亚历山大·波普(Alexander Pope)在1910年后的几年曾任沪宁铁路总经理，他的抱怨就代表了当时线路经理们的诸多评论。在他看来，铁路丢了生意，这是因为使用线路的商人必须全数缴清"合法的"厘金，但如果货物走水路运输，则只需要付法定数字的30%。铁路自然而然地就会在与船舶运输的竞争中丢掉生意。[②]

长江下游地区河流和运河网络密集，位于该地区的沪杭铁路也面临类似的挑战。根据《北华捷报》1911年的一篇报道，"铁路过去不是、现在也还没有成为上海与杭州之间的一种贸易交通工具，因为在线路跨越浙江和江苏边境的枫泾时需要征收厘金"。这篇文章总结说，中国商人"发现，在帝国海关的翼护下，还是用水路运输货物好处更大"。[③] 运输税的问题引起了广泛讨论，在1911年、1912年、1920年和1927年，曾多次公布过废除运输税的初步方案。[④] 然而受省级当局的权力影响，直到1930年运输

---

① Albert Feuerwerker, "Economic Trends in the Late Ch'ing Empire, 1870－1911," in *The Cambridge History of China*, vol. 11, *Late Ch'ing 1800－1911*, part 2, ed. John King Fairbank and Kwang-Ching Liu, 61－62 (Cambridge: Cambridge University Press, 1980)([美]费正清、刘广京编，《剑桥中国晚清史》(下卷)，中国社会科学院历史研究所编译室译，北京：中国社会科学出版社).

② "The Shanghai-Nanking Railway," *North-China Herald*. 在《战前中国的经济增长》一书第232—233页，罗斯基也引述了类似的事件。

③ "The Provincial Railways: Hangchow," *North-China Herald*.

④ "The Likin Barriers," *North-China Herald*, February 10, 1911, 314 and March 30, 1912, 841; "Abolition of Likin," *North-China Herald*, January 31, 1920, 280; "Proposed Abolition of Likin: China Willing IF Import Duties Increased," *North-China Herald*, March 13, 1920, 682; "Dr. C. C. Wu on the Nationalist Party Outlook," *North-China Herald*, July 16, 1927, 94.

税才逐渐废除，被统一之后的新税务管理体系之中对诸如香烟和棉纱等产品征收的货物税所取代。①

如果包括税金在内，运输费用的确很高，所以铁路沿线的走私活动也变多了。走私活动不仅仅是运输“非法商品”的行动，更是最重要的避税手段，已经整合进了铁路线及其劳动力的运营结构之中。例如，铁路工人自己携带货物——英文报纸称之为“洋泾浜货物”(pidgin cargo)——就可以逃避征税和运费。在津浦铁路上，通过这种形式偷运的货物还包括鸦片；走私的地理中心位于浦口和浦镇，在这两个地方，许多铁路工人都住得离机车车间很近，可以买了走私品再带着一路北上。②

为了减少商人们通过铁路运输的额外成本，政府支持了一些举措，比如1927年，就在国民党掌权以前几个月，政府召集了北京铁路会议，“此前中国铁道令人遗憾地被滥用了，现在要恢复其 115
巨大的盈利能力”。③ 这一动议反映了铁路管理机关意图恢复国家对货运交通及其收入的控制，也想用更接近以盈利为目的的商业实体的方式来运营铁路线，以便“重新赢得政府的铁道几年前在国内外拥有的公众信心以及管理上的经济性”。④ 除了简化运输税，铁路会议也要求消除军事对铁路基金和运营的干预。1926

① Remick, *Building Local States*, 38.

② “Opium on Railways,” North-China Herald, January 11, 1919, 70. 有关走私活动的全面研究，参见 Philip Thai, *China's War on Smuggling: Law, Economic Life, and the Marking of the Modern State, 1842 - 1965* (New York: Columbia University, 2018)。有关铁路工人销售鸦片的情况，见 Stephen L. Morgan, “Personnel Discipline and Industrial Relations on the Republican China,” *Australian Journal of Politics and History* 47, no. 1 (March 2001): 24 - 38。

③ “The Peking Railway Conference: List of Reforms Necessary for Efficiency,” *North-China Herald*, August 13, 1927, 272.

④ 同上。

年到 1927 年间，蒋介石的北伐军在华南和华中击败了军阀，但内战期间部队运输和战争破坏造成的铁路交通中断成了一个严重问题。

对运输税更为透明的要求，不仅来自铁路公司，也来自中外的商会，这些商会在北京和天津等主要商业枢纽运作。他们在抱怨时，并没有就税收体系本身提出质疑，而是归咎于站长们征收过高费用的腐败习气。报纸对 1927 年铁路会议期间的争论进行了充分报道，也说出了商会对既存不公平收费的愤怒："有数据表明，从包头运输一吨羊毛到天津的总费用，包括了各种税以及其他非法收费，是从天津运货到纽约费用的 6 倍！某家商会向会议通报，一名站长对使用车辆索取额外费用，费用是按照他自己制定的详细的费用方案——20 吨货车收 32 美元，30 吨货车收 88 美元等，把这变成了一项有利可图的生意。这些有价值的信息会被提交各条线路的部门主管会议，以便制定明确且详尽的措施来强化会议的决定。"①

我们即便是谨慎地看待报告里的指控也会发现，这些抱怨表明无论是就机构等级而言还是就地理位置而言，授予各条铁路线最基层的站长们的权力很大。而正如第二章所示，要解读这样的抱怨，我们需要把它们置于去中心化的铁路局系统这一语境中。
116 中国国有铁路的管理与经营结构，使得线路形成了高度的区域化，这种区域化仍在赋予那些地方负责人权力，其中站长获得了最大的权力。这种地方化的结构造成权力的滥用毫不令人奇怪，尤其是因为运输税体系代表着中央政府伸向商业领域的手。

---

① "The Peking Railway Conference: List of Reforms Necessary for Efficiency," *North-China Herald*, August 13, 1927, 272.

在20世纪20年代，因为直通运输存在许多内在和外在的障碍，推进直通运输就成了铁路管理机构的一项重要议程。[①] 为了实现这一目的，一个负责处理信号等与技术相关的标准化事务的技术专家委员会，以及来自政府所有的最大几条铁路线的代表们，在年度会议上会面，就直通运输状况展开协商。这些会议取得的成效有限。直到1927年在北京召开的铁路会议，恢复直通运输设备依然留在有待改革的事项列表上。这个项目包括讨论采取必要步骤，"设置临时限制，在枢纽车站交换机辆，用现金支付来结算所有直通运输的余额，通过寻求运输者的合作，来研究和推动直通货物的运输"，并"控制枢纽站的报表"。[②] 这项议程表明，交通系统仍然面临一系列运营问题，包括借用机辆的方式、付款、与转运公司协作，以及控制当地火车站等。因此，1927年以后，让铁路线运营和财务管理的各个方面变得更加透明、更加集中、更加标准化，成了南京国民党政府十年改革的一个核心问题。

最后，地方货币的多样性以及相对价值的持续变化，似乎也是铁路运营持续存在的问题。例如，根据1911年的一则报道，不同车站需要不同类型的货币来购买火车票，因此沿胶济线旅行的乘客感到非常不便。实际上，从位于干线上的泰安，经过胶济线跨越山东半岛去青岛，就需要四种不同类型的货币。[③] 在广九铁路上，英国段线路只接受港币，而中国段则既接受港币又接受中

① "Unifying China's Railways: Through Passage of Goods and Travelers," *North-China Herald*, November 20, 1920, 549.

② "The Peking Railway Conference," *North-China Herald*.

③ "The Awakening of Taianfu," *North-China Herald*, July 29, 1911, 274.

国货币，票价也会随购票地点发生变化。①

117 商业枢纽与全球联系

铁路来到中国并延伸开来，并没有带来一波新的工业城市在铁路干线沿线涌现的浪潮。实际上，与诸如美国等的铁路不同，中国铁路只推动了少数几个新枢纽城市的形成（东北地区在日本控制之下的南满铁路除外）。② 1949 年以前，中国的铁路并没有延伸到这个国家“荒凉的西部”，那里人口稀疏、发展落后；铁路只是穿过东部沿海走廊、华中地区、珠江三角洲、长江三角洲和北方的京津枢纽，这些区域人口最为密集，也经过深耕。与北京到上海这条南北干线一样，铁路线通常是平行于原有的运河或道路延伸，它们提供的服务有时互为补充，有时也彼此竞争。

铁路确实通过改变经济趋势来影响城市化的变化。在关键性的枢纽，诸如济南和徐州这两座重要的中心城市，在铁路到来之前好几百年，它们就已经分别是山东省的省会和江苏北部的府城。这些城市里过去主要是政府管理机构的衙门，铁路改变了它们的性质，使它们朝更商业化的方向发展。诸如天津和上海这样在 19 世纪末成为通商口岸的城市，非常热情地拥抱铁路的商业潜力。铁路终点站和铁路局通常位于租界内或者靠近租界，这带

① "Currency and Railways," *North-China Herald*, October 9, 1920, 83.

② David D. Buck, "Railway City and National Capital: Two Faces of the Modern in Changchun," in *Remaking Chinese City: Modernity and National Identity, 1900-1950*, ed. Joseph W. Esherick (Honolulu: University of Hawaii Press, 2001), 65-89.

来了商业区的发展，包括仓库、贸易公司和金融机构。[①]

济南的转型甚至发生在津浦铁路建成之前，1904 年，济南就成了一座通商口岸。[②] 七年之后，《北华捷报》注意到，这座城市主要的街道和公共建筑都通电了，路上还有大量在施工的工程。在外国人居留地内这样的变化尤其明显，它“安排得很好，有铺着碎石的漂亮街道，路旁种着树。有无数建得又好又漂亮的欧式建筑，人们很容易想象自己是身处上海或者天津”。[③]

津浦铁路的出现，给省城济南的城市发展带来了显著的影 118
响。[④] 随着济南主动开埠以及津浦线的开通，城市化，尤其是外国人居留地的城市化加速了，帮助城市发展成一个商业、工业和交通中心。津浦铁路车站离胶济铁路车站不远，津浦铁路车站促进了来自鲁南和华北的农产品的运输，并且增加了运往山东东部以及通过青岛港进行长距离运输的商业运量。20 世纪早期由此带来的经济增长和城市扩张，将济南这座城市从一座行政管理中心转变成了一个商业、工业和交通中心。津浦线的铁路车站吸引了商业公司、商店和仓库来这个区域落户。[⑤] 我并不认为是铁路引起了城市增长，但有了车站和运营设施，铁路的确促进了城市的扩展，尤其是商业区的扩展。

---

① 刘海岩，《空间与社会：近代天津城市的演变》，天津：天津社会科学院出版社，2003 年。

② 庄维民，《近代山东市场经济的变迁》，北京：中华书局，2000 年。

③ “Tsinanfu,” *North-China Herald*, October 14, 1911, 92.

④ 有关济南都市史的详细讨论，参见 David D. Buck, *Urban Change in China: Politics and Development in Tsinan Shandong, 1890–1949* (Madison: University of Wisconsin Press, 1978)（[美]鲍德威，《中国城市的变迁：1890—1949 年山东济南的政治与发展》）。

⑤ 张润武、薛立，《图说济南老建筑：近代史卷》，济南：济南出版社，2001 年，第 6—11 页；《济南大观》，济南：济南大观出版社，1934 年；《济南市志》，济南：济南市志编纂委员会，1999 年，第 2 卷。

铁路作为一种运输方式及一种大规模的商业企业，其现代性启发着城市规划和建筑，这反映在许许多多与铁路有关的西式办公楼、仓库和商业机构上。① 再提一次，津浦铁路大院有车间、住房和社会服务，构成了一座现代化的“城中之城”，就建筑与结构而言，都与西方的铁路大院接近。与此类似，靠近租界的天津火车站周围，也环绕着巨大的现代砖瓦仓库和货场（见图 3.3）。在这样一座枢纽城市建设的车站大楼，成了再现西方的效率与纪律的建筑。然而，在租界都市化的现代环境以外的地方，车站大楼则更明显地体现出中国建筑的影响。例如，曲阜的车站大楼外有一道模仿城墙的石墙，每边各有一个入口，可以进入德式的车站主体（见图 3.4）。德国人拥有的胶济铁路济南东站，最主要特征则是其带有装饰性雕塑和烟囱的中式瓦屋顶。②

119

图 3.3　天津胡同场的铁路轨道，1923 年。G. 沃伦・斯怀尔（G. Warren Swire）摄。布里斯托大学中国历史照片，编号 Sw06 - 034. G. 沃伦・斯怀尔摄影集，太古集团捐赠。

① 张润武、薛立，《图说济南老建筑》，第 26—28 页；東亜同文会，《支那省别全志：山东省》，东京：東亜同文会，大正六年（1918 年），4：第 436—476 页。

② 这座车站的照片，参见张润武、薛立，《图书济南老建筑》，第 121 页。

120

图 3.4　津浦线上的曲阜站，1912 年。德国在华铁路建设相关记录，1898—1916 年，哈佛商学院贝克图书馆，第 14 卷，“报告附件”110，无页码，1912 年。

围绕着津浦线的新商业区所造成的最重要的结果是，济南的商人和商业从老城及通往大运河的运河边，迁到了这个新区。正如民国早期的地图和城市商业目录所示，正对车站的经一路上开设了谷仓，可以很方便地将谷物运输并装载到火车上。① 这比用船要更方便，也更有机会进入新的市场，因此 1912 年之后，大多数谷物通过铁道运往上海，而不是像以前一样运往天津。②

济南站贸易和商业活动的扩张需要数量更多的轿夫，他们按照不同的帮派组织起来，争夺火车装卸权。这些帮派之间的竞争非常之激烈，以致津浦铁路警察不得不加以干涉，在 20 世纪 10 年代和 20 年代初，他们控制和管理着这个商业区。警察通过在

① 《山东省志》，无出版地：中华书局（存疑），20 世纪 30 年代（存疑）；《济南市志资料》，济南：济南市志编纂委员会，1982 年，第 3 卷。

② 庄维民，《近代山东市场经济的变迁》。

不同的轿夫帮派之间更公正地分配装载任务，建立起了一套确保车站秩序的体系。①

像徐州这样的城市则因为成为东西向和南北向干线的枢纽而变得更为重要，也获得了军事战略上和经济上的重要性。物流上的这种普遍优势带来的负面效应则是，这些枢纽在军事斗争中成为主要目标，轨道被堵塞，车站建筑及铁路设施遭到军队占领。例如，在民国早期的内战期间，军阀张勋就选择了徐州作为他的总部，他就在车站内指挥军事行动。因为类似的战略原因，在 1927 年蒋介石与军阀孙传芳之间的战争中，徐州成了“北方供应站”。②

在中国，尽管铁路对农业发展造成的影响普遍要比工业更大，但河北的石家庄，这座过去没有工业生产的小镇，在连通京汉线后经历了显著的工业增长。石家庄从一个荒僻之地发展成了一座铁路枢纽，它的地理位置靠近棉花产区还有把工业生产出的纱线用家庭生产的方式织成棉布的农民们，从而吸引了纺织公司。除了能够获得廉价原材料和劳动力外，纺织业通过铁路快速实现商品化，也在 20 世纪 20 年代鼓舞了武汉的一些棉纺企业家在石家庄建立分支机构。③

---

① 吕伟俊等，《山东区域现代化研究，1840—1949》，济南：齐鲁书社，2002 年。

② “Hsuchowfu: The Northern Central Supply Station,” *North-China Herald*, November 5, 1927, 228; 亦见“How Sun Chuan-Fang Saved Hsuchowfu,” *North-China Herald*, December 17, 1927, 475.

③ Juanjuan Yuan. “Yudahua: The Growth of an Industrial Enterprise in Modern China, 1890 - 1957” (PhD diss., John Hopkins University, 2007), 60 - 61. 我感谢顾琳(Linda Grove)促使我思考石家庄。有关华北地区农业的工业化生产的发展及其商业整合，参见 Linda Grove, *A Chinese Economic Revolution: Rural Entrepreneurship in the Twentieth Century* (Lanham, MD: Rowman and Littlefield, 2006)([日]顾琳，《中国的经济革命：二十世纪的乡村工业》，王玉茹、张玮、李进霞译，南京：江苏人民出版社，2009 年)。

由于中国铁路对农业商品化所做的贡献要比对建立新工业 121
来得更大，铁路对城市化影响最为显著的地方是一些较小的区域。这些地区之所以变得重要，要么是因为它们是特定农产品的集散地，要么是为农产品加工业提供了前向联系。例如，安徽省北部的蚌埠等地区过去不太重要，津浦铁路的通车使之变成了一个集中豆类、小麦和高粱的重要农业枢纽。[①] 蚌埠因为与淮河和安徽省的运河系统相连，就把水运和铁路整合起来了，因此成为重要的农业贸易中心，从而吸引了金融机构，激发了新的金融活动。例如，1934 年，著名经济学家马寅初以蚌埠为个案进行的研究，就展现了本票等新型纸质票据在涉及农产品和铁路转运公司的商品交易中的流通，在这些领域里，短期金融对于托运商人而言特别重要。[②] 附近的临淮关也有类似的经历，它从一个荒僻之地发展成了运输内地盐的铁路交通枢纽。津浦铁路临淮关车站外观简陋，与其在商业上的地位不符。这座车站建在一座运河码头的对面，这样的位置让轿夫能够把盐包从船上直接搬到火车上，再运往济南和沿海的港口城市（见图 3.5）。

与铁路业务相关的物质资产的增长，提高了农村地区的地位和荣誉感，甚至让这些地区产生了对都市和现代化的渴望。驻马店就是 20 世纪 20 年代众多小镇中的一个例子，这座位于京汉铁路线上的河南小镇，从一座寂寂无名的山城转变成了一个靠近车站，有“机车车棚、铁路材料、水箱及铁路有关人员住处”的地方。

---

① 庄维民，《近代山东市场经济的变迁》，第 144 页。

② 马寅初，《中华银行论》，上海：商务印书馆，1934 年，第 150—157 页，第 158—174 页。商人们通过铁路运输出售农产品，在他们的托运物到达终点站并且被买家收货之前，商人都没法收到款项，作为一种短期金融工具，本票要处理的就是因此出现的现金流低或者缺乏的问题。

图 3.5　1912 年,在临淮关车站将盐装到津浦线的火车上。德国在华铁路建设相关记录,1898—1916 年,哈佛商学院贝克图书馆,第 14 卷,第 16 页,1912 年。

简言之,不断延伸的铁路作为一种实体存在,的确让这些地方出现在了当时的地图和旅行手册上。①

122 在战前的中国,有少数几个与铁路直接相关的新居民区,它们的出现是要满足铁路线的特定需求,而不是因为外在的经济或者工业的增长。浦口和浦镇就是这些例外个案中的代表。浦口位于南京西北方向的长江北岸,在 1912 年前是一片有待开发的沼泽地。这里之所以变得重要,完全是因为少了一座桥,旅客和货物必须通过渡船才能跨过长江,到达下关的终点站。

早在 1912 年,人们开始就对浦口的未来进行探索。在津浦铁路运营的第一年,公众就已清楚看出这座港口及其周围水道的

① 马寅初,《中华银行论》,第 105 页。

潜力:“当今之时,商业圈里最大的利益焦点,就是浦口必将发生的未来。……尽管中国的旅客运输一直在增加,但铁路的大部分收入是来自从淮河运下来的产品。在其历史的早期阶段运输量就能达到如此之大,可以预期,这条铁道会在浦口形成一个大量财富的终点站。在这里,自然会有往海洋航行的船只前来,把货物直接运进运出。”①

很明显,浦口有可能服务经过上海和长江三角洲地区的远洋
商船,从而将贸易机会提到了更高的全球互连的层次。然而,浦 123
口最初并不是一个通商口岸,这在外国势力和中国政府之间引发了激烈争论。可能的做法,要么是将浦口改成通商口岸,因为它对于把外国货物运到港口至关重要,要么是把它纳入长江对岸的南京商埠区。②

1912 年,浦口成了商埠,在随后的几年里经历了彻底转变。一开始,浦口的站区乱糟糟的,看起来就像是一个意外有了一条铁轨的村庄(见图 3.6),后来浦口发展成了一个高度工业化和商业化的定居点。怡和洋行工程部为码头装配了荷重 120 吨的电力起重机。为了检修机车和轨道车辆,津浦铁路在附近的浦镇建造了工厂,并建起一座现代化的铁路大院,为工人和工程师提供住房。为了给浦镇的机械提供必要电力,津浦铁路还订购设备,在靠近工厂的地方建起一座电厂。③ 这两个地点的重要性时高时低,完全取决于铁路转运的需求。1968 年,浦口区和南京之间

① “Pukou and the Railway: Possibilities of the Future,” *North-China Herald*, July 13, 1912, 95.

② “The Port of Pukow,” *Far Eastern Review*, January 1917, 306.

③ “Pukou and the Railway: Possibilities of the Future,” *North-China Herald*, 95. 浦口电厂的遗址,就在渡口码头与火车站之间。

124

图 3.6 1912 年，长江北岸的浦口车站。德国在华铁路建设相关记录，1898—1916 年，哈佛商学院贝克图书馆，第 14 卷，第 12 页，1912 年。

建起了一座双层的公铁两用大桥，浦口作为商业枢纽的重要性快速下降。①

当然，在对货物和旅客的竞争中，赢家和输家还包括这样一些地方——它们一开始就把自己的经济命运与要求建设一条连接干线的支线绑在一起，但后来的铁路建设规划并未触及这些地区。例如，整个 20 世纪 10 年代，芝罘的当地商会都嚷着要求一条铁路。1919 年，《北华捷报》抱怨说："除非建起一条铁道，否则芝罘就没法维持下去。"报纸注意到，好几家缫丝厂从这座小镇搬到了东北沿海的安东，那里的交通设施要更好。② 青岛作为山东

① 不幸坍圮的前津浦铁路车站和车站大院不对公众开放，2018 年，它们仍在等待着被改建成铁路博物馆。

② "Chefoo-Weihsien Railway," *North-China Herald*, February 8, 1919, 331；亦见 "The Chefoo Railway Question," *North-China Herald*, March 22, 1919, 767。

铁路上一个商业中心的兴起，以及在德国人控制的那几年里的基础设施投资，被认为会给芝罘的发展带来直接的不利条件。① 然而，要建设一条通往芝罘的支线来提高一群当地中国商人的商业机会，用青岛的实力来加以论证并不太有说服力。②

另一批输给铁路的地方，是那些在大运河衰落之前受益于运河沿岸贸易的贸易中心。位于长江下游三角洲地区河口的镇江就是一个典型的例子。在好几百年的时间里，镇江都是大运河上通过舢板运输的货物（和旅客）的集散地，随着依靠大运河的运输转向了铁路，镇江失去了其在商业上的重要性。③ 1929 年 1 月的一份描述悲观地写到，大运河因“航道淤积、降水不均以及毗邻运河的稻田不加节制地用水”，所以无法通行，尤其是在冬季。当时，运河“是通往外部市场最便宜的运输方式”，这也就意味着高邮以北的苏北地区，船只搁浅，无法通行。尽管在天气好的时候，公共船只线路还勉强能把乘客送到几个目的地，但它们并不提供货运业务来缓解这种局面。④

大运河北端的通州也是一座因为铁路到来而失去重要性的城市。1902 年，这座城市通过一条很短的线路与北京相连，从而能够通过铁道与天津相连。随着沿大运河运输的衰落，通州不再是一个分拨从南方运往首都及中国东北地区的货物的配送枢 125
纽。⑤ 不过也有一些地方虽然失去了沿水道的重要性，却换来了新的铁路枢纽身份。随着津浦铁路开通，山东省北部的德州市的

---

① “Chefoo-Weihsien Railway,” *North-China Herald*, December 27, 1919, 827.

② “The Port of Chefoo,” *North-China Herald*, March 20, 1920, 743.

③ *Guide to China* (Tokyo: Imperial Japanese Government Railways, 1924), 240.

④ “Unhappy Isolation of Tsingkiangpu,” *North-China Herald*, January 12, 1929, 60.

⑤ *Guide to China*, 78.

经济身份，从大运河沿岸的重要运输站，转变成了从山东省运输产品的重要铁路车站。[①]

总　结

1932 年，经济学家理查德·托尼(Richard Tawney)对中国铁路的基础设施进行了很严苛的评价，他说，“从北到南，从东到西，没有直通运输，铁道的影响仍然是地方性而不是全国性的”，“除了有限的几个特定区域外，铁道和公路交通依然不重要，对于大量农民而言可能根本就不存在”。[②] 他继续指出，江苏、辽宁、河北、广东、山东和湖北这六个省份，只有这个国家大约 36%的人口，当时却拥有全国 53%的铁路和 42%的公路。[③] 在整个民国时期，中国所拥有的铁路基础设施一直集中在这个国家的东部和中部，延伸至长江中游的汉口，并与东海岸长江三角洲和南海岸珠江三角洲的重要海港相连。当时，铁路并没有打开中国广大的内地和西部边疆。

学者们普遍承认，在战前的中国，作为一张“全国性的”网络，铁路基础设施存在局限性，但也有一些关于铁路在地方和区域经济发展中重要性的详细记录。梁柏力在一项详尽的宏观经济学研究中表明，铁路建设激发了农业产出的增长，并促进了农业收入的显著增加。[④] 托马斯·罗斯基认为，市场整合的扩展，是因

---

① *Guide to China*，第 133 页。

② R. H. Tawney, *Land and Labour in China* (London: Allen and Unwin, 1932)([英]理查德·R. 托尼，《中国的土地和劳动》，安佳译，北京：商务印书馆，2014 年)，17, 55.

③ 同上，第 127 页。

④ Liang, *China, Railways and Agricultural Development*, esp. chaps 4 and 5.

为银行部门的增长以及运输和交通网络的改善,在农村地区尤是如此。① 就山东省而言,庄维民详细记录了随着新基础设施的到来而进入通商口岸与商业中心的商业资本流的变化。② 最后,彭 126
慕兰(Kenneth Pomeranz)通过重新把国家作为讨论的中心,强化了我们对战前山东省和湖北省农村经济动态的理解。按照他的解释,在华北地区,现代经济部门与传统经济部门之间的互动既是政治性的,又是经济性的,而且深受各种形式的"国家战略"影响。③

本章所展示的证据,某种程度上可以确认这些解释,但通过关注铁路作为新兴的商业实体,以及中国的国家与地方和区域经济互动的机构部门,又进一步深化了论点。在民国早期,尽管中国的铁路大多数都国有化了,但就其组织结构、未贯通的轨道网络以及它们所服务的市场而言,仍保留着很强的区域性特点。对主要干线机构演化的细致解读表明,铁路去中心化的结构,强化了区域边界内部的经济活动和互动,这通常由地方的动机所驱动,并且与中央政府领导下中国的"国家"铁路所期望的运营和管理效率并不一致。

我们已经看到,诸如津浦和沪宁等线路,通过激发农业生产和商品化,增加旧有和新市场上的贸易流,以及吸引必要的金融基础设施来为此类活动的支付提供便利等多种方式,促进了经济增长。通过将货运业务外包给一个复杂的转运公司系统,铁路局

---

① Rawski, *Economic Growth in Prewar China*.

② 庄维民,《近代山东市场经济的变迁》。

③ Kenneth Pomeranz, *The Making of Hinterland: State, Society, and Economy in Inland North China, 1853 to 1937* (Berkeley: University of California Press, 1993)([美]彭慕兰,《腹地的构建:华北内地的国家、社会和经济(1853—1937)》,马俊亚译,上海:上海人民出版社,2017年), 268.

为区域企业创造了商业机会。尽管这样的安排让这些企业成了运输服务以及必要的金融和保险担保的唯一提供者，但它们的运营，在基层是受惠于站长，而在顶层则是受惠于铁路管理机构。有限期的合同协议给了国有线路更大的组织弹性，但也使得这些企业完全依赖于铁路局确立的条件和战略。把这样的讨论放到国家和商业关系的语境之中，转运公司能够感受到国家过高的要
127 求通过区域铁路局的传导触及了他们，因为这些协议本质上具有排他性，而且他们在附属于特定铁路线的仓库和土地等固定资产上大量投入，这就使得他们的业务无法轻易转移。

在整个民国早期，中国铁路对其线路管理的结构进行了试验性的且持续的改造。国家管理机构层面进行重组和改善的愿望非常强烈，但尽管有热心的铁路改革者以及许许多多的大众讨论，铁路管理机构却没能把深深镶嵌在区域和地方之中的铁路利益，系于有强有力的中央科层机构所支持的、有凝聚力的全国议程之上。不同的铁路局根据区域经济和政治的偏好及动机，来处理他们所面临的挑战。直到 1928 年，在国民党完成了统一并对政府所有的线路进行集中化重组之后，重要机构变化才开始发生。

第四章 运送旅客，传播观念 128

旅客运输和火车旅行为我们探索民国时期中国的社会史提供了绝佳视角。史学家所做的大量研究表明，从晚清到 1911 年后民国时代的转型，产生了新的社会身份与性别身份、消费实践以及文化表现，也改变了公民和国家之间的关系。① 所有发展，都可以追溯到 19 世纪帝制晚期的中国，在民国早期经历了政治和社会层面的适应过程，到以国家为中心的南京国民政府时期（1927—1937）又在另一次适应过程中得到了巩固。中国铁路运输的运营、管理和公共表现，以多种形式同这些问题产生关联。尽管关于 20 世纪早期的火车旅行有丰富的文字和视觉文献资

---

① 参见 Henrietta Harrison, *The Making of the Republican Citizen: Political Ceremonies and Symbols in China, 1911 - 1929* (Oxford: Oxford University Press, 2000); Sherman Cochran, *Encountering Chinese Networks: Western, Japanese and Chinese Corporations in China, 1880 - 1937* (Berkeley: University of California Press, 2000)（[美]高家龙，《大公司与关系网：中国境内的西方、日本和华商大企业，1880—1937》，程麟荪译，上海：上海社会科学院出版社，2002 年）；Wen-Hsin Yeh, *Shanghai Splendor: Economic Sentiments and the Making of Modern China, 1843 -1949* (Berkeley: University of California Press, 2008)（[美]叶文心，《上海繁华：都会经济伦理与近代中国》，王琴、刘润堂译，台北：时报出版，2010 年）；Joan Judge, *Republican Lens: Gender, Visuality, and Experience in Early Chinese Periodical Press* (Berkeley: University of California Press, 2015); Karl Gerth, *China Made: Consumer Culture and the Creation of the Nation* (Cambridge, MA: Harvard University Asia Center, 2003)（[美]葛凯，《制造中国：消费文化与民族国家的创建》，黄振萍译，北京：北京大学出版社，2007 年）。

料，引诱人们对此展开研究，但聚焦在中国铁路公司的机构方面仍是本项研究的核心。这些公司是如何体验并塑造旅客业务，其结果又如何外溢到民国时期的公共领域中呢？

尽管长期以来，中国铁路运营收入的主要来源都是货物运输，但本章将提出，在民国时期，旅客运输也是他们商业组合的重要组成部分——实际上比诸如美国和苏联等其他国家的铁路系统要更为重要，因为在历史上，这些国家的铁路系统就更为依赖货物运输。更进一步讲，就单条线路而言，长江三角洲和珠江三
130 角洲地区几条更短的线路，主要收入大部分来源于客票销售。就整个系统而言，客运业务虽然不是第一位的，但却一直很重要。

要想表明旅客旅行对于中国铁路而言具有重要意义相对容易，但要说明旅客旅行在何种意义上对于整个中国而言也具有重要意义就困难得多了。在铁道部发布的年度统计报告上，可以得出旅客运输一个更显著的特征，那就是平均旅行距离很短。主要干线都很长——津浦线有 1009 公里，而京汉线则长达 1307 公里——但在 1915 年到 1935 年，平均起来旅客们一次旅行的距离从没超过 100 公里。[①] 更有甚者，就算这平均距离已经很短，这个国家还是有相当大一部分人口从未踏足火车。相比之下，在 1910 年后的 20 年里，英国的铁路交通非常普遍，平均下来一个人每年有 35 趟火车旅行，中华民国的民众平均起来 10 到 15 年

① 除非另作说明，本章中使用的统计数据都来自交通部（后来是铁道部）的年度报表，见《中国铁路统计》，北京（后来是南京）：铁道部统计处，1915—1936 年。这一系列一直涵盖到铁路的 1935/1936 财务年度。因为内战对铁路运营的影响，报告发布迟延很久。1925 年卷的数据，到 1929 年才发布，1928 年卷到 1933 年才出现。从 1926 年起，每一卷都有中英文版本。从 1930 年起，这一系列的标题略有改动，改成了《中华国有铁路会计统计汇编》。

才会搭乘一次火车（这完全是出于假设）。[1]

史学家们对其他地理和历史背景中的大量研究已经表明，铁道旅行的新颖之处，一部分是源于它施加在旅行大众身上严格的实践与社会规范。中国也不例外。要完成一次铁道旅行，旅客们必须掌握身体和行为实践，而当时绝大多数人对此都并不熟悉：时刻表的纪律绝不会让步，火车也不会等待任何人，旅客们是按照车票的等级而不是性别区分开来的，服从无人格化的规则和规章的权威，还有一些甚至非常平常的做法，比如在售票窗口和站台上安静地排队。

铁路作为一种象征及地理纽带，也成为国家教育体系的一部分，要把中国人从帝制下的臣民转变成民国的国民。史学家们已经明确，铁路在不同国家对国家构建都作出了关键性贡献。[2] 我认为，在民国早期，铁路无法塑造一种强烈的国家归属感，因为它没法让大量中国人一览这个国家的辽阔及文化地标，并开始把自己视为一个国家的一员。旅客太少了，平均旅程也太短了。相反，作为一个商业和管理企业，铁路建构了大量制度，这些制度力

---

① 有关英国的数据，见 J. Armstrong, "The Role of Coastal Shipping in UK Transport: An Estimate of Comparative Shipping Movements in 1910," *Journal of Transport History* 8 (1987): 158 - 174. 中国的人口数据，摘自 Dwight H. Perkins, *Agricultural Development in China, 1368 - 1968* (Chicago: Aldine, 1969)（[美]德·希·珀金斯，《中国农业的发展（1368—1968 年）》，宋海文等译，上海：上海译文出版社，1984 年），212 - 213.

② 例见 Steven J. Ericson, *The Sound of the Whistle: Railroads and the State in Meiji Japan* (Cambridge, MA: Harvard University Asia Center, 1996)（[美]斯蒂文·J. 埃里克森，《汽笛的声音：日本明治时代的铁路与国家》，陈维、乐艳娜译，南京：江苏人民出版社，2011 年）；Ian J. Kerr, *Building the Railroads of the Raj, 1850 - 1900* (Oxford: Oxford University Press, 1995); John R. Stilgoe, *Metropolitan Corridor: Railroads and the American Scene* (New Haven, CT: Yale University Press, 1983); Michael Freeman, *Railways and the Victorian Imagination* (New Haven, CT: Yale University Press, 1999)。

图在民国时期的中国灌输新的纪律与要求，灌输的对象既包括学校和工厂，也包括金融机构和管理体系。中国铁路存在一个历史
131 性的偶然，那就是它的兴起与现代民族国家同步，而不是像在许多西方国家那样，是建立在已经存在的体系与机构架构上。与其他历史语境相比，在中国，铁路与中国人转型的关系要更加紧密，中国人要从传统社会中的成员转变成现代行政国家的公民——这是一个渐进的过程，但到 1937 年日本人发动侵略时都还未完成。

本章开篇将概述 1937 年以前中国铁路与旅客运输相关的业务。旅客业务有两个特征使之在铁路管理机构每年出版的大量统计数据中显得格外突出：第一，民众普遍倾向于利用铁路系统进行短距离旅行；第二，相比于普通中国人的购买力，铁路票价很高。这两个特征强化了前文讨论的铁路货运业务对地方与区域的影响。本章的第二部分将展示中国的铁路如何应用了受西方影响的“现代”效率和纪律标准，包括守时、个人行为与身体功能、性别互动以及公共卫生等。旅客指南和面向学童的材料都表明，将这些规范和实践传递给准乘客是一项有意识推进的工程。本章第三部分会表明，在 20 世纪 20 年代和 30 年代，旅客运输促成了独立旅游业的增长，这个行业很小，但非常繁荣。本章最后一部分讨论中国铁路对公共话语领域文化、文学创作和视觉艺术所造成的影响。到 20 世纪 20 年代末，铁路旅行代表了一种文化理想型，不仅有纪律，而且受到人们的追捧。铁路提供了一种转型体验，使人们能够在铁路设施和铁路车厢这种新型社会空间里扮演不同角色，承担不同身份。

旅客运输

关于货物运输，来自官方统计数字、报纸、商业出版物、码头管理机构和领事馆的报告都进行了详尽的描写，与之相比，记录铁路旅客运输的资料很稀少。许多商业资料告诉了我们货物的精确数量、货源地、目的地和运输路线，相比之下，个别铁路公司 132
或铁道部发布的旅客数据中有关每条线路每种等级的旅客数量、总收入数字以及平均旅行距离等年度数字等的内容很少，所以我们没办法判断旅客们是从哪里上车、哪里下车。旅客们到底通常是利用铁路去往主要城市，还是在内地的两个地点之间旅行？他们通常是城市居民，还是乡下人？大多数时候资料都没有回答这些问题。也没有任何迹象表明每年几百万人次的旅客行程，到底是少数常旅客完成的，还是由数量很大但不那么频繁旅行的旅客们完成的。大多数旅行的目的是商务旅行、家庭事务出行还是出游，基本上是一团迷雾。不过既存的资料还是提供了一些线索，让我们知道乘客旅行的特征以及他们是如何使用铁路的。

对于每一条国有的铁路线，客票销售收入都是重要的收入来源。从 1915 年到 1935 年，每一年旅客运输占中国政府所有的铁路收入的比重从 32%到 41%不等。第三章已经指出，主要干线铁路的货运业务收入更高。但即便长距离线路的大部分收入来自货物运输，比如京汉线和京奉线，它们仍然运输了大量旅客。例如，1935 年，平汉铁路收入的 70%来自货运。同年，铁路也运送了总计超过 340 万旅客（见附录 B 和附录 D）。①

① 数字根据交通部《中国铁路统计》推断。

对于一些线路而言，旅客运输是收入的主要来源。长江三角洲和珠江三角洲地区的短距离线路，如广九线、沪宁线和沪杭甬线等，将来自人口密集的内地的旅客与香港和上海等商业中心连接起来。① 这些城市通过内河和沿海航路上的蒸汽船取得了国内和国际交通枢纽的地位，这是旅客运输在这些铁路线上处于支配地位的主要原因。水运费率相对较低，在整个 20 世纪二三十年代，水运都在沿水道运送货物，尤其是在两个大河三角洲地区的水系。然而，从更早的时候开始，旅客们似乎就更看重速度和
133 便利性。1918 年，沪宁铁路收入的 71%来自旅客运输；1923 年，这个数字略微下降到 64%，到 1930 年又回升到 72%，1935 年又下降到 66%，之后就没有数据了。② 沪杭甬铁路的状况与此类似，约 65%的收入来自旅客运输。在整个 20 世纪二三十年代，广九线与旅客相关的收入维持在 85%左右。

就整个系统而言，在民国时期，尽管不同年份会因为不利的经济条件和政治剧变而存在明显的起伏，但所有国有线路上的旅客运输量都经历了持续的显著增长。根据从交通部搜集的年度统计数据推测，1915 年，中国国有铁路的旅客总数为 1260 万人次，这是有记录数据的第一年。到 1918 年，这个数字快速翻倍，达到了 2460 万人次，到 1923 年增长到近 4000 万人次。在 1926 到 1928 年的内战关键阶段，统计数字包括的信息就只有收入数

---

① 见 Anne Reinhardt, *Navigating Semi-colonialism: Shipping, Sovereignty, and Nation-Building in China, 1860 - 1937* (Cambridge, MA: Harvard University Asia Center, 2018).

② 沪宁铁路的收入中，来自货运的比重 1915 年是 25%，1923 年是 29%，1930 年是 18%，1935 年是 25%。这些百分比加总起来不是 100%，因为还有部分比重的收入——从未超过 15%，通常少于 5%——来自与交通无关的活动，比例虽小，但也很重要，包括轮渡与电报服务、宾馆、机辆交换，以及设备和实体厂房的租金。

据，而没有旅客的数量。这一中断，也许可以解释为那几年铁路公司被迫运输军队人员和士兵，却没得到任何补偿。1927 年以后，南京国民政府的政治控制得到巩固，旅客运输快速恢复。1932 年，旅客总数达 3400 万人次，到 1935 年，这个数字增长到近 4400 万。1937 年，日本侵略并占领了部分地区，使得铁路系统以及数据搜集中断了数年（见附录 D）。①

旅客们在中国火车上的体验，似乎与在欧洲和美国火车上并没有本质区别。中国铁路承袭了西方的做法，提供三到四个等级的服务。尽管这样的社会区分当时似乎并没有在中国民众与媒体中间引发大规模批评（可能是因为早期铁路的起源具有半殖民特征），但它标志着与既有的乘船或者乘马车的旅行方式明确脱离开来，既有的这些旅行方式在社会意义上不够规范，礼节上也比较放松。

中国公共生活和私人生活的其他领域，普遍按性别对群体进行划分，铁路与此不同，引入了新的性别互动模式。大多数铁路线并没有提供性别专用车厢，女性和男性乘客共享同一个公共空
间，在本章中，我将讨论这一安排的文化影响。然而，像沪杭甬铁 134
路这样主要着眼旅游和旅客运输的线路，就对女性乘客的需求特别加以关注。三等车提供了一个单独的车厢，留出了妇女儿童专用的座席，以便利她们的使用。尽管距离短，但火车还是有卧铺车厢，车厢内有双层卧席，女性乘客可以提前预留。很明显，女性旅客在旅客中占了相当数量，因此铁路公司认为这样的灵活安排

① 交通部，《中国铁路统计》，多年。旅客旅行的数据是基于售出的车票，也包括了反复旅行。

在经济上有利可图。①

对于20世纪早期中国的旅客舱室最为详尽的描述，大多来自外国人。尽管他们的结论往往是贬低，但外国人是很敏锐的观察者，因为他们有兴趣将中国铁路的状况与他们祖国的作对比。传教士、商人、外交人员、科学勘探者以及探险家们可能会注意到铁路旅行中在本国乘客们看来已经习以为常的一些方面。当然，他们提供的信息大多数是关于头等车里的旅行，相比之下有关三等车和四等车旅行的一手描述就比较少了。

铁道部发布的年度统计报告中列出的机辆清单表明，在大多数中国政府所有的线路上，头等车旅客都是在独立于其他等级的车厢里旅行。② 从一开始，头等和二等车厢就在外部漆上了鲜艳的色彩，以区别于其他便宜的车厢。照片也显示，许多线路还在车厢一侧涂上大号的罗马数字以标明等级。③ 对头等车内部的描述提到过弹性很好的皮座椅、抛光的柚木板、蕾丝窗帘、软百叶窗、铺了地毯的地板、先进的加热和通风系统，以及为了阻止蚊虫和机车冒出的煤渣的细孔纱窗。④ 有些线路还把厕所预留出来，仅供头等车旅客使用。⑤ 但没提到其他旅客怎么方便。

中国铁路旅行基于票价划分了不同的旅行等级，但没有按种族

---

①《增订十四版西湖游览指南》，1913年，上海：商务印书馆，1922年再版，第129—130页，122页。

② Frank Rhea, comp., *Far Eastern Markets for Railway Materials* (Washington, DC: Government Printing Office, 1919), 79.

③ "The Tramways: Two New Trail Cars," *North-China Herald*, January 7, 1910, 30; "The Shanghai-Nanking Railway: A Trial Trip," *North-China Herald*, June 3, 1910, 549.

④ "Canton: The Canton-Hankou Railway," *North-China Herald*, October 25, 1910, 470.

⑤ "The Tientsin-Pukou Railway," *North-China Herald*, November 30, 1912, 582.

分成中国人专用和外国人专用的等级和车厢。实际上，在中国旅行的英国白人，大多数对英属印度和非洲殖民地的铁路上彼此区隔的座席更为熟悉，他们经常抱怨头等车厢没有专门预留给外国人。①

中国并不是所有线路都有充足的头等车厢来实现车厢的分 135
隔，这让头等、二等甚至三等票的旅客有时被安排在同一节铁路车厢里。1925 年，对法国人运营的滇越铁路状况的一则描述就注意到，头等座旅客仅仅局限在一个小小的包厢里，里面只有两张皮椅，二等座旅客坐在类似的两个包厢里，“沙发稍微没有那么软”，三等座的旅客则坐在同一节车厢内的长椅上，只是用一道弹簧门隔开。列车的二等车厢完全用于四等票旅客，这表明就旅客数量而言四等票是最受欢迎的一类车票。②

三等和四等座的旅行条件很简朴，比起二等座车来，有时甚至可以说是破旧不堪，这些座位通常装的是“耐用的木椅”，而不是有座套的椅子。③ 从 19 世纪 90 年代末到 20 世纪 10 年代初，我们可以发现无数证据表明，旅客们被塞进敞篷货车，既没有椅子，也没有能遮风避雨的东西——旅客们真的就像是货物一样被运走。④ 尽管诉诸这种方式运输部队和难民，是与战时状况联系在一起的，但图 4.1 表明，用敞篷货车是一种很正常的做法，这张照片显示的是 1925 年的京绥线，运输的是带着行李的百姓和个别士兵。

---

① “The Tientsin-Pukou Railway,” *North-China Herald*, November 30, 1912, 582.

② Harry Alverson Franck, *Roving through Southern China* (New York: Century, 1925)(［美］哈利·弗兰克,《百年前的中国:美国作家笔下的南国纪行》,符金宇译,成都:四川人民出版社,2018 年), 411—412.

③ Rhea, *Far Eastern Markets for Railway Materials*, 79.

④ William Barclay Parsons, *An American Engineer in China* (New York: McClure, Phillips, 1900), 277 - 279; Isaac Taylor Headland, *A Tourist's Guide to Peking* (Tientsin: China Times, 1907), 1.

在不同线路上，三四等座在不同时期区别不一样。大多数线路只有三等座。直到 1919 年，铁道部的官方年度报告里都会把四等座标为“苦力座”。① 在民国的大多数时期，只有津浦铁路山东段、胶济铁路以及长江三角洲地区的客运线路会提供四等座服务。② 四等座这一类型每公里花费大约是三等座的一半，这指的不仅是实际席位，也意指旅程的距离。年度统计显示，总的来说，旅程越短，车票的席别就越低。头等座旅客比二等座旅行的距离更长，二等座又比三等座更长。以 1923 年的津浦线为例，头等座旅客的平均旅行距离是 712 公里，二等座是 411 公里，三等座仅有 130 公里（见附件 E）。③

136

图 4.1　在京绥线上的三等车上旅行，约 1925 年。约翰・弗里曼(John Freeman)藏品，中国与菲律宾探险考察照片集，1924—1925 年，第 54 部分，373 号照片，哈佛大学哈佛燕京图书馆。

① 交通部，《中国铁路统计》，多年。

② 交通部，《中国铁路统计》(1924 年)，北京，1925 年。年度统计报表中的机辆清单表明，在一些线路上，三四等座旅客使用的是同一节车厢；而在另一些线路上，两种座席又是分开的。交通部，《中国铁路统计》(1925 年)，北京，1926 年，第 16 页。

③ 交通部，《中国铁路统计》(1923 年)，北京，1924 年。

在这个模式中我们也遇到了一个例外，那就是津浦线。1923年，津浦线四等座旅客旅行的平均距离达334公里，是三等座旅客平均旅行距离的两倍多。这个数字之所以高得异常，原因在于20世纪20年代到30年代早期，大量迁移劳工从山东及华北其他省份前往东北。津浦线上廉价的四等座运输，让满怀期望的移民们能够到达山东半岛，再从烟台或青岛等码头坐船跨越黄海到达辽东半岛。20世纪30年代，移民们到达旅顺和营口等港口城市后，可以通过俄国人控制的中东铁路或者南满铁路进入内地，以寻找工作和生计。①

到1919年，似乎大多数三四等座的旅客都能期望他们的头上有顶棚，座位倒不是必需。② 三四等座即便有座位，通常也就是四条长椅，长度与车厢长度一样，长椅两两相对，而不是像更高等级的车厢服务一样，座椅横向排列，中间有一条走廊。③ 好几位观察者都注意到，这种纵向的座椅安排的主要好处就是能够塞 137
进更多乘客，这是英属印度铁路的一大特点，但欧洲的线路上没有使用这种模式。④ 这样的座椅朝向，尤其是座椅在使用了好几年，被坐在上面的旅客们磨光之后，列车突然加速或者刹车时，旅

① 有关去往东北的移民，参见解学诗、[日]松村高夫编，《满铁与中国劳工》，北京：社会科学文献出版社，2003年；Thomas R. Gottschang and Diana Lary, *Swallows and Settlers: The Great Migration from North China to Manchuria* (Ann Arbor: Center for Chinese Studies, University of Michigan, 2000); Sören Urbansky, *Kolonialer Wettstreit, Russland, China, Japan und die Ostchinesische Eisenbahn* (Frankfurt, Germany: Campus Verlag, 2008)(《殖民竞争：俄国、中国、日本与中东铁路》), chap. 3.

② 交通部，《中国铁路统计》(1919年)，北京，1920年，第15页。

③ Rhea, *Far Eastern Markets for Railway Materials*, 79.

④ Chu-Kê Ling, *China's Railway Rolling Stock: A Study for Postwar Purchases* (Seattle: College of Economics and Business, University of Washington Press, 1946), 43.

客们就会滑到别人身上。这些车厢的窗户通常都没装玻璃,因此就像一位在华南旅行的欧洲旅客所说,乘客们就坐时会把腿吊在窗户外面,在拥挤的火车上尤其如此。①

通常情况下,铁路公司需要花费一些时间才能筹备好完整的客运服务并开始运营。因为铁路建设通常会逾期几个月到几年,轨道一铺下去,线路就开始提供三等座服务,旅客通常会和货物一起运输。《北华捷报》1911 年的一则报道指出,在湖北的一段尚未建成的线路上,“旅客运输是那些还没提供服务的铁道的一个副产品。如果乘客要朝河的方向走,他必须……骑坐在铁矿石顶上,如果要朝内地走,就必须带着自己的货蹲坐在棉花上”。②从铁路公司的角度看,他们不对任何安全问题负责,但开通了一段线路就至少可以保障线路有一定的收入,同时能在当地民众中间提高支持和期望。

津浦铁路则是另一种例子,线路完全开通了,所有的营运才准备就绪。1912 年 12 月的一则新闻报道记录了一位记者的旅行经历,当时这条从天津到上海的线路开通了仅几个月,服务还处于磨合期,比较粗糙,记者对其进行了检测。③ 第一段从天津到济南的旅程花了 12 个小时,坐的是一节合并头等和二等座的旅客车厢。餐食是在附属的一节货车上准备的,而不是一节像样的餐车,旅客们要带上行李,在济南的宾馆里住一夜,因为当时车站没有能确保行李安全过夜的设施。第二天的旅程从济南到徐

① Emily Georgina Kemp, *Chinese Mettle* (London: Hodder and Stoughton, 1921), 37.

② “Railway Eccentricities in Hupeh,” *North-China Herald*, October 21, 1911, 175.

③ “Tientsin-Pukou Railway: Tientsin to Shanghai in 32 Hours: Account of a Journey,” *Peking and Tientsin Times*, December 1912.

州，要再花 12 个小时，记者批评说没有头等座席，车厢拥挤、食物普通、卫生条件平平无奇。在徐州，德国人把线路管理交到了英国人手上，列车加挂了卧铺车和餐车。这样一来，旅客就能带着行李在火车上过夜，但即便如此，作为一项安全措施，火车在夜里也不运行。第三天车再走 9 小时到达浦口，旅客们乘坐铁路公司安排的一艘蒸汽船过长江，到南京之后再坐一趟夜车继续旅程， 138
次日早晨到达上海。①

尽管对于大多数线路，尤其是主要干线而言，来自旅客运输的收入赶不上货运收入，但收入在不同类型旅客之间的分布非常惊人。年度统计显示，迄今为止，三四等票服务对于铁路公司的旅客业务而言是最重要的收入流。② 例如，1915 年，津浦线旅客收入有 76%来自三等座票，12%来自四等座票，只有 8%来自头等座，4%来自二等座。不同等级之间这种收入分布状况持续了一段时间。1923 年，三等座票贡献了津浦线旅客收入的 82%，四等座票为 4%，一二等座分别只有约 7%。③ 即便是到 20 世纪 30 年代，津浦铁路已经发展成了国内主要的南北铁路干线，南京和北平之间开通了每日快车和直通列车，旅客运输的模式也没有发生显著变化。1935 年，88%的旅客收入依然来自三等座票。这样的模式也适用于平汉铁路等其他长距离干线。1932 年以后，除了连接上海与首都南京和西湖之滨的杭州这两条短距离线路，其他线路均不再提供四等座。就那两条线路而言，在长江下游地

---

① "Tientsin-Pukou Railway: Tientsin to Shanghai in 32 Hours: Account of a Journey," *Peking and Tientsin Times*, December 1912.

② 图定列车上，乘客车票按照头等、二等、三等发售，大件行李和个人物品需要购买补充票。

③ 交通部，《中国铁路统计》，多年。

区旅行的区域通勤者们更青睐四等座票(见附录 D)。

1927 年以后,首都从北京迁到了南京,因为政府官员和商人要在这两座枢纽之间来回通勤,头等票的数量增加了。即便如此,无论是在财务上还是在数字上,头等票都无足轻重。统计数字表明,只有头等座的旅客才会从起点站到终点站进行长距离火车旅行,这样的旅行局限于少数一些拥有可支配收入的旅客,一直没能成为中国铁路的主要收入来源。

但普通的中国人能负担得起火车旅行吗? 对 20 世纪 20 年代生活标准和票价指数的对比显示,对于处于不同收入水平的大多数中国人而言,火车旅行仍然是一项巨额开支。1923 年,从北
139 京到上海的一趟 1458 公里的单程旅行需要分成五段,使用三条不同的线路(从北京到天津是京奉线,从天津到济南、济南到徐州、徐州到浦口是津浦线,从南京到上海是沪宁线),头等座总费用是 52.45 元,二等座 33.25 元,三等座 16.75 元。[①] 在北京和上海市区,一个四口或者五口的工人阶级家庭每个月的食品开支大约是 11 元,而对一个家庭来讲,家庭月收入的贫困线则设定在了约 10 元。[②] 在北京,一个小康之家每月的住房、食品和交通支出大约是 80 元,而一名女佣除了包吃包住,每个月还能拿到 3 元的工资。[③] 当然,这些城市的收入水平,并不能反映铁路沿线那些远离政治中心和商业城市的农村地区的价格水平,在那样的地方,食宿都很便宜。

无论如何,这些令人印象深刻的生活标准数字无疑表明,火

---

① 吴相湘、刘绍唐,《鲁案善后月报特刊:铁路》,1923 年;台北:传记文学出版社,1971 年再版。票价是从第 37 页表格计算的。

② 陈明远,《文化人的经济生活》,上海:文汇出版社,2005 年,第 105 页。

③ 同上。

车票并不是一项随意的开支。从北京到上海的一张单程头等票，可以达到一个城市中产阶级家庭正常月开支的约三分之二。坐二等座旅行则达到了家庭月预算的一半，上海一个月收入能达到约 200 元的富裕家庭，其成员要坐头等座旅行并没有什么困难。[①] 对于低收入群体而言，火车旅行则是一笔巨大的开支。例如，在 20 世纪 30 年代早期，从徐州到津浦线上山东临城（今枣庄市）一段相对较短的仅 67 公里的旅程，三等票要 1.3 元。这么看来，一张最便宜的火车票，票价也达到了当时城市劳动者每月现金收入的约三分之一。

总的来说，民国时期，在中国政府所有的线路上的铁路旅行有两个主要特征。第一，旅行的乘客绝大多数都是用最低端的方式，也就是坐三四等座，这为铁路公司创造了大量收入。尽管头等和二等铁路旅行更显眼，也被认为在文化意义上更为重要，但这是有可支配收入的新兴城市中产阶级进行的旅行与休闲消费，三等票的旅客因为流动的规模很大、带来的收入可观，成了铁路最重要的消费者。[②] 旅客市场的第二个重要特征是，大多数旅客使用铁路网络都是进行短距离旅行。这样一来，客运业务强化了 140
货物运输的区域化效果。在民国时期，作为中国铁路公司业务组合的一部分，旅客运输带来了运输基础设施的区域化而不是全国导向。

① 陈明远，《文化人的经济生活》，上海：文汇出版社，2005 年，第 123 页。

② 交通部，《中国铁路统计》，见 1932 年和 1935 年的数字。

铁路时间与纪律

铁路引入了一种新式的时间纪律，这对乘客和雇员的社会习惯都产生了影响。强加西式的时间纪律，是铁路组织运营和管理的必要做法。在民国早期，强加时间纪律演化成了一种被广泛接受的做法，尤其是在城市地区。与铁路在日本等国民族国家形成中所扮演的角色类似，在中国，现代形式的守时与时间纪律，成了由国家期望的教育任务的一部分。[①] 在中国，碎片化的区域网络，以及中央政府缺乏对这个国家广大空间范围的控制，给对那些在中国铁路上旅行和工作的人施加时间标准和纪律带来了新的挑战。

时刻表作为旅客们的一种信息工具，随时间发生着演化。在1910年前后的几年，刊载在城市导览手册或一般性旅行手册上的列车安排，会优先为每个车站标明各种里程和席别的票价信息。[②] 例如，1927年一本关于天津的旅行手册不厌其烦地列出了天津终点站与京奉线和津浦线上各站详细的距离信息（公里数）。关于行李限制的详细说明，则强化了人们的这样一种印象，那就是对于旅客而言，有关从当地车站带着随身行李前往城市的信息，要比有关长距离火车的信息更为重要。[③] 1928年以后关注点发生了变化，当时，津浦线等干线可以开行直通快速列车，从而拓

① Naofumi Nakamura, "Railway Systems and Time Consciousness in Modern Japan," *Japan Review* 14 (2002): 13 - 38; Dallas Finn, *Meiji Revisited: The Sites of Victorian Japan* (New York: Weatherhill, 1995).

②《新天津指南》，1927年；《中国旅行指南》，上海：商务印书馆，1926年。

③《新天津指南》，1927年，第230—235页。

展了连接故都和新首都南京以及商业中心上海之间的业务。1933 年的一份时刻表显示，到达和出发的时刻都改写成了西方的 24 小时格式，还提供了有关特殊服务的信息，诸如快速列车、 141
普通列车或者客货混合列车以及它们的车次。有关票价的信息相对次要，只提供了浦口和北平之间 30 个主要车站的票价。很明显，乘坐这些长距离列车的旅客对于票价没那么敏感，对时间却很敏感，他们想知道精确的旅行时间，以及有关卧铺车和餐车的信息，而不是有关行李限制的信息。①

民国早期的列车时刻表并不包括关于铁路线及车站的空间顺序的信息。1907 年到 1910 年的时刻表是按百科全书的形式排列的，每一页分成上下两个部分，用中文数字从右往左书写。②受过教育的中国人对于这套传统条目格式比较熟悉，地名录和词典上用的也是这种格式，很容易查找数据条目，没怎么受过教育的人以及不能阅读中文的人要阅读就非常困难。最重要的是，这样的记录并没有把信息抽象可视化为线路实际组织和数据组织的一部分。

经过一段时间以后，中国的时刻表变得更为抽象，成了爱德华·塔夫特（Edward Tufte）所说的“视觉化信息”（envisioning information），即根据不同层次信息的相关程度，在它们之间建立起了一种恰当的视觉关系。③ 到 20 世纪 30 年代，时刻表变成了一张很大的单页表格，里面有关时间的信息用了阿拉伯数字，关于地方的信息则用汉字，两者书写顺序正好相反，非常清晰地显

---

①《津浦铁路旅行指南》，1933 年，附件，无页码。

②《北宁铁路指南》，1907 年；《中华国有指南》，1910 年。

③ Edward R. Tufte, *Envisioning Information* (Cheshire, CT: Graphics Press, 1990). 感谢宋怡明（Michael Szonyi）让我注意到这项研究。

示出某个车站与终点站的空间与时间关系。由于这仍然是一种新式的想象和吸收信息的方式，所以还插入了备注和箭头，建议旅客注意这张表的不同读法，以挖掘不同层次的信息。[①] 这样看来，这个抽象的现代铁路时刻表的演化与 1911 年以后在中国引入现代西历存在相似之处，当时有目的地组合运用阳历和阴历，将日历变成了“一系列的层次”。[②]

巨大的钟和钟楼自然成了中国全国火车站时间纪律的新象征。在全球范围内，时间纪律都是铁路文化的普遍特征。[③] 早在 1880 年，有关中国第一条铁路，也就是上海到吴淞铁路的版画
142 中，车站入口上方就有一面西式的钟，出发时间印在建筑上方。[④] 关于出发时间是不是真的这个问题就不那么重要了：计时工具和具体数据强调的时间纪律这种形式的现代性，都是由铁路的技术和服务所引进的。1912 年，由津浦线沿线车站的巡视员所拍摄的照片显示，钟楼通常是建筑工地上第一个完成的主体建筑，通常在车站建筑和站场建成之前就已建好。图 4.2 显示出，济南站还没建成，就出现了一面孤零零的钟，这预示着未来的秩序和现代性都是由铁路服务所强加的，而且钟可能也是一个提示物，持续提醒着建筑工人时间和劳动纪律。[⑤]

---

① Edward R. Tufte, *Envisioning Information*;《中国旅行指南》。

② Harrison, *The Making of the Republican Citizen*, 67.

③ Naofumi Nakamura, “Railway Systems and Time Consciousness in Modern Japan”; Vanessa Ogle, *The Global Transformation of Time, 1870 to 1950* (Cambridge, MA: Harvard University Press, 2005).

④《苏州铁路大轮车公司开往吴淞》，木版画，无时间，约 19 世纪 80 年代，作者收藏。

⑤ Dr. Wendschuh, “Bericht ueber eine Informationsreise entlang der Suedstrecke der Tsientsin-Pukou Bahn, Anfang Oktober 1912”（沿津浦线南段进行的信息之旅的报告）, vol. 14, 1912, BLHBS.

143

图 4.2 1912 年在济南建设有钟的津浦线车站。德国在华铁路建设相关记录，1898—1916 年，哈佛商学院贝克图书馆，第 14 卷，第 32 页，1912 年。

要衡量旅客和雇员把铁路时间纪律内化到了何种程度非常困难。就外部而言，通过钟表和张贴的时刻表公开展示时间纪律令人印象深刻，这样的做法与自从 19 世纪最后十年就开始进行的新工业化和现代化工程正好同时发生，也受其推动：家长式的工厂主在大院上建起钟楼，作为新工业制度的一部分，地方精英所推动的改革举措也推动钟楼在全国范围内成为雄心勃勃的都市现代性的一个符号。① 在中国银行，家长式的高级主管严格管制低级雇员的生活，通过银行公共大院里的生活安排，强加了一

① 见 Elisabeth Köll, *From Cotton Mill to Business Empire* (Cambridge, MA: Harvard University Asia Center, 2003), chap. 5; Kristin Stapleton, *Civilizing Chengdu: Chinese Urban Reform, 1895 - 1937* (Cambridge, MA: Harvard University Asia Center, 2000)（[美]司昆仑，《新政之后》）.

套道德和时间纪律，以及一套僵硬的集体活动安排。① 相比之下，乘客和铁路职员个人是否接受了时间纪律则更加含糊不清。要讨论这个问题，史学家们必须要依靠各种文档，诸如报纸报道、日记以及其他类型的文学创作，这些文档反映了中国精英们对待时间概念的态度，却没有反映普通的短途旅客的态度，而这些人才是旅客当中的绝大多数。

列车守时与遵守实际的时刻表是个重要问题，尤其是在民国早期。诸如《北华捷报》等英文报纸上满是埋怨火车晚点的文章，这令人毫不意外。这些文章的作者主要是西方评论家，在抱怨的时候，他们总是摆出倨傲的姿态，还常常将中国火车的晚点等同于缺乏现代发展。② 报道中最糟的一个例子发生在 1910 年的京汉铁路上，当时线路经理完全不遵守任何形式的时间表，火车随到随发，车站也没假惺惺地贴上时刻表。③ 然而还是有几条铁路线广受西方人赞誉，其中，津浦线就因其守时和乘务人员彬彬有礼而受到称赞。④ 在民国时期，所有报道都认为沪宁铁路是最安全、最守时的铁道。这条线路第一个运用了当时美国和欧洲已经采用的电力调度方法，49 个车站上都装了电话，由在上海运营的

---

① Wen-hsin Yeh, "Corporate Space, Communal Time: Every Day Life in Shanghai's Bank of China," *American Historical Review* 100, no. 1 (February 1995): 97 - 122.

② *North-China Herald*，例见"Soldiers at play," March 30, 1912, 847; "Foreigners Warned," August 2, 1913, 359; "The War in Shantung," October 31, 1914, 331; "Hupeh-Szechuan Railway," January 8, 1916, 70.

③ "The Peking-Hankow Line: The Old Order and the New," *North-China Herald*, March 25, 1910, 697 - 698.

④ "Shanghai-Nanking Railway Sleeping Cars," *North-China Herald*, June 17, 1910, 699.

一个列车调度员控制。①

对于记录他们旅程和旅行经历的作家们而言，精确的出发和
到达时间，甚至于对到发时间做出承诺都前所未有。例如，在王
桐龄等旅客的日记中，就能发现新的时间纪律，王桐龄不仅记下
了他到达和离开某座城市的日期以及这一段漫长旅程中的各个
观光场所，也记下了到站的详细时间。列车遵照执行一个固定的 144
时刻表，这似乎改善了王桐龄的旅行经验，因为他将旅行作为一
种空间与时间体验，把每一步都仔细记录下来。②

这就出现了另一个问题，那就是在腕表和怀表都还不那么普及的时候，除了车站和其他公共场所的钟，旅客们有没有设备来看时间。在城市里，旅客们依赖钟，钟会报告时间信息，知道何时出发去车站。③ 然而，普通旅客从乡下出发，去往位于农村的车站，对于具体的出发时间就只能知道个大概，比如上午或者下午，因为他们没有钟表可以依赖。住在乡下的中国产业工人，到工厂大院的时间往往远早于他们轮班开始的时间，农村旅客也是如此，他们要在火车站待很长时间，等候列车到来。④

对于铁路公司而言，编制时刻表对运营构成了挑战，也带来了问题，那就是铁路时间要适应用于铁路沿线的传统时间概念。津浦铁路的交通管理人员组合编制了一份时刻表，但这份时刻表苦于列车与站台之间缺乏充分协调，结果造成了混乱。例如，某

① P. T. Carey, "Control of Train Traffic by Telephone," *Journal of the Association of Chinese and American Engineers* 4, no. 5 (1920): 1 - 14.

② 王桐龄，《江浙旅行记》，北京：文化学社，1928 年；王桐龄，《陕西旅行记》，北京：文化学社，1928 年。

③ 严昌洪，《西俗东渐记：中国近代社会风俗的演变》，长沙：湖南出版社，1991 年，第 178 页。

④ Köll, *From Cotton Mill to Business Empire*, chap 4.

日有五趟列车同时试图进入仅有三个站台的兖州站。① 另一个因素尽管只是外部因素，也会影响时刻表的管理，那就是大站附近城门的关闭时间。1912 年，从济南到天津最早的头等和二等车服务，被安排在清晨 5 点出发，接近深夜才能到达，那时候城门已经关闭，所以旅客们不得不在位于城墙外铁路新区的车站里过一夜。②

20 世纪头几年，中国铁路管理经验不足、铁路网仍未完善，其标志就是铁路票对时间安排进行实验，并且要适应当地状况。缺乏高效的中央铁路管理机构来协调不同线路时刻表，让它们变得更同步，也缺乏需要不同线路彼此合作来建立起路网的联系，这就意味着在 1928 年以前，各条线路是各自为政制定时刻表。
145 运营问题以及当地的状况，决定了某条线路的安排，而没有考虑全国范围运输网络这个问题，当时这样一张网络还没有建立起来。事实上，即便是在中国引入标准时区之后，华北、华南与华东各种铁路系统的区域自主性也没有改变。

就全世界而言，铁路在引入标准时间概念的过程中起到了工具性作用，美国就是最明显的例子。③ 铁路是一个复杂的机构，需要不同空间的时间实现标准化，才能有效管理服务及运营，并促进与经济的整合。近期的历史学研究强调，尽管新技术将市场力量释放了出来，但政府和其他机构的力量也在引进标准时间以

① Letter from Dorpmüller to Cordes, December 4, 1912, vol. 14, BLHBS.

② 同上。

③ 参见 David S. Landes, *Revolution in Time: Clocks and the Making of the Modern World* (Cambridge, MA: Belknap Press of Harvard University Press, 1983); Ian R. Bartky, *Selling the True Time: Nineteenth-Century Timekeeping in America* (Stanford, CA: Stanford University Press, 2000); Michael O'Malley, *Keeping Watch: A History of American Time* (New York: Viking, 1990).

及将全球分为二十四个时区的问题上扮演了关键性角色。① 例如，在东亚，日本在1895年后对台湾进行殖民统治期间，标准时间被用作一种引入霸权的工具。直到第二次世界大战结束，时区的扩张和收缩都与日本殖民帝国和战争帝国的扩张和收缩一致，还将台湾、朝鲜半岛和南海诸岛等地纳入进来。②

在民国早期，没有一个强有力的中央政府或者某个特定殖民力量强加的治理术，标准时间和时区就没有随着中国铁路的发展而自动进化。新的民国政府最早采取的一系列措施，其中一项就是在1912年废除了阴历，采用西方的阳历，以便推动国际贸易、增强与外国的关系。与新日历和每周六个工作日一道，钟表时间这个概念（并没有指明精确的标准化运营时间）也被引入了城乡学校。尽管许多学校并没有急于拿到座钟，但在1917年，负责监管小学的普通教育司还是通报了那些缺乏计时设备的学校。③

尽管早在清朝末年，中国沿海的通商口岸就已经出现了关于标准时区的讨论，但在1918年以前都没正式实施。1918年，负责编制官方全国日历的中央观象台计划将民国分为五个标准时区：中原时区作为华中和沿海地区的标准时；陇蜀时间作为中西

---

① Ian R. Bartky, *One Time Fits All: The Campaigns for Global Uniformity* (Stanford, CA: Stanford University Press, 2007).

② 参见 Hui-yu Caroline Ts'ai, *Taiwan in Japan's Empire Building: An Institutional Approach to Colonial Engineering* (London: Routledge, 2009), 98。关于标准时间作为一种纪律工具，蔡慧玉引用了吕绍理，《水螺响起——日治时期台湾社会的生活作息》，台北：远流出版社，1998年。有关印度和中东的铁路，参见 Ritika Prasad, "Tracking Modernity: The Experience of Railways in Colonial India, 1853-1947" (PhD diss., University of California, Los Angeles, 2009); Ogle, *The Global Transformation of Time, 1870 to 1950*.

③ Elizabeth R. VanderVen, *A School in Every Village: Educational Reform in a Northeast China County, 1904-31* (Vancouver: University of British Columbia Press, 2012), 142.

部的标准时,包括甘肃和四川省;回藏时间作为新疆和西藏的标
146 准时;昆仑时间作为西部边境山区的标准时;长白时间作为东北的标准时。[①] 中原标准时区比格林尼治标准时间早 8 小时,包括了从北部边疆的蒙古到南方的珠江三角洲和海南岛在内的 14 个省。这个方案随着 1919 年版《民国时宪书》的发行而被官方确立下来,但接受这种新时间制度的过程很慢,尤其是当时广播交流还没有普及。[②] 如果我们认识到各行各业的人们对引入阳历的反馈不太热心,政府也没法清除阴历,那么标准时间这个问题对于民国的国民而言就更加没有迫切性。1927 年后,掌权的国民党延续了这种时区政策,作为其在整个社会与文化中传播科学实践的普遍努力的一部分,国民党还宣布将新首都南京作为东经 120 度所在的中央标准时间的参考。

中原标准时区覆盖的领土很大,包括了中国人口最多、商业最发达的区域,这解释了为什么在民国时期时区对于铁路并不是什么问题。从铁路出现到日本入侵前夕铁路网扩展达到最大规模,所有线路都在中原时区范围内,使用中央标准时间。在 20 世纪 50 年代以前,新的铁路线都没有延伸到中西部和西南部的省份。尽管中原时区只是中国的五个时区之一,但因为其经济和政治力量与中华民国的主体相互重叠,所以实际上发挥了全国时区的功能。运输和交通网络,例如船运、铁路、电报、邮政服务等,都在这个时区的边界之内运营,通过它们的运营以及邮局、火车站、办公处、码头和海关等机构的存在,标准时区的概念得以强化。然而,在 1949 年中华人民共和国在全国范围内基于所谓的北京

① 郭庆生,《中国标准时制考》,《中国科技史料》第 22 卷第 3 期,2001 年,第 271 页。
② 同上,第 273 页。

标准时间建立起一个单一的时区（见第七章）之前，地方时间制度仍然在中原时区之外继续存在。①

时间纪律改变了旅客们的期望以及他们在火车站的行为，因为在铁路旅行中，既有的等级制瓦解了，非传统的等级被创造出来，尽管如此，还有一些其他类型的纪律也变得有必要了。其中
一项纪律是男性和女性乘客在车厢里自由混合在一起。尤其是 147
三等和四等车厢并没有单独为女性乘客预留的车厢。② 较为保守的中国人会认为这样的做法不合适，这就导致津浦线这样的铁路公司引入了恰当的性别行为规则。③

一段时间之后，本来只应用于铁路的纪律问题开始通过课本和报纸讨论进入了公共领域，尤其是在 1927 年以后，守时和守秩序的美德成为由国民党中央政府所推动的议程的重要部分（见第五章）。1932 年出版的一年级小学课本里有几节课，用插图讲解钟表的用法以及个人进行时间管理的好处。书中甚至有单独的一节课是关于如何在火车站表现得体。④ 课本告诫学生，火车按照"一定时间"到达和出发，"一点都不会晚点"。文字和图片突显旅客们在售票窗口和车站站台入口处有序排队。还有"晚到的人排在先到的人后面"、"按一定的顺子进入站台"等教导，而插队被视为火车站最难解决的公共秩序问题之一——无论是在民国时期，还是在当代中国，皆是如此。⑤ 尽管文字解释了列车的实体构成，但其主要目的还是要展示上车和下车过程中不同的旅客流

---

① 郭庆生，《中国标准时制考》，《中国科技史料》第 22 卷第 3 期，2001 年，第 273 页。

② 李占才，《铁路与中国近代的民俗嬗变》，《史学月刊》1996 年第 1 期，第 57 页。

③《津浦铁路旅行指南》，1921 年。

④ 叶圣陶等，《开明国语课本》（全二卷），1932 年；上海：上海科学技术文献出版社，2005 年再版，第 1 卷，第 103—105 页，第 189—190 页。

⑤ 同上，第 189 页。

与行李流，以及守秩序的行为是如何能让个人轻易融入这个过程。①

中国铁路作为一个机构，对中国社会的发展产生了关键性影响，铁路推广及强加的文化将普通民众转变成了乘客，对于火车对他们的特定期望，他们既有权利也有义务。铁路将与铁路相关的时间以及身体纪律，融合进社会工程的其他西方“文明化”领域，这些社会工程着眼于更大的概念，诸如礼貌，以及在公共空间里有卫生意识等。这极大地推动了民国的演进，也与国家的社会议程一致。铁路给社会和文化带来的转型，得到了印刷出版物的帮助，从 1910 年起，印刷出版物爆炸性涌现并且范围广泛，让信息和教育的传播以及旅客的娱乐得以实现，这些出版物也服务于
148 广告和营销的目的。结果，中国铁路公司转变成了明显以顾客为导向的商业机构，旅客们则成了旅行的消费者。

连接：旅行服务

铁路的货运运输通过物流公司的形式实现了前向联系，投射到旅客运输领域，前向联系则是以旅游业务的形式实现的。在中国，铁路是现代旅游业的催化剂，它既是一种运输工具，又提供了从旅行指南到酒店等与旅游相关的各种服务。尽管我们通常认为铁路旅游出现在 20 世纪 10 年代，但其在规模和范围上真正起飞，则要到主要铁路通道已经建成并且路网不再受内战干扰之时。从 1927 到 1937 年的南京十年，既有线路网的沿线，军事上相对和平，拥有可支配收入的城市人口也在增长，还出现了一种

① 叶圣陶等，《开明国语课本》（全二卷），第 103—105 页。

独特的印刷文化，将旅游宣传为一种人们梦寐以求的活动。中国铁路，尤其是穿越东部通道上的文化目的地与风景区的铁路，不仅要接待乘客，也要接待越来越多的游客。

在中国社会，旅游当然不是一种新的现象。在好几百年时间里，中国人都在前往国内各个具有宗教、文化和历史意义的地方旅行，他们也在诗歌、日记和文学作品里记录下了他们的经历。在古代，商人们进行长距离贸易，官员们的职责也包括在帝国的各处领土上巡行。当时，旅行中的风险很高，也很不便利，人们为了降低危险，会翻皇历找一个出行的黄道吉日，还会向路神进献贡品。不过，早在 4 世纪，文学作品中就已经出现了对旅游和观光的正面评价。①

宗教朝圣向普通人，特别是妇女，提供了一个宝贵的机会，让她们能够离开自己的家庭和社区的限制，尤其是逃出男人的监视，到外面去旅行。② 早在宋朝，就出现了和朝圣相关的旅行团、
商业旅行安排以及导游服务。③ 1877 年，存在时间不长的吴淞铁 149
路还在运营，《北华捷报》报道说，从附近的村庄和上海来的人群，

---

① Michael Nylan, "Highway Networks in China's Classical Era," in *Highways, Byways and Road Systems in the Pre-modern World*, ed. Susan El. Alcock, John Bodel and Richard J. A. Talbert (Chichester, UK: Wiley Blackwell, 2012), 33 - 65, esp. 48 - 49.

② 例见 Richard E. Strassberg, trans., *Inscribed Landscapes: Travel Writing from Imperial China* (Berkeley: University of California Press, 1994); Susan Naquin, *Peking: Temples and City Life, 1400 - 1900* (Berkeley: University of California Press, 2000)。

③ J. M. Hargett, *On the Road in Twelfth-Century China: The Travel Diaries of Fan Chengda (1126 - 93)* (Wiesbaden, Germany: Franz Steiner Verlag, 1989).

乘坐火车前往上海附近的刘王庙参加宗教节日。① 在帝制晚期的中国，越来越市场化的经济与中心都市欣欣向荣的印刷文化结合在一起，造就了商业化城市导览手册的发行。这些手册为游客们提供了有关首都和重要城市的信息，内容包括从观光到购物，从食品到饭馆与妓院里的娱乐。②

在民国早期，当第一批铁路，尤其是主要的干线铁路开始提供旅客运输时，旅客们并不是为了休闲而旅行，而是有与工作、教育或者家事相关的任务。旅客们开始乘火车离开家乡所在的地区和省份，到外地从事商务活动，进入更高等的新机构学习，或者从事与国家的新管理机构和制度改革相关的工作。当然，铁路旅行也方便了人们返乡参加婚礼或者葬礼。人们认为铁路这种运输方式既安全，又符合他们的身份，因此，铁路开始提供旅客服务后，即便是显要的人物也会坐火车旅行。例如，1908 年，十三世达赖在参访山西省五台山一座著名的藏传佛教寺庙后，接受朝廷发出的邀请，去觐见皇帝和皇太后。他从河南出发，乘火车沿陇海铁路进京，于 9 月 28 日抵达。③ 1927 年后，国民党政府将中国的首都从北京迁到了南京，京沪铁路走廊成了政府官员、商人和

① Xi He and David Faure, *The Fisher Folk of Late Imperial and Modern China: An Historical Anthropology of Boat-and-Shed Living* (London: Routledge, 2016)（贺喜、科大卫主编，《浮生：水上人的历史人类学研究》，上海：中西书局，2021 年）. 关于这场庙会、其参与者，以及铁路在其中所发挥作用的详细描写，参见 *North-China Herald*, May 19, 1877, 183 - 185，附录 1。

② Naquin, *Peking*; Timothy Brook, *The Confusions of Pleasure: Commerce and Culture in Ming China* (Berkeley: University of California Press, 1999)（[加]卜正民，《纵乐的困惑：明代的商业与文化》，方骏、王秀丽、罗天佑译，桂林：广西师范大学出版社，2016 年）。

③ Eric Teichman, *Travels of a Consular Officer in Eastern Tibet: Together with a History of the Relations between China, Tibet and India* (Cambridge: Cambridge University Press, 1922), 13.

专业人士们在新旧政治权力中心之间通勤的主要方式。蓝色快线是天津和浦口之间的一趟直达快车，就服务于这个富裕的新旅客群体。①

男女学生也乘坐火车去往位于城市里的新高等教育机构、中国的学院和大学，以及中学和技术学院。而且绝对不要低估铁路旅行这种被认为相对安全的选项对于改善女性获得教育的渠道所起到的巨大作用。大学甚至还会和铁路线合作，为学生旅行安排票价折扣。例如，1926 年，济南大学的校长就恳请胶济铁路局 150
为该校暑假期间乘火车回家的学生提供票价优惠。②

从 20 世纪 10 年代末到整个 20 年代，铁路开始越来越多地探索与游客运输和向游客们提供服务有关的商业机会。对于铁路公司而言，用他们掌握的物流信息为游客们设计旅行计划、组织目的地假期是一种挑战，而且并没有立刻就变成一种受欢迎的商业模式。个别铁路公司做了一些推销休闲旅行的工作，例如 1919 年，沪宁和沪杭甬线推动了前往浙江省莫干山的旅行，公司建起了一座宾馆，并且出售旅行通票，可以用于坐火车，也可以走水路——中国第一家服务于中国游客的旅行社源自金融部门，而不是铁路部门。在 19、20 世纪之交，托马斯·库克（Thomas Cook）、美国运通（American Express）、万国卧车公司(Compagnie Internationales des Wagons-lits)和其他西方企业在一些较大的通商口岸建起旅行社，但这些机构很少把中国人当作潜在顾客。1923 年，富有开拓精神的银行家陈光甫建立了一家

① 《津浦铁路旅行指南》，1933 年；《津浦餐车、小赢、食堂、宾馆营业报告及今后计划意见书》，无出版社，1936 年。

② 胶济铁路管理局，学生旅行证，1926 年，编号 J 110－01－315，山东档案馆；亦见胶济铁路管理局，致国立青岛大学函，1932 年，编号 J 110－01－413，山东档案馆。

小型旅行社，隶属于他的上海商业储蓄银行，他将其命名为中国旅行社。这家旅行社开业的前十年几乎一直处于休业状态，但陈光甫将其视为其银行提高关注度的一种方式，当时这家银行在与中国通商口岸各大国际金融机构的竞争中不断挣扎。在军阀时期，中国旅行社遭遇了挫折，但到 1937 年中日战争爆发，中国旅行社已经成功在全国范围内建起 60 家分支机构、旅馆以及其他设施。①

就前向联系而言，为了满足中国新兴的旅游业对住宿的需求，旅馆业就必须发展起来。与旅行社的起源类似，外国人创办旅馆要远远早于中国人。从 19 世纪中叶起，就出现了少数一些基础设施，以满足中国的入境游客，也就是外国旅客对酒店的需求。然而，到 20 世纪 20 年代，这些酒店、旅馆和餐馆并没有扩展到过去的殖民半殖民空间之外：这个行业主要由外国人控制，顾客也主要是外国人。② 中国的第一家西式酒店是礼查饭店(Richards' Hotel and Restaurant)，这家酒店是 1846 年由一位在上海弃船的商人创办的。不久之后，这家酒店的英文名就改成
151 了阿斯托酒店(Astor House Hotel)。1910 年以后，这家酒店扩

① Yajun Mo, "Itineraries for a Republic: Tourism and Travel Culture in Modern China, 1866 - 1954" (PhD diss., University of California at Santa Cruz, 2011), 178 - 185；邢建榕、李培德编，《陈光甫日记》，上海：上海书店出版社，2002 年；Linsun Cheng, *Banking in Modern China: Entrepreneurs, Professional Managers and the Development of Chinese Banks, 1897 - 1937* (Cambridge: Cambridge University Press, 2003)(［美］程麟荪，《近代中国的银行业》，徐昂、袁煦筠译，北京：社会科学文献出版社，2021 年)。

② Hanqin Qiu Zhang, Ray Pine, and Terry Lam, eds., *Tourism and Hotel Development in China: From Political to Economic Success* (Binghamton: NY: Haworth Press, 2005), 14.

建到拥有350个房间，还有人估计，“全上海的生意都是在这里做的”。[①] 与此同时，在几乎所有的通商口岸与主要城市里，都有了欧式酒店。1924年，日本铁道省（Japanese Government Railway）的《中国导览》修订版是当时最完整的英文旅行指南，书中列出了全中国超过50家欧式住宿设施，从最简朴的、每晚只需2元的杭州基督教青年会（YMCA）招待所，到每晚25元的上海礼查饭店的顶级套间。上海有多达800间欧式房间，不过其中有许多是按月租给租户而不是游客。导览还列出了数量相当的日式旅馆，集中在南满铁路沿线和天津及青岛等北方城市，汉口和广州也有。日式旅馆每晚平均3到6元，相比之下，欧式旅馆需要6到10元。按照导览的说法，“较好的”中国旅馆每晚平均价格为0.5到1元。[②]

中国的现代酒店业兴起得很缓慢，一定程度上是因为在主要的城市以外，一般只有那些没有其他住处的人会光顾当地客栈住宿。1924年，日本铁道省的导览建议读者不要选择在那些不是专门服务外国顾客的客栈里住宿。“上层阶级的中国人……在内地旅行时，会带着他们的寝具、脸盆以及其他日常所需的东西，还有好几个仆人陪着；他们会试着在官方驿站或者朋友的家中找住处。”[③]例如，对于厦门和福州等南部沿海城市，导览说中国客栈数量很多，但实际上大多数都是移民机构的一部分，主要从事的工作是招揽契约劳工，并把他们运到英属西印度群岛或者其他同

---

① Carl Crow, *The Travelers' Handbook for China* (New York: Dodd, Mead, 1913), 158; "Astor House Hotel Co. Ltd.," *North-China Herald*, October 3, 1914.

② Japanese Government Railways, *Guide to China* (Tokyo: Imperial Japanese Government Railways, 1924).

③ 同上，第271页。

样遥远的殖民地劳动力市场。①

在铁路运营的早期阶段，中国新开通的线路沿线没有合适的酒店住宿，这成了一个非常严重的问题，铁路公司只能独出心裁以寻找解决办法。例如，尽管江苏省北部的徐州是一个主要枢纽，也是府城，但在1913年时，城里没有合适的酒店供津浦线的乘客住宿。因此，津浦线的管理机构在徐州站放了一节带家具的
152 卧铺车，供头等和二等乘客在夜间休息——这是一项重要的服务，还在出版物上到处打广告。② 头等和二等旅客还有专门的餐车提供饮食服务，等级较低车厢里的旅客则要靠火车停靠时站台上的小贩卖的食物（见图4.3和图4.4）。

153

图4.3 平汉线沿线车站的食品小贩和旅客，20世纪30年代早期。小克劳德·L.皮肯斯（Claude L. Pickens Jr.）摄，哈佛大学哈佛燕京图书馆。

---

① Japanese Government Railways, *Guide to China*.

② Carl Crow, *The Travelers' Handbook for China*, 208 - 209.

图 4.4　南口铁道酒店的广告，1917 年。北京和陆上线路（*Peking and the Overland Route*，London：Thomas Cook & Son，1917），广告部分，第 xi 页，哈佛大学怀德纳图书馆。

与第一家旅行社类似，中国人自营酒店的快速发展始于 20 世纪 20 年代中期。① 需要指出，大型的酒店设施不是由中国的私人投资者所创建并资助的，而是一种由铁路公司管理层中的领导人同意承担的政府举措。线路负责人如果还在交通部兼任职位，那么对于推动酒店这种形式的前向联系就会特别有帮助。例如，1920 年，时任交通部次长兼津浦铁路管理局局长徐世章推动了这样一个想法，即在靠近曲阜和泰安的地方建设两座酒店，作为专门的游客住处。根据一则新闻报道，铁路管理机构也考虑“在酒店附设一座家禽和奶制品农场，以便确保能供应适合的食

① Mo, “Itineraries for a Republic,” 177.

物和牛奶”。[1]

1921 年，交通部宣布了一项计划，要建设 21 座现代铁路酒店，商业模型类似日本在南满铁路沿线运营的和风旅馆。所有的主要干线都可以从这项计划中受益，包括京汉线、津浦线和沪宁线。[2] 然而，内战时期的动乱延缓了这项扩张酒店业务的计划，有时甚至出现倒退：1924 年，塘沽有三家酒店；到 1928 年，它们都停业了。[3]

154 对于中国顾客而言，在民国早期，尽管酒店住宿和旅行社并没有完全就位，但中国的铁路公司开始推广休闲旅行并为其打广告，与旅行相关的休闲活动成了这些公司商业运营的重要组成部分。到 1922 年，团队旅行这个概念已经成了一项单独的业务范畴，每种等级的列车接受旅客的数量以及预定整节火车车厢，都有了特定的运营要求。[4]

铁路旅行指南的出版是营销以游客为导向的火车旅行的另一种方式。在整个民国时期，不同的铁路会依据线路邻近的著名城市或者文化景点，出版多个版本的详细导览手册。这些导览手册是以大家熟悉的传统地方志为范本，将铁路线路呈现为一种线

---

① “Two Railway Hotels Planned for Chufu,” *Journal of the Association of Chinese and American Engineers* 1, no. 3 (November 1920): 46. 关于作为观光地的泰安，亦见 Paul Hutchinson, ed. *A Guide to Important Mission Stations in Eastern China* (*Lying Along the Main Routes of Travel*) (Shanghai: Mission Book, 1920), 49 - 57.

② “New Hotels on Chinese Railways,” *North-China Herald*, May 21, 1921, 512.

③ 参见 *Guide to China* (Tokyo: Imperial Japanese Government Railways, 1924)，以及“The Awful Journey to Tientsin,” *North-China Herald*, August 25, 1928, 442.

④ 广九铁路管理局，《广九铁路旅行指南》，广州，1922 年。

性的时空文化体验。[1] 但过了一段时间，线路导览手册的出版越来越以与旅行相关的消费为导向，包括住宿服务、旅行装备和地方特产等。作为一种策略性的营销工具，这些导览手册既披露了乘客的信息——这是它们的目标读者，也反映了沿线中心站点城市经济与旅游业的融合。[2]

铁路导览也提供了一种绝佳的媒介，能够教育乘客如何根据各条铁路线的具体运营方式适当地运用火车、票价和货运规章以及行为准则等，因此这些导览手册主要由各线路管理局内部出版。例如，1922 年版的《广九铁路旅行指南》就提供了有关短途车、慢车、直通车等到达和出发时间的详细信息，后续还有超过 100 条的客货规章。[3] 大量规章涵盖了如何在车站购票，如何在列车上使用车票等。乘客们会收到提醒，大站会在开车前五分钟的第一次铃响之后停止售票，而小站则会继续售票，直到列车抵达站台。规章还巨细靡遗地解释了对那些送站人购买的站台票以及对列车上的坐票的控制。例如，广九铁路用了一套分色系统来给不同等级的列车编码：红色是头等，白色是二等，蓝色是三
等，而黄色、绿色和棕色则用于跨线的直通车。4 岁以下的儿童 155
可以免票，5 到 12 岁的可以买半票，这意味着全家旅行已经成为旅客旅行很正常的一部分。其他规章反复提及个人安全问题，例如禁止携带易燃物上车。罹患传染病或者精神病的人在上车前

① 有关帝制时代中国旅行者们何如使用地方志，参见 Joseph Dennis, *Writing, Publishing, and Reading Local Gazetteers in Imperial China, 1100 - 1700* (Cambridge, MA: Harvard University Asia Center, 2015), 300 - 309.

②《陇秦豫海铁路旅行指南》，1918 年；《道清铁路旅行指南》，1918 年；《津浦铁路旅行指南》，1921 年；《沪宁沪杭甬铁路第三期旅行指南》，1922 年；《九龙铁路旅行指南》，1922 年。

③ 广九铁路管理局，《广九铁路旅行指南》，1922 年。

需要得到运营办公室负责人的特殊许可,但在现实中这是否能做到则令人怀疑。①

对于什么东西算作行李、什么算作货物,不同线路存在模糊空间,对于铁路公司而言这是一个主要问题。有关行李限额的详尽规定,不仅表明了一种意愿,可能也的确有必要对允许人们(或者可能是人们试图)带上车的东西进行限制。重的物品,比如椅子、桌子、床具、自行车、摩托车、三轮车,以及任何超过 150 千克的东西都会被分类为"非行李",需要付特殊的额外运输费用。同样,对活鸡、活鸭等的额外收费列在了乘客部分,它们需要用合适的笼子关起来或者拴住。②

作为组织控制和纪律的例子,这样复杂的规章对铁路来说并不特殊,因为铁路是以服务为导向的机构,有着多层次的复杂运营管理。更重要的是,它们揭示出在中国铁路的旅客业务中存在一个空白,那就是关于保险和责任的法律不太可靠。为了避免对乘客以及他们随行行李和货物安全负任何责任,铁路公司走到了极端。当时,中国铁路公司没有投保,所以他们只对单独预先注册并投保的个人行李的遗失和损坏提供赔偿,赔偿限额为 200 元。③ 此外,被列为"贵重物品"的东西,包括硬通货和纸币、珠宝、手表、药品、科学仪器、艺术品等,自动被排除出了铁路要为遗失负责任的清单。④ 在中国,还不存在通过旅行保险或者意外保险对个人提供保障的概念,甚至在 20 世纪 30 年代以前,中国人

① 广九铁路管理局,《广九铁路旅行指南》,第 14—19 页。

② 同上。

③ 同上,第 20—23 页,第 25 页,第 31—32 页,第 47—48 页。

④ 同上,第 56—57 页。

还完全不熟悉人寿保单的操作。①

铁路旅行纪实与虚构 156

"快、安全、不贵"——1928 年，致力于主要干线和旅游线路沿线旅客运输的铁路公司，会用这些特点来推销他们的服务。②在报纸、杂志和专业期刊上发表有关铁路旅行服务和顾客体验的文章，是公司们所作出的一项关键性努力，意在增加国内旅客运输量，让城市里受过教育的中产阶级成为新的客户群。在民国时期，面向大众消费和精英的印刷文化，以及文学生产的繁荣，助推并放大了这些努力。在最极端的案例中，以旅客为导向的线路，如沪杭铁路等，积极寻求与当时著名的作家合作，来编写铁路旅行导览。例如，1933 年，浙江杭州到邻省江西的玉山这一段的火车部门负责人，邀请了著名作家郁达夫(1896—1945)搭乘火车旅行，并为线路写了一则贝德克尔(Baedeker)风格的旅行导览。③

20 世纪 20 年代到 30 年代，以旅游日记或者报告、短篇小说以及诗歌等形式出版的旅行文学，展现了一种从外部旅行观察到个体旅行体验及阐释的转变。例如，出版于 1921 年的《新游记汇刊》，内容包括对某些省份、著名文化遗迹和风景区的详细旅行见闻录。④ 每位作者以散文体裁写一个条目，其叙事将旅行评论成

---

① David Faure and Elisabeth Köll, "China: The Indigenisation of Insurance," in *World Insurance: The Evolution of a Global Risk Network*, ed. Peter Borscheid and Niels Viggo Haueter (Oxford: Oxford University Press, 2012), chap. 20.

②《旅行杂志》中的广告，1928 年 9 月，无页码。

③ 郁达夫，《杭江小历纪程》，《达夫游记》，上海：文学创造出版社，1936 年；天津：百花文艺出版社，2004 年图文翻印版，第 1—30 页。

④《新游记汇刊》，1924 年(1921 年)。

一种文化和个人的混合体验。这种出版物没有任何形式的商业广告，但里面有火车、车厢等的图片作为装饰图案。

中国铁路导览记录了每一座铁路小站或者车站，并且罗列了该地的历史、文化、商业意义等特征。到 20 世纪 10 年代末，铁路导览手册逐渐用重要观光点的黑白照片替代了这种描述性条目。① 按照这样的描述性方式，旅客们所体验到的铁路线就是一条运输通道，将周围地景里重要的文化地标连接起来。与此同时，旅行导览的格式也和地方志的结构类似，用了中国对地方历史的标准书写方式加以记录，受过教育的旅行者对此可能会非常熟悉。图 4.5 是从 1921 年津浦线铁路导览中截取的，就是这种

157

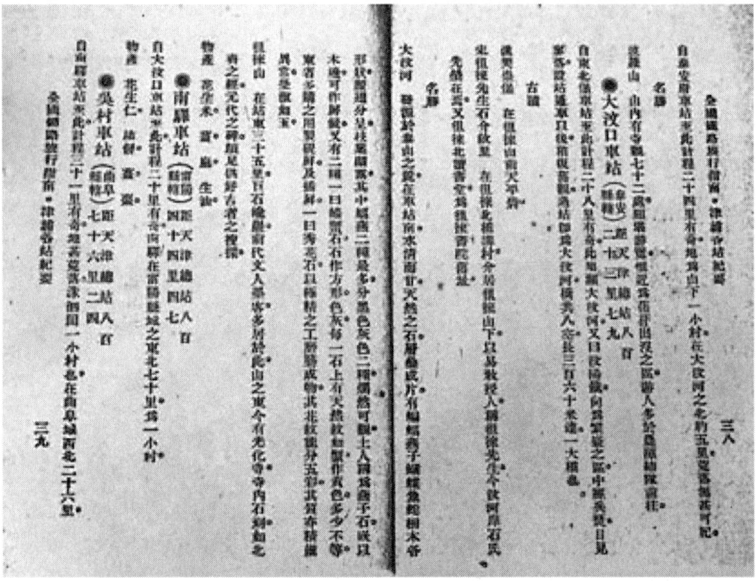
全國鐵路旅行指南・津浦各站紀要

三八

大汶口車站

三九

南驛車站

吳村車站

全國鐵路旅行指南・津浦各站紀要

图 4.5 《全国铁路旅行指南》中对津浦线各车站的描写，1921 年。广益书局编辑，《全国铁路旅行指南》，上海：广益书局，1921 年，第 60—61 页。上海图书馆。

① 《沪宁沪杭甬铁路旅行指南》，无出版社，1919 年；陇海铁路总公司，《陇秦豫海铁路旅行指南》，无出版社，1918 年；《道清铁路旅行指南》，1918 年。

地方志格式的例子。从右往左读，黑色圆圈标出了火车站，插入县的名称以及距列车始发站天津的距离。指南根据某个地方的规模和重要性，划分出一般信息、古迹、名胜、物产等类别。一开始可能会觉得物产这个类别有点奇怪，据我推测，之所以加上这个类别，是因为在火车站的站台上会有小贩兜售特产，尤其是某地或者某区域的美食。①

与同一时期为日本读者出版的日本铁路旅行指南相比，中国的铁路旅行指南少了一个交互式的组成部分，那就是形象化的地图，它们可以为铁路旅行视觉部分添加一种空间体验。② 就空间再现与火车旅行体验而言，中国与日本的地图和旅行导览之间的 158
差异非常显著。在 20 世纪 20 年代早期，日本铁道省在日本出版的火车指南中组织的信息令人格外印象深刻，因为里面提供了无数铁路线的等比例图或者鸟瞰图，让乘客们不仅可以沿着线路定位，从而确定自己与终点站的相对位置，也可以确定自己在整个国家所处的位置。③ 它们看起来就像交互式地图，在视觉上和实质上都把读者画到了地图上。

当然，日本有一套更好的铁路地图。这不仅是因为铁路技术早在 19 世纪末期就已经在日本出现，还因为对五街道路网的详细记录曾是德川幕府（1600—1868）统治下的一种战略考量。有了这样的驱动力，幕府在 1806 年委托绘制了一套 91 卷的成比例线性地图集，内容包含路网、单独大路及其沿线的检查站、宗教场

---

① 广益书局编辑，《全国铁路旅行指南》，上海：广益书局，1921 年，第 60—61 页。

② 鐵道省，《鐵道旅行案内》，东京：大正十年（1922 年）。

③ 同上。

所以及邮政所的人口数量等。[①] 1900 年以前，中国的旅行者无疑也能利用地方志、当地地图、指南以及旅行描写等印刷资料来获得地理信息，这些资料着重强调用文字来表达和描述空间体验。[②] 在民国时期，这种文字形式仍然影响着铁路指南的设计：这些出版物地图较少，它们将读者摆在车厢内作为观众，而不是主动引导他们体验窗外的地景与著名景点。[③] 此外，铁路线导览手册并没有包含任何个人的旅行体验，来把铁路旅行呈现为体验中国这个国家的一种隐喻。

毫不奇怪，在 1927 年蒋介石领导的南京政府集中政治控制后，出版的旅行手册进一步将地图整合进来。因为国民党政府强调民国的国家统一和文化力量，中国铁路不仅成为新改组的科层机构的核心部分，也是一种实体象征，把各地方和区域与党国所设想的一个国家实体联系在一起。让国家地景上不同的各个区域更靠近行政管理中心和政治权力，这当然很符合国民党政府的
159 利益。为整个国家制作非常全面的铁路地图和导览手册，在 20 世纪 30 年代就自然而然地成了这个政府努力进行的国家建设的一部分，推而广之，也是中央铁路管理机构角色的一部分。[④]

由于铁路对大众而言越来越象征着空间和政治上的聚合，基于一节车厢或者一个包厢中的其他旅客而发展出的新的社会动

---

① Constantine N. Vaporis, "The Gokaido Highway in Early Modern Japan," in Alcock, Bodel, and Talbert, *Highways, Byways and Road Systems in the Pre-Modern World*, 95 - 105.

② Strassberg, *Inscribed Landscape*；亦见 Emma Jinhua Teng, *Taiwan's Imagined Geography: Chinese Colonial Travel Writing and Pictures, 1683 - 1895* (Cambridge, MA: Harvard University Asia Center, 2004).

③《津浦铁路旅行指南》，1933 年；《粤汉铁路旬刊》，1932 和 1933 年。

④ 铁道部联运处，《中华民国全国铁路旅行指南》，南京（可能）：铁道部联运处，1934 年。

力，成为影响民国时期文学生产的一个重要主题。课本以最基本的形式在教育儿童有关火车上的社会化内容方面扮演了一种关键性角色。例如，1932 年出版的课本旨在用简洁的标题，以及著名画家和作家丰子恺画的插图，把儿童转变成公共空间里负责任的公民。① 文字和插图邀请孩子们组队来“坐火车”，模仿火车的运动和声音。孩子们阅读有关如何得体举止的建议，课本还鼓励他们不仅要做更守秩序的公民，也要在公共的大众运输环境中成为更好的团队合作者。②

在 20 世纪二三十年代的虚构文学领域，中国铁路包厢成了一个新的关注点，也是一张新的画布，用来描绘情绪化的个人邂逅，或者透过火车的车窗反映外部世界。因为“包厢中的戏剧”，火车旅行为个体旅行者及他们的体验创造了一种空间情节。“包厢中的戏剧”是文化史家沃尔夫冈·希弗尔布施（Wolfgang Schivelbusch）发明的一个短语③，在他对西方火车旅行体验的阐释中，一个重要的转变就是从传统马车的公共座位安排，到坐在隔开的包厢里，包厢由像狱警一样维持着规则和秩序的列车员控制。④ 火车旅行是个人对时间和空间的一种新体验，人们可以沉浸在一群随机组合起来的陌生人中间，这也影响到了丰子恺这样的中国作家。早在 1935 年，他就写了一篇题为“车厢社会”的文章，文中讨论了他个人的旅行体验以及对在火车旅行过程中上演

① 叶圣陶编，丰子恺绘图，《开明国语课本》（全二卷），1932 年；上海：上海科学技术文献出版社，2005 年再版。

② 同上，第 1 卷，78 页。

③ Wolfgang Schivelbusch, *The Railway Journey: Trains and Travel in the 19th Century*, trans. Anselm Hollo (New York: Urizen Books, 1979)（[德]沃尔夫冈·希弗尔布施，《铁道之旅：19 世纪空间与时间的工业化》），84.

④ 同上。

的人类戏剧的观察。①

在孤立的包厢里，陌生人之间的交流需要一种新型的社会行为，也需要对中国火车旅客有一种制度化的控制，尤其是对于男女乘客之间的互动。不同性别在一列公共列车上隔绝的空间中
160 自愿与非自愿互动这个主题，也出现在著名的大众小说中，比如张恨水出版于1935年的《平沪通车》。小说的故事围绕着一对陌生男女之间兴奋而冒险的关系展开，他们来自不同的社会阶层，坐在不同等级的列车里，花了三天时间，一道坐火车从天津到上海。② 这样超乎特定性别行为感知规范的邂逅，滋养着许多作家的想象力，孙伏园的旅行散文《津浦车上的女人》就是另一个例子。③ 孙伏园遇到了一位独自旅行的女性，让他沉思自己不幸的包办婚姻，以及个人的自由独立和社会允许离婚能带来的好处。在20世纪二三十年代先锋派诗作中，徐志摩等著名诗人对旅行期间孤立和疏远的体验以及包厢里戏剧性的社会动态也进行了评论。④

列车及其等级结构从很多方面而言都是民国社会涌现出的越来越强的社会及职业流动性的一种缩微再现。基于列车环境的长篇或短篇小说表明，年轻、贫穷但有进取心的专业人士，可能会乘坐三等车出发去追寻他们的职业梦想以及更好的生活，这只是为了在城市里获得成功后搭乘头等车衣锦还乡。同样，富有的投机者以及自认为重要的政治人物，可能会通过乘坐头等座展示他们的经济和社会力量，但他们在城里事业失败，丧失社会地位以

---

① 丰子恺，《车厢社会》，载鲁迅等，《中国现代散文名家名作原版库》，王彬编，北京：中国文联出版公司，1997年，第1—6页。

② 张恨水，《平沪通车》，连载于《旅行杂志》，1935年。

③ 孙伏园，《伏园游记》，上海：北新书局，1926年，第15—18页。

④ 顾永棣编，《徐志摩诗全集》(第二版)，上海：学林出版社，1997年。

后，只能穷困潦倒地坐在三等车的硬座上返回故乡。[1]

总　结

在民国时期，铁路旅行的重要性并不在于其规模、范围和业务性质，而更在于它对与铁路相关的公共空间中的个体实践及社会互动所造成的影响。本章讨论了铁路上的旅客服务，这是一种新的、明显具有现代色彩的融入社会世界的形式，它推崇的价值和行为与传统社会秩序所塑造的价值和行为截然不同。这并不意味着铁路给中国的移动带来了巨大改变。一方面，中国人无论是沿运河、河流及海岸使用航运，或者在路上行走，还是使用马 161
匹、牛车和其他车辆等交通方式都由来已久。相对购买力而言，铁路旅行成本较高，平均距离短，只有相对较少的一部分人能乘坐火车，这都表明铁路的到来并没有给已有的移动范式和移动实践带来显著改变。铁路依循了由货物运输所设定的模式，通过将自己整合进已有或者新演变出来的运输网络，为旅客们扮演了一个新的、重要的社会经济角色。

作为一个机构，铁路公司对各种挑战作出反应，发展出了一种依靠把人们转变成乘客和消费者的业务。葛凯（Karl Gerth）等史学家对民国时期中国的“物质文化在界定和维持民族主义上的重要性”展开了讨论。[2] 与铁路旅行相关的文化生产所创造出的个体与社会体验，与其他铁路文化中的发展类似，但在 1928 年以前，它们还没有被引导成一种国家体验。在南京国民政府的十

① 张恨水，《平沪通车》。

② Gerth, *China Made*（[美]葛凯，《制造中国》），188.

年，铁路旅行在印刷出版物上取得了一定程度的吸引力，它们将铁路休闲旅行描绘成了新兴的都市消费文化不可或缺的一部分：铁路乘客和旅客的图像被用于从香烟到奶粉等大规模生产的商品的销售。[①] 与此同时，铁路为了提高运营的效率强加了一种纪律标准——按顺序上下车意味着减少候车时间，加快火车周转——卫生规章则支持了政府强化社会控制、改善公共卫生的议程。参与铁路旅行反映出对都市生活的参与，这种都市生活科层化、井井有条，最重要的是具有现代性，这是中华民国在 1937 年以前的数年里努力创造的。总而言之，铁路是现代性和效率最有雄心的象征，但它的力量与它在领土上的实际扩张，以及它对民国时期只进行短途旅行的农村乘客的意义比起来，落差甚大。

---

① Sherman Cochran, ed., *Inventing Nanjing Road: Commercial Culture in Shanghai, 1900 - 1945* (Ithaca, NY: East Asia Program, Cornell University, 1999); Gerth, *China Made*（[美]葛凯，《制造中国》）；《申报》1924 年 11 月 4 日及 15 日上的 Klim 乳粉及英美烟草(BAT)的广告。

第三部分

国家的制造与破坏

第五章　铁路的专业化与政治化 165

在中国普通大众和外国观察者的眼里，在 1926 年到 1927 年蒋介石的北伐及内战之后，中国铁路无论是运营状况还是财务状况都很糟糕。蒋介石的国民党军队与军阀部队及政敌展开军事较量，在战略上非常重视铁路，并且不计后果地使用铁路，严重破坏了华中和华北地区的线路。据估计，津浦铁路遭受的物质破坏达到了 1860 万元，共有 83 台机车、315 辆客车和 1058 辆货车被损坏。① 在其他线路上，军队把车厢改作部队营房，且常常摧毁车厢另作他用。② 机辆的破坏以及浦口到天津之间列车服务的完全中断，甚至在英国议会下院的问答中都被提及，这意味着英国股东们对他们金融投资的回报表示强烈担忧。③

从国民党政府上台并巩固中央权力，到 1937 年日本入侵的这十年，对于中国而言是开始制度化、有远见地寻求现代化的一个时期。在蒋介石的领导下，政府对一些以都市改革为主的模式进行了试验，这些改革试图通过由国家主导的投资及社会工程，

---

① "How War Ruins the Railways: Detailed Damage to Tsin-Pu Line Due to Recent Campaign," *North-China Herald*, August 25, 1928, 310.

② C. P. Fitzgerald, *Why China? Recollections of China, 1923 – 1950* (Portland, OR: ISBS, 1985)；张瑞德，《中国近代铁路事业管理的研究：政治层面的分析(1876—1937)》。

③ "China's Railways," *North-China Herald*, December 22, 1928, 472 – 473.

创造一个中央集权的现代国家。除了一些旨在将城市和农村人口转变成拥有西方做法与态度的现代市民的协调性努力,从各部
166 到专业性组织等一系列新机构,还负责为现代化的社会提供机构框架。铁路这样一个具有管理和经营等级的机构实体也不例外。本章将表明,在这一时期,尽管路网实体及其运营都遭到破坏,但国家铁路系统在经营和管理的组织与效率方面取得了惊人的进步。铁路公司受益于高等教育体系的巨大进步,尤其是对工程师的训练,这批工程师成了新的职业和社会精英,他们造成的影响远远超出了铁路大院和工作场所的范围。

研究民国的史学家已经写了无数著作,来评估国民党政府统治时期的国家建设工作。① 迄今为止,这些讨论的焦点仍然是集中化的、与国民党愿景一致的做法到底是造就了一个更强的还是更弱的国家,以及机构在这一过程中扮演了什么角色。有学者采用了政治学的发展国家模型来解释在南京十年里,国家强而有力的看得见的手引导资源以促进经济和工业增长。② 盐务局和海关等大型管理中心的现代化引出了这样一种解释,即民国时期,

① Margherita Zanasi, *Saving the Nation: Economic Modernity in Republican China* (Chicago: University of Chicago Press, 2006); Lloyd E. Eastman, Jerome Ch'en, Suzanne Pepper, and Lyman P. Van Slyke, *The Nationalist Era in China, 1927 - 1949* (Cambridge: Cambridge University Press, 1991); Elizabeth J. Remick, *Building Local States: China during the Republican and Post-Mao Eras* (Cambridge, MA: Harvard University Asia Center, 2004); Julia C. Strauss, *Strong Institutions in Weak Polities: State Building in Republican China, 1927 - 1940* (Oxford: Clarendon Press, 1998); Zwia Lipkin, *Useless to the State: "Social Problems" and Social Engineering in Nationalist Nanjing, 1927 - 1937* (Cambridge, MA: Harvard University Asia Center, 2006).

② Julia C. Strauss, *Strong Institutions in Weak Polities*; William C. Kirby, "Engineering China: The Origins of the Chinese Developmental State," in *Becoming Chinese*, ed. Wen-hsin Yeh (Berkeley: University of California Press, 2000), 137 - 160.

国家缺乏能够渗透到管理机构各个层级的中央权力，在农村地区尤其如此。与此同时，国家成功创建了一些强有力的机构以服务于国民党的现代化议程，但仍然主要局限在国民党控制之下的城市地区。不过也有一些机构，比如财政部，获得了能够服务于国民党现代化议程的力量。①

本章将用多种方式展现在南京十年里作为机构的铁路既有强有力的一面，也有软弱的一面。中国铁路机构在 20 世纪 20 年代末到 30 年代的扩张无疑表明，由政府主导的改组与金融投资强而有力，尽管到 30 年代中期还是没新建什么轨道。然而，本章的分析也证明，铁路公司的重组与职业化并不是一个直截了当的机构建设过程，或者是完全由国家所主导的进步发展。我认为，铁路雇员以及劳动力的训练与职业化，延续了某些可以追溯到 20 世纪 10 年代的做法。最重要的是，铁路被迫对劳动市场需求的变化作出反应，而这些需求有时与商业周期的发展方向相悖，168
且不受政府控制。某些个体的职业生涯表明，工程和技术学校的毕业生在受雇于中央铁路科层机关之前，会在铁路公司、私人公司甚至教育机构之间频繁跳槽。

作为管理机构，铁路的确通过其雇员的职业化和政治化对国家建设作出了贡献。除了提供政治和道德教育来支持政府建设一个高效的、技术治国的政治经济这个一般性愿望，铁路公司也成了国民党的堡垒，内设特别党部，面向所有铁路局和总部的管理精英与工程精英。过去的讨论忽视了制度化和专业化的另一个方面，那就是通过训练和社会融合，将没有技术的工人纳入劳

① Strauss, *Strong Institutions in Weak Polities*. 盐务局是 1913 年创建的一个征税机构，同上，第 63—66 页。

动力中。铁路公司和中央管理机构在降低文盲率、开办夜校方面所做的努力，与社会服务和文化活动结合在一起，造就出技术更进步、效率更高的工人，他们对作为一个专业机构、社会机构和政治机构的铁路公司具有很高的忠诚度。从长时段历史的角度看，这一发展为铁路局系统的生存，以及铁路大院的管理机构在 1949 年以后作为社会主义单位继续存在创造了前提条件。

为了说明国家主导的教育和科层机构改革对作为机构的铁路公司所造成的影响，我将首先讨论中国的新技术学校与大学开始提供工程师和雇员给劳动力带来的变化。与此同时，工程教育在学术方面的标准化，以及职业的社会声望的提高，使得重要的社会与知识网络开始形成。本章第二部分探讨雇员是如何通过承担与个人和国家利益相关的工程专业的伦理责任，发展出了一种对雇主的强烈认同以及与国民党的密切关系。第三部分将讨论工人的训练和教育是如何造就了一种相似的机构忠诚，以及对激进的劳工运动较为抗拒的态度。本章最后一部分将探讨国民
169 党在抗战爆发前对铁路发展的愿景——日本入侵，打断了对线路进行合并及扩张的所有计划。

技术教育与科层生涯

中国早期的工程教育是碎片化的，以特定的国家利益或者公司利益为导向，但 1911 年民国建立后，新民族国家更广泛的教育使命在国立机构中形成了更有组织的知识传播。在清朝即将灭亡、民国即将建立的那几个月，有四所与采矿、军事和军火相关的机构提供大学阶段的工程课程：上海高等实业学堂、太原的山西

大学堂、唐山路矿学堂和天津的北洋大学堂。①

1921 年,政府合并了唐山、北京和上海的三所工业和技术教育的先驱院校,创建了交通大学,这是一项改革中国教育的努力,也是要推动将现代科学和工程整合进课程。交通大学上海学校位于 1896 年建立的南洋公学校园内,与另外两个学校一样,1906 年,它归邮传部管理。到 20 世纪 20 年代末,交通大学上海学校是三个学校里地位最高的一所,有着强大的电机科、机械科和铁路管理科。作为政府和学校之间紧密联系的象征,交通部长王伯群任交大校长。②

从 20 世纪 10 年代开始,经过整个民国时期,交通大学发展成了工程和科学领域最杰出的学术机构,这可以从铁道部慷慨的政府资助以及庞大的毕业生数量得到证明。到 1935 年,交通大学上海学校包括了五个学院:理学院(77 名学生)、管理学院(171 170
名学生)、建设工程学院(150 名学生)、机械工程学院(122 名学生)和电机学院(140 名学生)。③ 北京(时称北平)学校名为铁道管理学院,专门从事铁路相关的研究,1932 到 1933 学年录取了 170 名学生。唐山学校是交通大学最小的,只有普通工程学院的 158 名学生。铁道部按照每个学校各自的规模来提供资助:因

① Arthur Judson Brown, *The Chinese Revolution* (New York: Student Volunteer Movement, 1912), 76.

② 有关五四运动之后民国高等教育的发展,见 Wen-Hsin Yeh, *The Alienated Academy: Culture and Politics in Republican China, 1919 - 1937* (Cambridge: Council on East Asian Studies, Harvard University, 1990)([美]叶文心,《民国时期大学校园文化(1919—1937)》,冯夏根、胡少诚、田嵩燕译,北京:中国人民大学出版社,2012 年),尤其是第三章; H. G. W. Woodhead, ed., *The China Yearbook, 1912 - 1930* (Tianjin: North-China Daily News and Herald, 1931), 530。

③《铁道年鉴:第二卷》,上海:铁道部秘书厅图书室,1935 年,第 1031—1035 页。有关上海交大的建筑演化,尤其是其工程建筑的变化,参见曹永康,《南洋筑韵:上海交通大学历史建筑品读》,上海:上海交通大学出版社,2016 年,第 136—158 页。

此，交通大学上海学校获得的生均经费是北京学校的两倍。[1] 铁道部选择集中在上海的旗舰学校来提供南京政府未来需要的工程人才，可能是因为与上海的其他工程学院相比，教授铁路管理的设备和实验室所需要的投资没有那么昂贵。

铁道部与交通大学的协作中最重要的部分是这样一项安排，即工程学院近八成的毕业生被系统性地分配到全国的十三条主要铁路线上实习。[2] 在第一章和第二章我已经讨论过，在 20 世纪早期，毕业生要谋职会遇到困难，因为公司指定的语言训练用的是英语、德语或法语，缺乏学术和在职训练，也没有一个开放的劳动力市场。除了学术训练外，铁道部分配的实习给了学生必要的实践经验，从而能让他们做好进入劳动力市场的准备。根据铁道部的统计，1933 年，交通大学毕业年级的 228 名学生中，有 182 名都进了铁路线工作。其中，进入津浦线和平汉线的学生各有 22 名，进入汴洛线（开封到洛阳）的有 20 名，进入粤汉线的有 14 名，进入沪宁杭线的有 30 名。交通大学上海学校的毕业生有着强烈的倾向进入南方的铁路线，而北京和唐山的毕业生则占据了华中和华北的铁路实习机会。[3]

由于越来越多的中国学生在中国的铁路线上实习，随着时间推移，交通大学受铁道部资助或者部分资助到海外学习的学生数
171 量逐渐减少。到 1933 年，只有 23 名学生留学，其中 8 人去美国，去英国和德国的各有 6 人，2 人去法国，1 人去比利时。[4] 随着国

① 《铁道年鉴，第二卷》，第 1031 页。1928 到 1949 年间，国民党政府将北京称为北平，以彰显南京作为中华民国新首都的地位。为了明确，我会继续用“北京学校”这一称谓。

② 这个数字排除了从上海交通大学理学院毕业的学生。

③ 《铁道年鉴，第二卷》，第 1032—1034 页。

④ 同上，第 1035 页。

内教育质量的提高和就业机会的改善，中国学生似乎不再需要到海外接受更好的工程教育，尤其是本科阶段的教育。

与20世纪10年代和20年代早期的工程毕业生相比，南京十年的毕业生有着更好的就业机会，他们最终能够渗透进中国铁路公司的高层，获得总工程师和总经理这样的职位。例如，在沪宁铁路1920年的职员结构中，总工程师、总经理，以及工程、运输、会计、机车、仓储和医疗等部门的领导职位都会雇用外国人——一共是37个人。[①] 除了一名运营经理，45名中国职工充斥着助理或者工程、运输和机务等部门的副职，或者在各种运营功能中担任检查员。唯一一个劳动力明显由中国人占支配地位的领域是警察——这的确有必要，因为警察与大众和中国官方打交道，需要证明铁路完全处在中国的主权之下，在政治上能够自主。[②] 20世纪20年代末到30年代初，这样的状况发生了重大改变，中国工程师和雇员开始占据沪宁线、津浦线和其他主要铁路线上层的绝大多数管理职位。[③] 中国的铁路最终由中国人来管理，铁路管理机构的运营和管理部门雇用的全职受薪职员的数量，也从1916年的6万增长到了1935年的13万（见表5.1）。

---

①《中华国有铁路沪宁沪杭甬线职员录》，1920，1－6，Y2－1－1097，Shanghai Municipal Archives (SMA).

②同上；Minami Mansu Tetsudo Kabushiki Kaisha，Tetsuro Sokyoku，*A Brief Survey of the Manchoukuo State Railways* (Mukden: General Direction，1936).

③《沪宁沪杭甬两路审查委员报告》，无出版社，1929年；《津浦铁路职员录》，无出版社，1929年。

172 **表 5.1　中国国有铁路的雇员,1916—1935**

年份	雇员数	每英里雇员数
1916	59 857	14.2
1917	60 447	17.8
1918	63 795	18.7
1919	63 795	19.8
1920	77 622	20.8
1921	89 043	23.5
1922	91 356	23.3
1923	107 376	25.6
1924	113 091	30.0
1925	119 434	27.5
—	—	—
1931	132 273	27.2
1932	121 718	28.3
1933	127 151	28.5
1934	128 392	29.0
1935	129 164	29.0

来源:交通部(后来是铁道部),《中国铁路统计》,北京(后来是南京):铁道部统计处,1915—1936 年。这一系列一直涵盖到铁路的 1935/36 财年。因为内战对铁路运营的影响,报告的出版延迟很久。1925 年卷的数据是 1929 年出版的,1928 年卷到 1933 年才出现。从 1926 年起,每一卷都有中英双语版。从 1930 年起,这一系列的标题略有修改,改成了《中华国有铁路会计统计汇编》。

说明:报告不含 1926—1930 年的雇员数据,只包括了全职受薪雇员。

对拥有铁路相关技术专长的毕业生的需求之强烈,也在 20 世纪 20 年代早期北京交通部发布的广告中体现出来,广告频率很高,能看出交通部的极度渴望。这些工作广告出现在工程期刊之中,为每一个你可以想到的职位——从交通管理到会计以及铁道部中的桥梁设计——征求在中国的大学或者高等技术学校学习，或者由外国机构培训的中国学生。申请过程要求将学历以及任何发表的作品与申请书一起提交给铁道部的领导。不住在北京的申请人被明确告知，他们不需要亲自提交申请。广告刊登在既拥有本国读者也拥有外国读者的专业期刊上，这表明铁道部认识到中国的国家铁路网需要从最广大的人才库中选拔人才。①

讽刺的是，工程专业毕业生数量的增加也造成了问题，因为毕业生增加是在 20 世纪 20 年代，要比铁路网的显著扩张和新线路建设要早一些——这些都是到 30 年代早期才得以实现。例如，中国铁路管理机构的顾问哈罗德·斯特林格（Harold Stringer）1929 年 4 月在《北华捷报》上抱怨说，“所有部门都被迫要退回归国学生，他们的数量越来越多，已经没有足够的岗位给 173
他们了。16 年来，铁道就没有扩展过。铁道人在日常中就生锈了。”②

自从 1927 年国民党掌权之后，政府机构就在扩张，鉴于上述发展不同步，在政府机构就业就成了更重要的职业生涯选择，也是工程专业毕业生的另一条出路。我们已经讨论了国家通过资助交通大学，扮演了制度性合法化知识的推动者这一角色。因为铁路线运营和私人企业对工程的需求有限，政府，尤其是铁道部，就成了工程专业毕业生的主要雇主。工程专业毕业生作为技术专家被整合进了科层服务当中，与此类似，中央政府的司法部，也

---

① “通知”，出现在《中美工程师协会会刊》（*Journal of the Association of Chinese and American Engineers*）多期上由交通部做的广告，第 4 卷第 6 期（1923 年 6 月），无连续页码；第 4 卷第 5 期（1923 年 5 月），第 2 页；第 1 卷第 3 期（1920 年 11 月），广告篇，无页码。

② “China's Railways: Tasks of the Foreign Advisor,” *North-China Herald*, April 20, 1929.

吸收了新设立的法学院中的中国毕业生。[1] 人们可能会推测，作为最终雇主，政府以及更广意义上的政府政治议程，都会赢得高度的忠诚与支持。

1929 年铁道部的录用记录显示，中国高校及职业学校毕业生在经营、工务、管理和财务等部门中任职的数量，与从外国大学获得学位的中国毕业生不分伯仲。[2] 例如，工务司最资深的一批雇员(年龄超过 40 岁)都有美国学校的工程专业学位，包括哥伦比亚大学和密歇根大学。这种状况很好理解，因为这些人是在 1900 年到 1905 年间开始学习的，当时中国还不存在对应的学校。当然，录用记录也列出了年轻雇员，年龄从 20 多岁到 30 出头，他们从交通大学、唐山学院、北京大学，以及多所教授商务与工业科学的省级学校获得工程或理学学位。[3]

铁道部雇用记录里的职业信息还表明了中国工程专业的其他重要变化：与 1911 年在交通部工作的第一代从日本大学获得法学、商学或者经济学学位的雇员相比，1929 年，工务司的 52 名
174 员工中只有一人拥有从日本学校获得的铁路科学学位。[4] 之所以出现这样的变化，最有可能的原因是民族主义及劳动力市场状况。第一次世界大战以后中日之间日益复杂的政治关系，尤其是

---

① Huei-min Sun, "From Literati to Legal Professions: The First Generation of Chinese Law School Graduates and Their Career Patterns," in *Knowledge Acts in Modern China: Ideas, Institutions, and Identities*, ed. Robert Culp, Eddy U, and Wen-hsin Yeh (Berkeley: Institute of East Asian Studies University of California, 2016), 89 - 113.

② 铁道部总务司文书科，《铁道部职员录》，北京：铁道部，1929 年，见总务司，9A - 20B 及工务司，26A - 32B。

③ 同上，工务司，26A - 28B。

④ 同上；关于 1911 年的职业背景，见中华全国铁路协会编辑部，《中华全国铁路协会第一次报告》，北京：中华全国铁路协会事务所，1911 年。

中国的知识青年对日本帝国主义的民族主义反应，很可能让一大批中国学生打消了去日本学校学习的念头。[①] 除此之外，我认为，工程专业本质上是由市场驱动的，这也鼓励学生们完全或者部分在西方求学。与日本相比，铁路部门在北美和欧洲的经济中扮演的角色要重要得多，铁路公司以及相关工业对人力资本供应的需求，无论对于本国学生还是外国学生，都为先进学术的学习、研究和实践训练创造了一个绝佳的机会。

实际上，正如 1929 年的工程职业路径记录所示，许多在中国获得工程专业第一学位的雇员，都在美国获得了更高的工程学位（也有几个在英国、法国和德国获得学位）。在完成学业之后，这些年轻的工程师还会在返回中国进入国有铁路公司担任管理职位或者从事政府服务工作之前，在美国工程企业和铁路公司接受初级岗位，以获得工作经验。他们接受了宝贵的学术训练，也有海外工作经验，大批海归在进入铁道部的科层机构之前，还会在中国的工程学校里任教几年。[②]

吴普春是 28 岁的毕业生，来自皖南歙县，他于 1929 年被铁道部聘为助理技师，他的职业生涯就是有志向的工程师在民国时期职业轨迹的一个典型例证。他从上海圣约翰大学获得理学学士学位之后，又从美国的伊利诺伊大学获得铁路工程的学士学位，然后在康奈尔大学完成了他的正式教育，获得了土木工程硕

① Douglas R. Reynolds, *China, 1898 - 1912 : The Xinzheng Revolution and Japan* (Cambridge, MA: Council on East Asian Studies, Harvard University, 1993)（[美]任达，《新政革命与日本：中国，1898—1912》，李仲贤译，南京：江苏人民出版社，2010 年）; Vera Schwarcz, *The Chinese Enlightenment : Intellectuals and the Legacy of the May Fourth Movement of 1919* (Berkeley: University of California Press, 1986)（[美]舒衡哲，《中国启蒙运动：知识分子与五四遗产》，刘京建译，北京：新星出版社，2007 年）.

② 铁道部总务司文书科，《铁道部职员录，工务司》，29B - 31A。

士学位。为了在学位证书之外加上工作经历，吴普春曾受雇于美国东北部的萨斯奎哈纳铁路（Susquehanna Railroad），在电报部担任工程师，又在纽约中央铁路的工程部担任管理员，最后才回
175 到中国，他先进入了私营企业，在瑞福昌机器公司担任工程师。完成工作并获得教书经验后，他成了南京暨南大学铁路工程系的教授，后来进入了位于南京的铁道部工作。①

中国有许多工程师，他们的学术和实践训练过程流动性之大，令人印象深刻，从某种程度上也反映了一种策略，那就是用工程教育，尤其是研究生阶段的教育，来弥补民国早期因工业化程度不够高而造成的经济中机构的不足，以及缺乏基于公司的职业训练。职业生涯流动性很高，许多海归在他们的职业生涯中至少要担任一段时间的教职，这就造成了另一种影响，那就是这些毕业生成了传递知识的积极行动者。这种传递从两个方面促进了工程专业的形成：第一，它能够迅速地把最新的工程研究以及相关的教学纳入国内的工程课程中，第二，他们的工作实践又回流到中国铁路及商业和工业部门业务的运营和管理之中。还有一项额外的好处，那就是进入学界会为工程师赋予传统儒家那种很高的社会地位，使得他们能够与下一代学生分享他们的学术和职业知识以及海外经验。

工程职业化

工程师有过这些正式的教育经历，通常还接受过大量的海外训练，使他们不仅在中国同侪中间形成了很强的网络，也同在中

① 铁道部总务司文书科，《铁道部职员录，工务司》，27B。

国做工程或者教书的外国同事形成了网络。从 20 世纪 20 年代末到 30 年代初，专业职业上的中国毕业生开始组织起来，职业社团如雨后春笋般出现。1931 年，中国工程学会和北平的中华工程师学会（始建于 1912 年）合并，成立了中国工程师学会。随着职业化和全国范围学术训练的扩展，学会成员数量也有了显著增加。工程学位成了职业成功和社会地位的新通货。1940 年，国 176
家资源委员会汇编了一部中国工程师名录，根据书中的“人物介绍”，当时有超过两万中国人是工程专业毕业，并在中国工作。① 中国工程师学会的会员数量，从 1934 年的 2500 人增长到 1944 年的 8292 人，超过全国所有土木工程师的四成，这也反映了上述趋势。②

中美工程师协会是最重要的跨文化组织。协会总部设在北京，1920 年，协会创办了自己的期刊，作为在中国工作的中外工程师讨论进行中的土木工程项目并促进知识交换的论坛。这个协会声称，其目标在于“研究工程学识，维持专门人才，使同人有互助之精神”。③

这个协会成员绝大多数是为铁路部门或者中国政府及政府资助的项目工作的工程师和专家。1920 年，京绥铁路机械工程的主管暨咨询工程师邝景扬担任会长，株钦铁路（株洲到钦州）和周襄铁路（周家口到襄阳）的执行总工程师苏利文（Murray

---

① 资源委员会，《中国工程师人名录》，长沙：商务印书馆，1941 年，前言，无页码。

② Benjamin A. Elman, *On Their Own Terms: Science in China, 1550 - 1900* (Cambridge, MA: Harvard University Press, 2005)（[美]艾尔曼，《科学在中国（1550—1900）》），434. 根据艾尔曼的说法，1923 年中华工程师学会有 254 名会员，1024 年有 304 名，1927 年则超过 700 名。

③ *Journal of the Association of Chinese and American Engineers* 1, no. 3 (November 1920), title page.

Sullivan)任副会长。理事会成员既有铁路负责人，也有美国工程公司驻华代表，还有几位为中国政府工作的技术专家。担任协会主管的工程师当然每年都会有变化，但从他们的名字判断，这个协会明显是刻意要平衡其中的中美双方代表。1920 年，理事会由 9 名中国工程师和 9 名美国工程师组成。①

工程师协会组织了会议、演说、社会活动，还发行出版物，它成了知识交流和技术讨论的论坛，尤其是涉及标准化的问题。这个问题是 20 世纪 20 年代协会会刊上许多篇文章的主题。郑华(P. H. Cheng)在他的文章中比较了美国和欧洲在中国造桥的标准，他用了更明确的表达来讨论这个问题，即工程学如何能帮
177 助克服多国的不同技术标准和特定国家偏好所带来的技术挑战：

> 作为工程师，我们能身在中国是极为幸运的，因为我们可以看到全世界铁路实践的例子。我们不仅能在这里看到中国、美国、英国、德国、法国和比国工程师设计的桥梁，也能看到这些国家按照他们的不同规格和不同实践制造的机车和轨道供应。但在这里，我们也会遇到困难，不好选择什么是对中国最好的产品和设计。就铁路供应而言，不同国家的通常不能很好地彼此兼容，代价昂贵的错误也屡见不鲜。因此，有待工程师深入研究巨大差异的原因。**工程师是务实的科学家。如果没有彻底研究，他们就不能复制东西，他们的判断也不应被掮客们扭曲。**②

① *Journal of the Association of Chinese and American Engineers* 1, no. 3，发行人栏。

② P. H. Chen, "A Comparison of the American and European Bridge Standards," *Journal of the Association of Chinese and American Engineers* 4, no. 6 (June 1923): 5 (强调是本书作者所加).

郑华的文章在协会1922年的秋季大会上宣读，强烈支持了工程师作为技术标准独立裁决人，不应该受到政治利益或者经济动机左右这一主张。郑华并没有将多国标准的出现视为中国铁路发展的障碍，而是认为可以由此在实践中观察不同标准，并选择最适合中国的选项。就实践而言，他建议减少美国和英国机车驱动轮不必要的重量，以便它们能安全驶过德国和法国设计的桥梁，也能让中国的铁路公司可以在不同国家标准的供货商之间自由下订单。郑华的陈述从许多方面简洁地表达了对科学自主权的愿望，这能够确保政治和经济自主权，有利于国家利益。①

也必须注意到，专业知识并非只有从西方到东方的单向转移。比如，1936年，为了堵上黄河大堤的一个缺口，中国工程师用上了用柳条、麻绳和高粱秆做成的“香肠”。同年，协会会刊上发表了一篇文章，详细介绍了这种有创意的办法，并认为外国工程师会觉得这项任务很艰难，因为他们会从机器劳动而非人力的角度去思考。② 因此，对不同社会经济条件下该领域工程问题的讨论——在中国的案例中就是人力更多机械较少——能够产生一种不同寻常但行之有效的解决方案，从而造就一种反向的外向知识转移，向外国工程师介绍了一种不同但有效的处理工程问题 178
的办法。

除了交流专业技能外，工程师学会也提供了一个平台来塑造一种对于工程师的认识，即他们是为了社会进步和现代性而工作的公民。例如，中美工程师协会积极参与到慈善事业当中，尤其

---

① *Journal of the Association of Chinese and American Engineers* 4, no. 6，第8页。

② O. J. Todd, *Two Decades in China: Comprising Technical Papers, Magazine Articles, Newspaper Stories and Official Reports Connected with Work under His Own Observation* (Taibei: Ch'eng Wen, 1971), 396.

是1920年到1921年华北地区的旱灾和饥荒危机。协会中比较活跃的外国工程师，比如陶德(O. J. Todd)就抱怨说："总的说来，工程师没有被叫来去对这个议题(设立公共工程，供劳工们获得长期的饥荒救济)提建议，并且理性地讨论'工程的营运费用'。"[①]救济组织者们对此表示抗议，这可能反映了一种更传统、由慈善驱动的对待饥荒的态度，但这个组织还是在1920年的天津年会上设立了一个执行组，向北洋政府提出以工代赈的方案。结果，交通部批准了两段路堤延伸工程，以及山东约800公里的县道建设，由7万工人参与，救济以谷物的形式发放，有时还发现金，以支持他们和50万家属。[②]

在民国时期，工程学会参与到慈善和教育项目中，这帮助会员们建立了一种职业图景，而不只是取得技术进步方面的成就。这些参与也为工程师们的角色加上了一种道德愿景。与记者、地理学家和学术专家类似，人们也期望工程师能对社会和整个国家做出积极贡献。[③] 在那些可以促进社会的技术、经济与教育现代化，并且在由政府议程所塑造的道德与爱国心态之中运行的项目里，作为专业人员的工程师成了核心成员。当然，对于专业理念的这种愿景并不是中国工程学所特有的；在欧洲和美国都能找到大量先例。例如，建立于1856年的德国工程师协会，其目标就是把"工业和科学之间公认存在的综合，与把中产阶级解放成进步的、爱国主义理想主义未来愿景等其他渴望"结合在一起。[④] 与中

① O. J. Todd, *Two Decades in China*，第203页。

② 同上，第203—204页，第214页。

③ 见 Culp, U, and Yeh, *Knowledge Acts in Modern China*.

④ Kees Gispen, *New Profession, Old Order: Engineers and German Society, 1815 - 1914* (Cambridge: Cambridge University Press, 1989), 45 - 46.

国一样，在德国，专业工程协会的成员凭借他们在制度化教育与正式训练方面的经验所共有的身份，被工业技术创造出一个新国家、新世界的乐观主义未来愿景所强化。 179

“中国工程师信条”就特别大胆地提出了这样的愿景，这是由中国工程师学会在1932年的武汉年会上提出的。就风格和内容而言，这六则信条读起来就像信仰条款，它要求工程师：

(1) 不得放弃或不忠于职务；

(2) 不得授受非分之报酬；

(3) 不得有倾轧排挤同行之行为；

(4) 不得直接或间接损害同行之名誉或者业务；

(5) 不得以卑劣之手段，竞争业务或者位置；

(6) 不得有虚伪宣传或者其他损职业尊严之举动。[①]

这些指导原则为工程师们得体的专业行为，以及他们尽责、诚实、尊重的道德行为设定了最高期望。但与此同时，这些原则还把职业等同于“尊严”，从而传达了一种普遍的荣誉感。为了应对日本侵略在中国引起的战时状态，中国工程师协会在1941年的成都年会上重新表述并扩展了这些指导原则。为了爱国主义和为更大的利益做出牺牲，协会鼓励工程师们“将他们的专业计划，放在国家重建共享典范的策略核心”，并且“为了救国而追求工业化和现代化的目标”。[②] 这些指导原则仍然要求工程师具备无可指摘的道德水准和很高的职业标准，它们也强调政治性的一面，要求工程师在当前的危机中协助国家，让他们将自己的专业目标和身份与战后中国的重建保持一致。

---

① 资源委员会，《中国工程人名录》，长沙：商务印书馆，1941年，附录，无页码。

② 同上。

学术期刊、专业社团以及举止的标准化准则，帮助有雄心壮志的中国工程师们把职业身份内化，他们是技术知识的传播者，
180 对社会甚至整个国家都有好处，民国时期繁荣的印刷文化以及工业博览会等活动，让工程师能够在公众面前展示自己的社会地位。例如，1933 年 4 月，交通大学在铁道部的支持下，在上海学校举办了一场工程和铁道展。筹划这场为期十天的展览，是要“将最新的工程、工业和科学产品，带到中国大众面前，尤其是从事商业和教育的人”。展览向公众免费开放，他们在宽敞的展览馆中欣赏着演说、体育比赛和音乐会。① 交大非常自豪地炫耀新落成的工程馆，这座建筑面积达 1950 平方米，内有最先进的教室、实验室、测试设备以及投影室，可以为其研究生提供高质量的现代教育。②

即便是在商业广告这样的大众领域，工程师作为受过良好教育、进步的白领专业人士的形象，也出现在了报纸上。例如，威廉斯医生给苍白之人的粉色药丸（Dr. Williams' Pink Pills for Pale People）是一种氧化铁万灵药，1936 年，该药打的一则像故事一样的长广告，就以土木工程师为主角。③ 这家制药公司长期用律师或者教师等专业人士的个人体验，来展示其产品如何改善了他们的健康，提高了生产力，从而能够为国家贡献更多财富。在这则广告中，备受赞誉的土木工程师王荫槐能够在江西省从事艰苦的道路建设任务，就是因为这药对他的健康产生的积极效果。不需要作太多解释，我们似乎可以认为这则广告表明了到

① Chiao-Tung University [Nanyang College], *Special Bulletin*, 1933, 1-2.

② Chiao-Tung University, *Special Bulletin*, 6.

③《中华先有良好公路——王君荫槐先有良好健康》，《旅行指南》，上海：中国旅行社，第 10 卷第 3 期，1936 年，无页码。

20 世纪 30 年代中期,作为专业人员的工程师,就社会经济地位和社会尊严而言,已经加入了中国都市中产阶级的行列——当时这个队伍还不大,但在成长中。

劳工组织和关系

国家在塑造铁路工程师的教育和专业化方面扮演了关键角色,最终将他们转变成了民国的官僚和社会精英,但要把工作场所和铁路沿线的劳动力都收归国家控制,就是一件复杂得多的事情了。我们需要记住,民国时期,在铁路语境里使用的“工人”这个词,指的是有高技术的雇员,他们一开始要在机器车间和维修 181
车间至少实习两年。就津浦铁路而言,最有才能的一批工人甚至还会被管理层送到铁路技术学院,以提高他们的技能和技术特长。[①] 没有技术的工人,比如装卸、清洁设备或者搬运煤炭的,并不属于“工人”这个范畴,也不会被视为铁路局常规劳动力的一部分。

与西方一样,就薪水和尊严而言,机车司机占据着工作等级的顶端。根据津浦铁路 1931 年的工资数据,机车司机的收入是司炉的四倍,是负责列车服务的工长的三倍。机车司机通常从机车司机室的司炉做起,他需要在那里一手一脚地把煤炭从地板上铲进锅炉,这工作非常辛苦,有时还很危险。在机车司机手下做几个月学徒之后,司炉就可以申请升职。一名有经验的机车司机通常会被分配一台指定的机车,那就成了“他的”机车,象征着职

---

① 济南机器工厂访谈,2005 年 6 月 19 日。

业专长和荣誉。①

津浦铁路的薪水差异与中国的其他铁路公司类似：在 20 世纪 40 年代早期，粤汉铁路一名擦车的非技术工人的月薪是 12 元，而作为技术工人，一名司炉月薪是 45 元。机车司机掌握高级的专业技术，承担更大的责任，让他们能挣到更高的月薪。按照铁路雇员记录，一名机车司机每月起薪为 55 元，获得三年经验之后，每月能挣 61.5 元，加上加班和外勤补助，每月薪水能高达 100 元。②

就劳工和社会组织而言，本地籍贯和当地网络很大程度上决定了在工作场所中技术工人彼此之间的纽带。例如，津浦铁路济南工厂的许多工人，籍贯都是山东省外。工厂里有大量出生在天津、唐山或者河北大沽的工人，这让河北帮能开始操纵这里的工场，共同的方言、习惯以及与本地劳工不同的意识，重新确认了一种社会群体身份。津浦铁路的工作场所里几乎没有来自山东省
182 的技术工人，哪怕有也很少，这让人惊讶。例如，根据 1937 年出版的员工记录，工资单上有 30 人来自津浦铁路大院的材料车间，其中 9 人来自浙江，6 人来自湖北，4 人来自广东，一个山东人都没有。机器工厂的状况类似。③

与老工人们的访谈表明，不是所有的社会组织都是按照原籍地组织起来的。这种组织也可能是按照特定的工厂，或者铁路大

---

① 铁道部业务司劳工科，《工人人数及工资统计》，1931 年，第 12—13 页。关于二战之前肯尼亚殖民地司炉与机车司机训练的详细描述，见 Pheroze Nowrojee, *A Kenyan Journey* (Nairobi: Transafrica Press, 2014), 34 - 47.

②《粤汉铁路员司资历表》，1940—1949 年，40 - 1 - 722，第 123，130 页，广东省档案馆；Odoric Y. K. Wou, *Mobilizing the Masses: Building Revolution in Henan* (Stanford, CA: Stanford University Press, 1994)一书中，也建立了一个类似的 20 世纪 20 年代早期河南省铁路工人的薪水模式。

③《津浦铁路管理局职员录》，1937 年。

院中的特定任务发展起来。例如，在某个特定工厂里负责运转的工人报告说，出现过某种基于工作场所的特定黑话，作为处理铁路技术术语的替代品。工人们发展出了在工作场所里使用的术语来解释信号和他们要求的命令。我2005年在济南铁路机器厂做访谈的时候，一位退休工人充满感情地背诵了一则讽刺文，他和他的工友们曾在列车棚表演过，以便能够提醒他们那些分步的信号和安全程序，对于在车站里编组和驾驶机车而言，这些程序很有必要。[①] 在类似的工作场所环境里，基于经验和日常惯例，工人们将抽象的术语和过程翻译成一种带着实践提示的黑话，这样一来就在籍贯之外，给他们另一种与工作相关的认同。

除了同乡群体外，拜把兄弟也在劳动力动态中扮演了有力的角色。在访谈中，曾在津浦铁路上工作的工人将这些团体视为"黑社会"的一部分，这个词是1949年以后共产党使用的官方术语。[②] 这些兄弟会的头目，在铁路站场他们的区域内拥有绝对权力，并且在与工作相关的争议以及在社会功能中，扮演着中间人和协调人的角色。工人们必须对他们表示尊敬，逢年过节还得给他们送礼。广州档案馆的粤汉铁路人员名录显示，这种现象并不局限在北方或者津浦铁路。比如，1948年，警队新雇用的人员就必须签署一份正式的文件，接受粤汉铁路的规定，不加入任何帮会。[③]

铁路工人中间的同乡和拜把兄弟关系的力量，在中国的劳工组织中变得尤其强大，在共产主义运动兴起之后，甚至反对起其

① 济南机器车间访谈，2005年6月19日。

② 同上。

③ "警务处禁止加入帮会连接"，40－1－174，1948年，广东省档案馆。这个文件夹包含超过100份此类文件。

183 政治化的做法。在许多其他国家,铁路都是激进劳工政治的摇篮,中国铁路工人却与此不同,他们组织起来非常缓慢。有证据表明,津浦铁路工人要到 1945 年以后才正式地政治化。在 1937 年以前,长江北岸浦口渡口的 1800 名非技术工人构成了数量最庞大的铁路附属工会。这远远超出了津浦铁路工会的职工以及直接在线路上工作的工人数量。① 作为日结劳工,这些工人不是铁路局常规劳动力的一部分。他们是通过包工制外包的,在 20 世纪早期,这种制度为中国的许多工业运转提供了非技术工人。②

诸如《铁路职工周报》等专业铁路杂志上的文章表明,中国铁路线上的工人们组织工会非常缓慢。国民党强势出现,在各铁路局和铁路大院设党部,工程师和管理层中国民党员的数量也非常多,这一定程度上可能可以解释为什么工会在铁路车间这种环境中的贵族劳工中间发展会员时遇到了困难。除了党的活动和特殊政治事件,国民党还花了很多钱为线路每天出版各自的报纸和杂志,内容涉及职业教育和提升铁路技术知识,还包括了诗歌及故事,意在以铁路工作为背景来为职工提供娱乐。③ 当然,这些出版物有关国内和国际政治的讨论沿用了国民党的说法。不过

---

①《津浦路工会概况》,《铁路职工半月刊》第 99 期,1934 年,第 8—13 页。

② 关于这种做法,参见 Elizabeth J. Perry, *Shanghai on Strike: The Politics of Chinese Labor* (Stanford, CA: Stanford University Press, 1993)([美]裴宜理,《上海罢工:中国工人政治研究》,刘平译,南京:江苏人民出版社,2001 年); Elisabeth Köll, *From Cotton Mill to Business Empire* (Cambridge, MA: Harvard University Asia Center, 2003); Gail Hershatter, *The Workers of Tianjin, 1900 - 1949* (Stanford, CA: Stanford University Press, 1986)

③《津浦路工会概况》,《铁路职工半月刊》第 99 期,1934 年;《津浦之声》,第 1 期,1928 年,例如,"津浦铁路管理局办事规则",第 9—13 页(单独编页码);及第 7 期,1928 年,"国外路界新闻:Trans-Continent Air and Railway Service Planned",第 5 页(单独编页码)。

最重要的是，国民党通过具体设立办公室和党组织，组织社会活动，并且控制内部印刷媒介，让工作与政治议程相一致，从而在铁路公司的办公室和工作场所中造就了一种独特的政治动态，在日本侵华期间以及战争结束后，一直影响着劳工与管理者的关系（见第六、第七章）。就铁路在劳工运动史中更广泛的意义而言，铁路局中的这种状况，与上海大型工业企业工作场所中的劳工运动状况截然不同。20 世纪二三十年代，在那些企业中，技术工人要比非技术工人更深入地参与到劳工抗争和共产党组织中。①

在民国早期，中国经历了两次重要的铁路罢工。这两次罢工 184
的结果截然相反，表明特定的区域政治与特定地理位置相结合，会对劳工运动的结果产生不同影响。第一次铁路罢工是 1922 年发生在安源煤矿的罢工。在安源，第一代投身共产主义运动的人成功地建立起一个令人印象深刻的基础设施，用于教育工人并让他们参与政治。裴宜理（Elizabeth Perry）认为，安源罢工之所以成功，“是因为它位于相对偏远的山区，以及地方精英的宽容，它（还）避免了破坏，当时，这种破坏降临在了劳工组织的其他温床”。② 裴宜理解释道，地方军阀和军事指挥官的卫戍部队并没有镇压工人的抗议，或者去保护公司的利益，因为在当时，他们还没有把共产主义者当作一种真正的政治顾虑。更重要的是，地方军阀和驻军都将安源工人俱乐部的活动，视为是能强化而非动摇社会的社会组织和政治组织。③ 工人得到了地方精英和军队的支持，此次罢工获得了成功。这是一个非常独特的个案，与都市

① Perry, *Shanghai on Strike*（［美］裴宜理，《上海罢工》）.

② Elizabeth J. Perry, *Anyuan: Mining China's Revolutionary Tradition* (Berkeley: University of California Press, 2012), 76.

③ 同上，第 76—77 页。

环境中工业劳工的抗议形成鲜明对比。在城市里，罢工被认为会损害精英和军事力量的社会、政治及经济平衡。

1923年发生在京汉线沿线的罢工则是另一种例子，它是共产党领导人和铁路工人的一次彻底失败。他们在长辛店和另外好几个车站发动罢工，长辛店有一间主要工厂，也是进行维修的地方。罢工遭到了军阀吴佩孚的残酷镇压，他不容忍任何社会运动。他对劳工运动的暴力镇压，对于铁路网中新的和潜在要形成的劳工组织是一个警告。京汉线沿线没有发生其他劳工抗议，1921年3月成立的京汉铁路工会，在京汉铁路罢工被镇压之后永久解散，山东省胶济铁路的其他工会也同样如此。[①] 在访谈中，曾在津浦铁路工作的工人确认说，整个民国时期，在济南的修理工厂和维护大院里工作的共产党员人数很少很少。当问及他
185 们是否知道或者能猜到工友的政治归属时，所有受访人都说，直到1937年之后，他们才知道同事中谁是共产党员，当时，日本的占领已经开始，迫切要求共产党员发动工人，并把工作场所团结到爱国抗日的情绪之下。[②]

铁路愿景

1927年，蒋介石领导的国民政府成立，铁路管理和有关事务脱离了交通部（交通部继续负责监管道路、航空和电报），成立了一个单独的管理单位——铁道部。从1928到1931年，孙中山之子孙科担任首任部长，随后，顾孟余于1932到1934年任部长，张

---

① Wou, *Mobilizing the Masses*；杨洪建，《徐州铁路工人运动史话》，徐州：徐州铁路分局工会，1994年，第612—613页。

② 济南机器车间访谈，2005年7月。

嘉璈于1935到1938年任部长。铁路管理的结构框架在经过一段结构和人员持续调整的动荡时期之后，最终形成了一种组织化的等级制，由知名的公共人物和政治人物掌舵。

南京政府的铁路愿景，大体基于孙中山提出的通过发展基础设施展开国家重建计划。孙中山的计划于1922年第一次出版成英文，其中将扩展铁路视为一种最有效的手段，既可以保卫中国边疆，也能开发内地以增加富裕的沿海地区和贫穷的中西部省份之间的劳动力和贸易流动，还能将民国整合到国际经济当中。他的建议涉及了铁路在缓解国内政治的迫切考虑以及社会经济问题上所能扮演的角色，但是孙中山对于中国未来的铁路发展也有一个大胆的愿景，他希望“以‘地位适宜’之原则言之，则此种铁路实居支配世界的重要位置。盖将为欧亚铁路之主干，而中欧两陆人口之中心，因以联结。由太平洋岸前往欧洲者，以经此路线为最近。而由伊犁发出之支线，将与未来之印度、欧洲线路，即行经伯达，以通达马斯加斯及海楼府* 者联络，成一连锁。将来由吾人所计划之港，可以直达好望角城。综观现在铁路，于世界位置上，无较此重要者矣”。① 当然，整个民国时期，孙中山要通过铁道把中国与欧洲和非洲连接起来的宏大计划都没能变成现实，但 186
却似乎为21世纪初中国的铁路雄心绘制了一幅蓝图。②

蒋介石并不像孙中山一样拥有一幅大胆的全球愿景，但他也

* 伯达，即今伊拉克巴格达；马斯加斯，即今叙利亚大马士革；海楼府，即今埃及开罗。——译者注

① Sun Yat-sen, *The International Development of China* (New York: G. P. Putnam's Sons, 1929), "The Northwestern railway system," 7.

② 关于孙中山的经济计划，参见 Michael R. Godley, "Socialism with Chinese Characteristics: Sun Yat-sen and the International Development of China," *Australian Journal of Chinese Affairs* 18 (July 1987): 109 - 125.

同意铁路发展对于获取内地的自然资源及推动大规模工业化都有必要。① 1936年,蒋介石批准了一项五年建设计划,意在新建8500公里的铁路线,延伸到西北、西南和东南各省,但1937年日本入侵中止了这一扩张计划的实现。② 取而代之的是创建一个集中化的铁路管理机构,新的科学和技术教育机构,并持续努力将国际标准引入铁路系统,这表达了国民党政府对于铁路的愿景,尤其是它们的经济使命。

还有一点也很重要,那就是政府从铁路上获得了财政收益。在整个民国时期,这笔收入的确资助了政府。按照经济地理学家梁志强(Chi-Keung Leung)的说法,从1918年到1935年,政府每年都因为军事或政治目的使用了运转服务,一共欠了铁路好几百万元。据他估计,欠款占到了铁路网年收入的11%到40%(总收入按政府付清欠款后的计算)。③ 因此,国民党政府的愿景及其把铁路视为一个经济实体的做法,与王景春等铁路专家的主张形成鲜明对比,在民国早期,王景春等人主张把铁路从政治中分离出来,"把铁道作为一个商业企业来加以管理"。④ 同样,卓越的铁路工程师及管理者凌鸿勋恳请将中国铁路作为一个以利润为导向的企业来加以运营,减少其在国家财政利益方面的角色。⑤

---

① Chiang Kai-shek, *China's Destiny and Chinese Economic Theory* (New York: Roy Publisher, 1947), 180, 287.

② The China Handbook Editorial Board, *China Handbook, 1950* (New York: Rockport, 1950), 609.

③ Chi-Keung Leung, *China: Railway Patterns and National Goals* (Chicago: The University of Chicago, Department of Geography, research paper no. 195, 1980), 80-81.

④ C. C. Wong, "Some Dangers of Railway Development in China," in *Readings in Economics for China*, ed. C. F. Remer (Shanghai: Commercial Press, 1922), 603-644, 618.

⑤ 凌鸿勋,《七十自述》,第126—127页。

除了在财政上利用铁路，政府还逐渐意识到了利用铁路进行
政治宣传的好处，尤其是在南京十年。随着统一的铁路网在公共
空间中受到更多关注，火车、旅行日程以及铁路印刷出版物成为
一种符号和观点的载体，这些符号和观点代表了国民党政府所认
为的那个中国国家。国民党的政治根基在华南比华北要更牢固，
在华南，铁路局特别党部出版了诸如《粤路党声》等杂志，主要涉 187
及政治和职业利益等主题。其他国民党铁路特别党部发行的期
刊也开始在杂志的封面上展示他们区域网络的地图，用的是象征
国民党的蓝色和白色，还会醒目地用国民党党徽框起来。我们可
以把这些地图解释为政府确认了铁路在区域中的角色，以及国民
党要在视觉上对全国路网宣示其领土和政治权威。①

铁路局和铁路大院成了国民党党部和开展活动的基地，但国民党也开始将火车的实体设施纳入到其宣传工作中。火车站转型成了政治要员们参观的场所，用于广泛宣传，甚至还用于举办礼仪活动，这都是要确认国民党党国的合法性。铁路在国家仪式中最著名的一次展示，是 1929 年灵车从北平沿津浦铁路将孙中山的灵柩运往南京紫金山新落成的陵墓安葬。用火车作为国葬的一部分，学的是西方的一些先例，比如亚伯拉罕·林肯的灵柩就是用火车运送的。这列专列非常显眼，在抵达南京之前，列车被整合进了纪念仪式中，得到高度曝光及纪念。在旧浦口车站还有一座雕塑，标明孙中山的灵柩在

① 例见“九一八三周年”，甄妮，《粤路党声》，第 206 期（1934 年 9 月），第 14—15 页；《铁路月刊：津浦线》，第 2 卷第 1 期（1932 年）到第 4 卷第 1 期（1934 年）。蓝底（象征青天）上一轮白日是国民党党徽。有关中国国家疆界与铁路网的知识，在 1931 年交通大学上海学校的地理考试中出现，考题要求学生“定位华东与南满铁路，并指出它们连接的其他线路”（Wen-hsin Yeh, *The Alienated Academy*, 95）。

运过长江去南京之前曾在此停灵(见图 5.1)。[①] 在 20 世纪 30 年代早期,国民党把铁路作为一种宣传工具以及直接的政治广告,通过在车厢的一侧展示艺术化的孙中山肖像以推广其爱国主义、民族主义(见图 5.2)。

188

图 5.1 旧浦口车站标出 1929 年孙中山灵柩在过长江移往南京之前的停灵处。柯丽莎摄。

① Rudolf G. Wagner, "Ritual, Architecture, Politics, and Publicity during the Republic: Enshrining Sun Yat-sen," in *Chinese Architecture and the Beaux-Arts*, ed. Jeffrey W. Cody, Nancy S. Steinhardt, and Tony Atkin (Hong Kong: Hong Kong University Press, 2011), 236 - 278; Henrietta Harrison, *The Making of the Republican Citizen: Political Ceremonies and Symbols in China, 1911 - 1929* (Oxford: Clarendon Press, 2000), 207 - 239; Wang Liping, "Creating a National Symbol: The Sun Yat-sen Memorial in Nanjing," *Republican China* 21, no. 2 (2013): 23 - 63.

189

图 5.2　1931 年，有孙中山图像的国民党宣传车（1931 年，中国的一列宣传列车，车厢一侧有图像和形意文字）。Central Press/Stringer/Getty Images，3088533。

作为政府国家愿景的一部分，铁路也成为一种工具，把民国的国民与和国民党政治遗迹有关的地点联系在一起。组织参观纪念和缅怀民国国父孙中山的地点，或者从更广义上讲，与国民党政府相关的地点，成了教育和娱乐活动的重要部分，得到政府铁路以及他们出版的导览手册还有政府资助的课本的推广。例如，1932 年，开明公司编订的国语课本，用了整整一章讲一个班级参观南京中山陵的活动。根据课本的说法，学生对石质台阶、石质建筑和孙中山的雕塑留下了深刻印象，孙中山用目光迎接他们，目光里有"严肃的决心和和善的情感"。①

在南京十年里，火车旅行在管理和政治上受到国家铁路管理

① 叶圣陶等，《开明国语课本》（全二册），1932 年，上海：上海科学技术文献出版社，2005 年再版，第 2 册，第 17—18 页。

机构的控制，这也成了国民体验文化民族主义的管道，文化民族主义是服务于国民党的政治议程的。除了推广参观象征着政治遗产，以及从更广意义上讲象征着国民党合法性的纪念性地点或者人物，铁路也参与推广一些旅游目的地，在这些地方可以研究国民党政府所阐释的中国文化的基础和特色。例如，津浦铁路就大力推广曲阜旅游，这是孔氏家族的祖籍，孔庙和孔林位于此地，是山东省主要旅游目的地。附近的泰山成了铁路公司向文化游客推广的另一个目的地。游客们不仅会对壮丽的泰山本身留下深刻的印象，也可以在泰山顶上看见山东的历史景观，比如远处的黄河，从而自豪地接受了公认的古代中国传统文化符号。就此而言，中国铁路在过去与现在的中国之间，在中国历史的文化符号与中国民族国家的国民之间，创造了一种物质性纽带，这个民族国家的政府支持这种与古代中国的文化和传统联系在一起的价值。①

从国民党的角度来看，纪念中国古代的文化和历史，支撑了整个 20 世纪 30 年代中国的社会工程，对于城市社会而言尤是如此。1934 年，蒋介石发动了新生活运动，推动社会上卫生和行为的改革，以实现国家的重振，并且“在不牺牲本土传统的前提下达成中国革命最根本性的目标”。② 铁路作为一种机构，其专业标
190 准要求高效、守时和纪律，这与运动的议程和价值完美若合符节。

① 叶圣陶等，《开明国语课本》(全二册)，第 2 册，第 76—78 页。课本中提到，“因为这是我国一个著名的历史景点，津浦线的旅客往往会想在曲阜下车前往观光”(第 175—176 页)。乘飞机旅行在课本里还没有占据什么位置，因为当时主要是商务旅行才会乘飞机，比如前往首都南京办紧急的政府事务(第 151—153 页)。

② Arif Dirlik, “The Ideological Foundations of the New Life Movement: A Study in Counterrevolution,” *Journal of Asian Studies* 34, no. 4 (August 1975): 945 - 980, 945.

新生活运动的规定和指示在火车站和列车上公开发布，要求守时和身体行为守纪律，与铁路对其劳动力和乘客的期望完全一致。根据 1936 年的一份报告，当时树立起了标准时钟来推动守时，但我并没有找到证据表明这种努力对铁路系统造成了任何影响，或者在农村地区的火车站改善了时间管理。①

总　结

民国时期，工程学作为一种学科及一种专业开始形成，在其形成的过程中，国家的角色至关重要，这也向我们提供了一种洞见，即一群受过高等教育的劳动者如何被铁路局和中央铁路管理机构所雇用。训练工程师不仅传递了知识，创建了教育机构，也创造了一个对于国民经济意义重大且规模巨大的劳动力市场。我已经提出，在 20 世纪早期中国的劳动力市场上，新兴的铁路部门提供了很多位置，但适合的有相关工程专长的毕业生数量非常有限。中国的求职者发现，因为信息不完备，要获得这些职位很困难。然而到 20 世纪 20 年代，工程专业毕业生数量太多，而且都经过良好训练，但铁路部门的增长并没能同步创造出就业岗位来，因此许多毕业生被吸收到政府科层机构的其他部门。从某种程度上讲，政府本身就是这个问题的源头，因为它没有在建设新铁路线上投入足够的资金。因此，国民党政府提供了一种解决办法，那就是招收工程专业毕业生进入公务机关和战略机构，比如

① Walter Hanming Chen, "The New Life Movement," *Information Bulletin* (Nanking: Council of International Affairs) 2, no. 11 (December 1936): 189 - 229, 206 - 207, 212.

中国银行、财政部、国家资源委员会等。①

工程专业在中国兴起，从很多方面都直接受到由市场驱动的、与基础设施建设和扩展相关的力量影响。铁路工程在职业和学术实践方面的发展，反映了史学家詹姆斯·里尔登-安德森(James Reardon-Anderson)在民国时期化学研究领域中发现的
191 某些趋势。“1920 年，中国没有任何一种实验室”，在南京时期，有生产力的研究是在中国的主要大学和 1928 年成立的国立中央研究院下属的研究所完成的。②

本章强调了铁路部门对中国现代教育所做的重要贡献。然而，工程学要演进成一种合法的专业，以清晰界定的学科、职业轨迹和社会地位为基础，只有等到国民党政府控制并且能够支持一套全国范围内的工程教育、田野实践和训练的机构框架时才能实现。诸如交通大学上海学校等精英机构训练出来的工程师和未来在铁路管理机构工作的公务员，他们通过加入有大量国内或国际成员的工程社团，发展出了一种很强的专业网络。与此同时，工程专业也获得了其科层机器。作为国家铁路愿景的一部分，民国时期将 6 月 6 日“工程师日”定为全国假日，使得国民党政府能够公开地纪念工程师们对国家和国民党本身的发展所作的贡献，

---

① 在 20 世纪 30 年代初，国家资源委员会发挥着准“技术专家行政部门”的功能，但后来它变得与国民党政府的军事和政治目标相一致，尤其是在战时。参见 William C. Kirby, “Technocratic Organization and Technological Development in China: The Nationalist Experience and Legacy, 1928－1953,” in *Science and Technology in Post-Mao China*, ed. Denis Fred Simon and Merle Goldman (Cambridge, MA: Council on East Asian Studies, Harvard University, 1989), 41；亦见 Kirby, “Engineering China.”

② James Reardon-Anderson, *The Study of Change: Chemistry in China, 1840－1949* (Cambridge: Cambridge University Press, 1991), 230－257, 255.

党本身成了许多工程师的机构家园和工作地。①

民国时期，铁路工会和劳工运动相对而言并不成功，这可能会让人有些意外。在缺乏强有力中央政府的时候，军阀的军事力量与地方政府相勾结，导致了对京汉铁路罢工的残酷镇压，也就是那个时期，即20世纪20年代初，第一批劳工组织尝试着在津浦铁路和其他铁路的大院里建立起来。在19世纪最后25年，铁路在塑造美国的阶级斗争政治中扮演了工具性角色，当时工会在这个国家普及的程度全球最高，也是最常罢工的。② 在日本，第一次重要的罢工于1899年发生在日本铁道公司，工程师和技术工人以尊重和地位而不是自然权利的名义，抗议既存的工作分等体系以及他们必须向助理站长下跪的羞辱性要求。③

尽管战前的中国缺乏成功的工会组织，但铁路还是通过提高识字率和改善工人们的教育，对其劳动力的社会福利作出了重大贡献。我们要记住，即便铁路大院中有大量的技术工人，但半文 192
盲和纯文盲的比例还是非常之高。根据1930年在津浦铁路和胶济铁路劳动力中间进行的一份教育水平调查，津浦和胶济铁路工人中有55%是文盲或者仅受过少量教育。只有0.3%的津浦铁路工人和1.5%的胶济铁路工人文化程度在初中以上。④ 为了提高他们的教育水平，所有主要线路的铁路局都开设了识字学校。比如，1932年，津浦铁路管理局在浦镇、蚌埠、徐州、临城和济南

① Chinese Ministry of Information, *China Handbook, 1937 - 1943* (New York: Macmillan, 1943), list of national holidays, no pagination, front section facing preface.

② Gerald Friedman, *State-Making and Labor Movements: France and the United States, 1876 - 1914* (Ithaca, NY: Cornell, University Press, 1998), 94.

③ Sheldon M. Garon, *The State and Labor in Modern Japan* (Berkeley: University of California Press, 1989), 17.

④ 杨洪建，《徐州铁路工人运动史话》，第487页。

开设了 60 个扫盲班，请了 37 名教师——这些车站都有大量的货运职工。

因为缺乏资料，所以很难评估经历一段时间以后个别铁路局教育水平提高的状况。当然，国民党政府领导的铁路管理机构推动工人教育，不只是作为一种社会改革的手段，也是提高工人生活和工作满意度的一个必要步骤，最终可以避免罢工。[①] 共产党的劳工运动组织者在安源开办了 8 个班用于教育工人，意图从政治上给他们赋权，而在南京十年间，铁路局所提供的教育机会意在从专业上和物质上对工人赋权，以避免工作场所中的工人运动以及在政治上挑战国民党政府。

① 张德州，《我对于职工教育的将来观》，《铁路职工教育旬刊》1922 年第 1 期，第 15—16 页。作者是天津铁路工人学校的一名教师。

第六章　危机管理 193

战争给中国的铁路网造成了严重破坏。20世纪头二十年，中国铁路系统在开始阶段非常谨慎，到30年代前期和中期，总算开始了扩张。日本于1937年7月发动全面侵略，随后占领了华东地区的大片领土，也就意味着中国失去了许多铁路，从更大的角度讲，失去了铁路在华东和华中之间已经建立的联结。根据重庆的蒋介石战时政府统计，到1939年，中国失去了16条铁路线，有的被敌人占领了，有的是为了军事目的拆除。政府宣布它们“停业清算”，还组织了一个委员会，计划战争一结束，“各条铁路收复，就能立刻恢复并改善”。[①] 到1943年，战前的26880公里铁路轨道中，只有3520公里是由中国人在日占区以外的自由地区运营的。进一步说，破坏的记录还不包括被破坏的桥梁、车站以及其他建筑物，这些在战后都必须重建才能让铁路交通恢复。1945年战争结束，随后的几年铁路的确得到了初步重建，但再其后，轨道系统又在国民党与共产党军队的内战中遭到破坏。新中国政府在铁道兵和苏联工程师的帮助下，付出了大量努力进行重建，到1952年，重建的路网约有24000公里。[②]

---

① *China Handbook*, *1937 - 43* (New York: 1943), 240 - 241.

② Willy Kraus, *Private Business in China* (Honolulu: University of Hawaii Press, 1991), 51.

本章将讨论战争对中国铁路系统的影响，战争自 1937 年的
194 中日战争开始，到 1949 年的内战结束。津浦铁路既是管控着危机的交通公司和管理公司，又是镶嵌在地方社会中的机构，从而为我们提供了一个很好的视角来研究中国铁路如何应对战争的挑战。尽管津浦铁路穿过了江苏、山东和河北省，本章还是主要关注山东通道沿线的发展，这片地区是连接华北、山东半岛和长江流域的战略核心地区，也是日军出没的核心地带。到 1937 年底，津浦铁路才直接受到日本人的影响，但作为省内和全国铁路网络的一部分，铁路也受到了区域内变化的政治和军事权威，以及它们各自对基础设施造成破坏的影响。

本章第一部分从军事和战略的角度讨论战争对中国铁路系统造成的实际破坏。我认为，破坏是源于冲突双方所做出的战略决定：日军用铁路来推进军队，扩展占领领土，也会战略性地选择轨道和线路加以破坏。国民党的特殊部队对轨道和设备造成了极大破坏，以阻止日本人向内地继续推进。这种观点挑战了传统解释，即农村地区的共产党游击武装是主要的破坏者，这种观点也把负责破坏的国民党特种军与监管军队运作技术面的工程师密切联系在一起。

随后我的讨论将转向中国沦陷区在日本人管理下的铁路大院所发展出的管理与政治动态。口述历史访谈的材料表明，大多数的社会动态，包括雇用人手以及工作场所的等级制，在日本管理下都没有变化，仍然着眼于为了让效率最大化，创造一群合作甚至团结的劳动力。占领的确改变了区域工人团体的关系，他们第一次围绕着对日本人的愤恨团结起来，这是他们共同的敌人。第三部分表明，尽管在运营上存在挑战，但对于沦陷区的中国人而言，铁路仍是他们重要的经济生命线。铁路不仅运输了难民，

还运输了食品及其他关键性补给。我认为，铁路线作为一种实体
交通工具，也是区域货币循环和贸易流的标志，它仍然标明、划分 195
出一些经济活动区块，有时甚至几乎成功地逃脱了日本的控制，尤其是在农村地区。

本章最后一部分讨论中日战争末期以及内战时期的人流问题，当时从前的难民从内地回到了沿海。与此同时，共产党的部队和支持者开始接管东北地区以前日本人的铁路通道，以确立自己的影响，并开进华中地区。同样重要的是，在战争期间，中高级管理层中的许多人不得不随国民党逃往重庆和其他未被占领的地区，战后他们成功地恢复了过去在铁路大院和管理局里的职位。我认为这种态势疏远了许多技术工人和雇员，他们见证着自己在战争岁月里取得的一切进步被抹杀。这些还乡团主要是国民党党员，他们逃避了“爱国抵抗”，在内地等着战争结束，这就为共产党人的行动以及劳动力中间日益高涨的反国民党情绪打开了大门。随后劳动力倾向中国共产党而日益政治化，帮助组织共产党人在内战中沿着铁路前进，以及为 1949 年后接管机构做好准备。

战争与战略破坏

从中日战争一开始，铁路在确立和扩展军事控制上就变得非常重要。控制铁路线不仅提供了交通和运输的途径，也实现了具有军事和政治意义的关键目标。按照铁路线、枢纽或者区间在其整体军事行动中的特定战略角色，日本选择了不同的做法——要么破坏，要么守卫，要么兼而有之。例如 1938 年初发动的徐州会战，对阵的双方控制了同一条铁路线的不同区间。当时，中国的

国民党军队控制了连接津浦线和陇海线的徐州铁路枢纽，使得他
196 们能够命令援军，并且经平汉线获得来自武汉的补给。而日军则控制了津浦线两端的终点站，南端是南京的浦口，北端则是天津和北平，这就让中国人不可能永远守住徐州。①

在日本入侵之后，对军事行动至关重要的铁路和基础设施遭受破坏，这是中国战时历史尽人皆知的一部分。例如，1937 年 11 月的淞沪会战期间，日本飞机炸毁了沪宁铁路上绝大多数的桥梁。上海和南京沦陷之后，日军开往长江谷地的武汉，然后是南昌市——这座城市是抗日战争的中心，具有重要战略价值。江西这个省份一半沦陷，国民党的常规军和游击队控制着远离大城市的大部分区域以及铁路线。武汉会战开始后，日军主要沿长江南岸行进，结果国民党政府决定把其军队摆在江西省北部的昌九铁路一线以保卫武汉。这项行动最后没有取胜。1939 年 2 月，日军攻占南昌。日军计划进一步扩大对江西的占领，试图切断浙赣铁路，从而给国民党政府施加更大压力。②

史学家彼得·默克(Peter Merker)注意到，浙赣铁路具有战略意义，因为沿线分布着中国的许多空军基地。为了报复 1942 年 4 月美军对东京的第一次空袭，日本在浙江和江西发起行动，系统性地调动军队，要占领浙赣线全线，然后摧毁机场、铁轨和沿线其他基础设施。机辆的破坏使得浙赣铁路逐段关闭，从南昌一直向西延伸到湖南省边界。绝望之下，中国人放弃了铁路并摧毁

---

① 关于徐州会战，见 Diana Lary, "Defending China: The Battles of the Xuzhou Campaign," in *Warfare in Chinese History*, ed. Hans van de Ven (Leiden: Brill, 2000)，尤其是第 410 页。

② Peter Merker, "The Guomindang Regions of Jiangxi," in *China at War: Regions of China, 1937 - 1945*, ed. Stephen R. MacKinnon, Diana Lary, and Ezra F. Vogel (Stanford, CA: Stanford University Press, 2007), 288 - 313, 292.

了许多设施,让日本占领者也没法使用。到 1944 年,过去的 1000 公里线路只有 85 公里仍在运营。①

日本人对铁路枢纽和海港的战略性占领,使得沿河流和运河的水运成了商品、旅客和军队运输的关键性替代方式,尤其是在华南地区。用史学家穆盛博(Micah Muscolino)的话说,“水道、 198
铁路和战争交织在一起”。② 最臭名昭著的一个事件,是 1938 年国民党军队在郑州附近掘开了黄河大堤以延缓日军即将展开的侵略。大堤的破坏造成了灾难性的洪水,给试图逃离“生态变动”③的当地人带来了无以名状的悲剧。铁路运输的中断和破坏在特定的地区让水路运输作为替代方案得以复苏,并且创造出一些临时性的新经济市场和枢纽,而在战前,水运就曾经历过与铁路运输的竞争。④

相比之下,中国内地的线路,比如陇海铁路和南方从广州到汉口的粤汉线,就遭到了日军的轰炸,以阻止国民党军队进军。中国的铁路对部队运输及难民逃往内地和南方发挥了重大作用,1938 到 1949 年间,铁路的设备使用、旅客和货物运输能力及实体破坏等方面,都很快不堪重负。

1937 年,日本侵略中国,随后占领了山东省,这给津浦铁路及其管理带来了额外挑战。1938 年,日本积极夺取了津浦铁路和胶济铁路的控制权,并在沿线火车站建立起日军统治。直到

① Peter Merker, “The Guomindang Regions of Jiangxi,”第 293—294 页,第 311 页。

② Micah S. Muscolino, *The Ecology of War in China: Henan Province, the Yellow River, and Beyond, 1938 -1950* (Cambridge: Cambridge University Press, 2015)([美]穆盛博,《洪水与饥荒:1938 至 1950 年河南黄泛区的战争与生态》,亓民帅、林炫羽译,北京:九州出版社,2021 年), 16.

③ 同上,第 58 页。

④ 同上,第 72 页。

1945年，全线还有116座车站，因此我们可以假定这个巨大的实体网络被改作检查站，便于日本实施对山东的控制。[1] 鉴于津浦铁路为日军提供了在华北与长江流域运输军队、装备和管理人员最快也最有效的方式，对于日本的战争而言，津浦铁路也具有极端重要的战略意义。

日本不仅控制了铁路交通的管理，还控制了邻近铁轨的土地，他们用很强硬的手段把法律和秩序强加给这些农村社区。作为对日本压迫性军事存在的反抗，抗日战士们在济南南边平坦的农村地区反复破坏轨道以及重要的桥梁，蓄意阻碍日本军队的供应列车。《破坏公(铁)路办法》一类的小册子，解释了如何用最小
199 的努力、最少的设备来破坏轨道和机车。[2] 这些技术手册是由国民党军事管理机构的一个特殊单位出版的，目标读者并不是游击队，因为他们大多数是文盲。[3] 相反，这些是要培训军事人员，要求他们与铁路公司的工程师和技术员工配合，这些工程人员能够提供必要的专门技术和爆炸物，这是破坏轨道和路基最有效的办法。[4] 因此，蓄意破坏日本人控制的铁路，并不是中国共产党领导下的抗日战士所专有的策略。

从1949年以后由党提供资助的口述史研究项目我们可知，游击队中的一些积极分子是加入了中国共产党的工人，他们有基本的技术。这些游击队员不是在津浦铁路的工厂里获得的经验，

---

① 吕伟俊等，《山东区域现代化研究，1840—1949》，济南：齐鲁书社，2002年；David D. Buck, *Urban Change in China: Politics and Development in Tsinan Shandong, 1890 - 1949* (Madison: University of Wisconsin Press, 1978), 139.

② 军事委员会军令部第一厅第三处，《破坏公(铁)路办法》，军事委员会军令部第一厅第三处，1939年。

③ 与样宝清访谈，2005年10月，合肥。

④ 军事委员会军令部第一厅第三处，《破坏公(铁)路办法》。

而是在附近的博山煤矿以及山东半岛上的其他传统矿区接受的训练。[1] 这些铁道游击队员组成了七个不同的分支，每一支成员从 23 人到 300 人不等，组成“津浦工人破坏队”“烈山矿游击队”等来运作。[2]

1938 年和 1939 年，游击队成功破坏了轨道，袭击了日军的供应列车，并且抢夺了商品和其他有用的货物——武器、炸药，有时甚至还有工资单——这一点格外引人注意。可想而知，作为惩罚，日本军部会进入周围的农村地区进行扫荡，以避免进一步袭击。他们制定了一些很严格的规定，但效果不彰。例如，1940 年，济南的日本驻军公开发布了一道命令，限制轨道和主要道路边庄稼的高度，把游击队员在田地里伏击的可能性降到最低，免得他们等候在那里准备袭击日军。[3] 我没有证据表明山东的农民对这样的要求视若无睹，但我怀疑他们会遵守这样的规定，这意味着日本占领军存在一定程度的恐惧，也相当缺乏控制。

在战后中国共产党的叙事中，共产党人是真正的爱国力量，在山东进行的抵抗战争获得了地方社会各个阶层的强烈支持，这一叙事就充分利用了游击队的普遍性。例如，刘知侠可能亲身参与了山东的游击队，他创作了广受欢迎的小说《铁道游击队》，该书出 200
版于 1954 年，后来被改编成了一部同样受欢迎的宣传电影。[4]

不过事实上，游击队主要是由矿工构成的，大约有 5000 人，1940 年，他们驻扎在山东各地，而游击队中与津浦铁路公司相关

---

① 山东省总工会，《山东工人运动史》，济南：山东人民出版社，1988 年，第 232—250 页。

② 同上，第 233—235 页。

③ 战时山东省级与县级有关当地状况（铁路、水道和农耕等）的通知，1940 年，J 102-14-22，山东档案馆。

④ 知侠，《铁道游击队》，上海：上海人民出版社，1977 年，参见第 605 页作者的后记。

的铁路工人的数量就相对比较少了，大约只有 60 人。① 公司高技术劳动力们的工作条件比矿工和其他工业企业要好得多。因此，共产党的积极分子要渗透进工厂，说服技术工人以抗日斗争的名义故意拖延他们自己的工作，就变得更为困难。

日本另一个阻止破坏者切断日本军队供应线的策略是建碉堡。尤其是在 1941 年以后，日本急于在华北地区通过“大规模扫荡”和包围行动，清除共产党八路军的队伍。② 例如，驻扎在冀中地区的日本占领军 110 师团试图用建筑工程切断八路军基地和占领区之间的所有联系：“我们建了一条延伸几百公里的封锁线，向西直到平汉铁路。这条线由石墙和碉堡构成。墙高 2 米，底部厚 1 米。这条线切断了八路军通往冀西和冀中的补给线。建设这条线花了 70 天，动用了 10 万劳工。”③

与 20 世纪早期中国铁路公司的线路建设相似，日本从铁路沿线的村庄征发劳动力，不过，这些劳动力自然是被迫劳动的，没有工资。在 20 世纪 40 年代早期的整个华北地区，本地农民甚至在农忙时节也会被征发参加建设工作，这严重降低了农产品的数量和质量。④

黛安娜·拉里(Diana Lary)和其他史学家已经表明，日本在占领华北期间，对主要都市地区以外的地区采取了多种非常不同的处理方式。尽管日本控制着城市和周围地区，以及铁路和主要
201 道路沿线的地区，但他们没能控制农村。因此，在长江以北的许

① 山东省总工会，《山东工人运动史》，第 250 页。

② Ju Zhifen, “Labor Conscription in North China: 1941 - 45,” in MacKinnon, Lary, and Vogel, *China at War*, 207 - 226，尤其是第 220 页。

③ 同上，第 220—221 页。

④ 同上。

多1937到1938年间沦陷的地区(河北、察哈尔、河南、山东、皖北和苏北),游击队采取的武装反抗的形式,既有正式的军队,也有独立武装。津浦、平汉、陇海三条铁路构成了一个三角形,在这个三角形里确立起权力,就取得了对华北平原的支配——不是说能实际控制每一寸领土,而是能够支配这个区域的经济和社会资源。津浦铁路代表了控制华北农村地区的一种努力。①

因为担心游击队的袭击,日本人在轨道沿线采取了极端的安全措施,这些措施代价很大,以致让旅客和货物运输都变慢了,还需要特殊而昂贵的军事设备,比如装甲车(见图6.1),甚至还有装甲列车。这种较轻的附属铁路车辆,通常会在日军的火车队前方开道,以测试轨道和环境的安全,并以两个方向沿轨道运行。②例如,1939年,一名目击者这样描述平汉铁路沿线的状况:

> 现在火车会在每天白天运行两次,但只到彰德以南的小冀镇,再远的领土还在中央政府(国民党)军队的控制之下。看见每列火车的尾端都额外挂了一辆机车,的确很好笑,这样一来一旦没法继续前进,它就能立刻往回开。机车前面都装了一辆装甲车和一辆特殊的铁道坦克车,除此之外,每列火车都由超过100名日本兵严密保卫起来。在这样的环境下,要运营旅客和货物运输,难度可想而知。③

---

① Diana Lary, "The Context of the War" in MacKinnon, Lary, and Vogel, *China at War*, 8-9.

② Stephen J. Zaloga, *Armored Trains* (Botley, UK: Osprey, 2008). 我要感谢罗伯特·加德拉(Robert Gardella)分享他关于这种装甲列车用法的见解。

③ "Translation from a Chinese Memorandum: Situation in the Interior of North China," Hong Kong, January 18, 1939, box 4, folder "Puppet activities," 1930-1951, MS 781, Hsia Pin-fang (XPF) Papers, Baker Library, Harvard Business School (BLHBS).

游击队的活动绝大多数发生在农村地区，他们很少扩散到大城市。仅有少数几个例外，其中之一发生在1941年5月的上海，是法西斯性质的蓝衣社发起的活动，他们是要呼应支持共产党的游击队在靠近城市的地方越演越烈的活动，尤其是在沪甬铁路沿线。史学家魏斐德（Frederic Wakeman）指出，铁路很容易成为“日常恐怖主义”针对的目标，这些行动得到了位于重庆的国民党政府的支持，由蓝衣社实际执行。例如，1941年7月就有一枚巨大的定时炸弹将沪宁铁路的一段轨道炸开，破坏了15辆卧铺车。①

202

图6.1 日军的装甲轨道车，1938年。露丝·考恩·纳什(Ruth Cowan Nash)文件，约1905—1990年，MC 417，folder ＃ 592. Schlesinger Library, Radcliffe Institute, Harvard University.

---

① Frederic Wakeman, *The Shanghai Badlands: Wartime Terrorism and Urban Crime, 1937 - 1941* (Cambridge: Cambridge University Press, 1996)（[美]魏斐德，《上海歹土：战时恐怖活动与城市犯罪，1937—1941》，芮传明译，上海：上海古籍出版社，2003年），128 - 129.

即便津浦铁路因为战争而常常中断，但在1940年它还是运送了多达420万旅客。尽管本地人口在进行抵抗，他们与游击队员合作，或者同情他们，不断引发日本军部残酷的应对策略，这也在意料之中，但日本人在管理津浦铁路的劳动力时，采取了一种不同的手段。

日本占领下的工作场所 203

1937年夏中日战争爆发时，铁路是中国最大的蓝领和白领工人雇主。日本占领之后，从1938年到1940年，铁道部落在南京过渡政府手中，成为改名后的伪交通部的一部分，然后到1943年1月，又落到了汪伪政权的管理下，当时，伪交通部与伪水利委员会合并成立了伪建设部。但在1940到1941年的汪伪统治期间，伪铁道部仍然是一个科层实体。① 1945年战争结束，国民党政府对其结构和铁路再次进行了重组，到1949年内战结束，铁路都由交通部管理。②

为了确保山东、河北和整个华北地区占领军的补给不中断，就需要尽可能顺利地让津浦铁路运转起来，日本经理和工程师实现了这一目标。他们意识到他们需要依靠铁路站场里高技术中国工人的合作，因此他们试图通过改善工作场所的工作条件来笼络这些劳动力，而不是疏远他们。

一些改善还是很明显的。曾在津浦铁路工作的工人在访谈中表示，从1938年开始，他们就在日本的管理下工作，有免费的

① 刘寿林等，《民国职官年表》，北京：中华书局，1995年。

② 韦庆远、柏桦编，《中国政治制度史》（第二版），北京：中国人民大学出版社，2005年。

午餐，在农历新年，他们还能收到免费的返乡火车票，相比1937年以前，工作时间也更规范。[1] 例如，津浦维修工厂雇用的技术工人，在20世纪40年代早期每月工作21天，每天轮班10小时。这种时间安排的重要性，倒不在于有了休息日的休息和娱乐时间，而是它为黑市活动留出了时间。作为津浦铁路的职工，工人们有资格获得免费火车票，他们利用这种票加入了战时的黑市经
204 济，做起小买卖来。[2] 例如，一些工人乘火车从济南到位于山东半岛海滨的青岛，在战时，青岛的食品供给比鲁中地区更好，他们购买食品，尤其是谷物和鲜鱼，然后在济南的黑市上倒卖，赚取了巨大利润。[3] 对于那些在车站和列车上巡逻的日本铁路警卫而言，因为这些工人是津浦铁路的劳动力，他们以及他们的行李看起来就不那么可疑了。

在对济南铁路大院从事不同工种的退休技术工人的访谈中，有关日本管理下工作条件的回忆，不同个体的经历既有不同，有时也有相同之处。日本开始占领之后，津浦铁路雇用的所有工人都会抱怨他们艰难的劳动条件。他们获得这个职位，都是通过已经在津浦铁路上工作的亲戚或者同乡熟人作为中介。总的来说，对于十岁出头的人来说，成为津浦车间里的学徒，就是从之前的工作往上走了一大步，能够获得更高也是他们更渴望的薪水来养活家庭。例如，13岁的袁洪升曾在河北的开滦煤矿从事极为繁重的劳动，从矿坑里出来的货车上卸煤，后来到1942年，他在济南的机器工厂里担任机车司机的叔叔为他谋了一份工作。根据

---

① 与原津浦铁路公司工人访谈，济南机器工厂，济南，2005年7月15日。

② 见 Frederic Wakeman, "Occupied Shanghai: The Struggle between Chinese and Western Medicine," in MacKinnon, Lary, and Vogel, *China at War*, 272.

③ 与原津浦铁路公司工人访谈，济南机器工厂，济南，2005年7月15日。

袁洪升的口述，对于他的叔叔来说，这并不是一个容易的决定，因为他既恨日本占领者，也恨津浦铁路的管理者。[1]

在日本占领期间，工作场所的等级和同乡网络，与20世纪一二十年代类似，当时，大批工人来自河北省和天津市。日本经理并没有改变雇用非技术工人和技术工人的做法，仍然延续了中国的劳工合同体系。如果有什么不同，那就是日本管理层引入了新的条款，来界定不同的雇佣类别，比如用员或者雇员、准职员和职员这样的类别。[2] 这种新分类的意义在于，它们都用的是“员”这个词，表明是受薪工作，而不是“工”，即雇佣劳动或者一般意义上的工作。[3] 日本管理者肯定意识到他们普遍不受欢迎，可能也希望避免吸引劳动力组织起工会，以及与可能的共产党渗透有关的工人身份的兴起。但没有证据表明，工作名称的这一变动真的改 205
变了中国工人或者雇员的政治倾向。

根据老工人们的说法，我得出结论，津浦铁路的日本管理层成功地吸引了一些优秀的工人，尽管没有创造出对公司的忠诚，但至少也通过提供与职业训练和好处相关的激励，在劳动力中创造出了某种形式的合作。学习生要经历四年严格的训练，每天早上都要在教室里向中国和日本教师学习日语、道德教育、力学、冶金、数学等科目。每天下午则学习使用工具和技术。第二年，学习生每天下午就在工作场所参加实际的训练，每个月在不同的车

---

① 在济南机器工厂与袁洪升和马明生的访谈，济南，2005年7月15日、19日。

② 同上。

③ 根据卞历南的研究，对于工厂工人而言，“职员”这一术语是一个全新的范畴，之所以引进，是因为20世纪40年代在早期国有企业中管理科层的快速扩张。Morris Bian, *The Making of the State Enterprise Systemin Modern China* (Cambridge, MA: Harvard University Press, 2005)（［美］卞历南，《制度变迁的逻辑：中国现代国营企业制度之形成》，卞历南译，杭州：浙江大学出版社，2011年），84—85.

间轮转。最重要的是，日本管理层还会把他们送进山西和河北省的铁路训练机构，他们在那里会获得免费的专门职业训练。培训一结束，这些毕业生就会被分配到不同的车间，根据他们的能力和技术指派任务。①

日本管理层在培训铁路工人、让他们具备技术专长方面投入了大量资源，这对于日本的战争行动，也就是在中国的占领区内运营和管理铁路网络而言，至关重要。我从老工人那里听到的回忆让我相信，相比于被征收的工商业企业里的非技术工人，比如日本管理下的棉纺厂和缫丝厂工人，他们受到的骚扰和剥削没有那么严重。② 为了避免疏远与战争相关企业里重要的战略性人力资源，日本管理原则保持了对中国铁路工人的控制，但没有引起极端的疏远或者引发严重的破坏。

例如，从日本管理层的角度来看，出于安全原因，身份检查至关重要，但与此同时，对于中国劳动力而言，这又是一个敏感的议题。根据老工人们的回忆，每天早上，学习生都得打卡，但如果他们错过了工作，那他们的同事可以用他们的卡来代替他们打卡。毕业之后，工人们会领到工作识别证，在大院里需要佩戴。当中国工人进入大院时，日本警卫和中国警察会用严格的措施来管控
206 识别证，工人离开大院时，他们还会搜身，在工人们的衣服里寻找失窃的物件。③

---

① Morris Bian, *The Making of the State Enterprise Systemin Modern China*.

② Parks Coble, *Chinese Capitalists in Japan's New Order: The Occupied Lower Yangzi, 1937－1945* (Berkeley: University of California Press, 2003). 关于日占期间工作场所状况以及工人和管理者之间的互动，见 Elisabeth Köll, *From Cotton Mill to Business Empire* (Cambridge, MA: Harvard University Asia Center, 2003), 264－274.

③ 在济南铁路机器厂访谈袁洪升、侯嘉宽、尚麟祥与陈福彭，2005 年 7 月 14 日。

几位受访的工人都确认，在日本占领期间，中国劳动力和中国警卫之间的关系相对正面，但在1937年之前并不总是这样。日本管理层的出现引发了一波新的爱国热情，工人们按照区域团体绑定在一起，他们是按照家乡的不同方言以及他们在大院中不同的社会地位区分的。在少数情况下，对日本敌人，尤其是日本警卫的怨恨，会把“外地人”和“本地人”统一起来，据说在占领期间，这甚至阻止了山东工人与外地工人之间的打斗。①

铁路作为经济生命线

铁路完全是字面意义上的生命线，因为平民会在敌军进军时靠铁路逃离，从沦陷领土逃往中国的自由地区。战时拍摄的一些最令人震撼的照片，就表现了悲痛欲绝的平民以及中国军人在火车站外扎营，或者带着他们很少的一点家当，试图挤上已经超载的火车。②

战争对中国经济的负面影响，既表现在破坏和带有敌意地接管制造设备、货栈以及运输通道，也表现在日本占领军新制定的进出口政策中。中国经济主权的衰落以及经济结构和机构的破坏，造成了一个间接后果，那就是整个国家的货币状况陷入破碎和混乱，使得已经很困难的跨区货物流，尤其是自由中国与沦陷

---

① 在济南铁路机器厂访谈袁洪升、侯嘉宽、尚麟祥与陈福彭，2005年7月14日。

② 有非常丰富的照片，记录了战时中国难民在火车上及火车站的处境。有关弗兰克·卡帕(Frank Capa)和杰克·伯恩斯(Jack Birns)拍摄的这些感人的照片，可以参见 Stephen R. MacKinnon, *Wuhan 1938: War, Refugees, and the Making of Modern China* (Berkeley: University of California Press, 2008); Jack Birns, Carolyn Wakeman, and Ken Light, eds., *Assignment Shanghai: Photographs on the Eve of Revolution* (Berkeley: University of California Press, 2003).

区之间的货物流雪上加霜。杨格(Arthur Young)是国民党政府的一位经济顾问,早在1937年12月,他就对战争给关键性出口物品的征收和运输所造成的阻碍进行了量化,比如从内地沿粤汉铁路运到南部沿海的桐油、锑和茶叶等(见附录F)。①

1939年5月,中华民国财政部前部长宋子文(1894—1971)
207 所做的陈述,就突显了政府要维持对外贸易以获得外汇,并将货物从未被占领的内地运到沿海地区面临多大的困难。宋子文抱怨道:

> 自从敌对一开始,政府为了实现其外汇需求,被迫实行出口管制的体系,购买都是通过外贸委员会按官方规定的汇率处理进口。只要商品能够自由且快速地沿粤汉铁路线运输,这个系统的运作就会相当成功。然而,在过去六个月时间里,这种状况彻底改变了。交通中断,运输成本飞涨,使得可以通过出口获得的外汇数量断崖式下降。……与此同时,官方汇率与公开市场上外汇汇率之间巨大的差值,极大鼓舞了走私和其他形式逃避控制的活动。据报道,在湖北、湖南和四川省的大片地区,积累的出口货物数量非常之大,商人没法运走它们,纯粹就是因为运输的困难以及高到无利可图的价格,这是由控制系统人工维持的。如果我们允许这样的状况持续,那么它不仅必然会对内地的生产造成严重影响,也会对我们的出口市场造成影响。②

宋子文的评论谈到了一系列因为日本占领所带来的问题,这

① Translation of Chinese telegram, May 13, 1939, XPF Papers.

② Translation of Chinese telegram, May 13, 1939,宋子文从香港发给重庆的蒋介石和孔祥熙,标记为机密,box 4, folder "Special telegrams and letters," XPF Papers.

对中国的宏观经济和微观经济都造成了影响。首先，铁路货物运输的中断——具体到这一个案中是粤汉线的中断——使得创汇的出口货流显著下降，同时其他替代性运输方式的价格大幅提高。因为线路不足以及存在安全风险，公路运输既不可行，当时也不是长距离货物运输的经济选项；通过不同尺寸的商船运输货物倒是可行，但要慢得多，而且也面临日本沿主要水道进行破坏以及敌方征收的风险。①

战争造成的另一个主要影响是货币流通以及良币劣币之间 208
的竞争，这个问题也和铁路网存在密切关系。根据中国银行的一份内部报告，到 1939 年年中，内陆省份的货币状况不稳定且混乱，造成法币——也就是由中国银行和天津的交通银行专属发行的纸币——的交换地位变得和银圆一样高。中国银行高度关注这一趋势，因为这会导致当地人囤积纸币。囤积纸币之所以存在问题，是因为如果不妥善保存，纸币很容易损坏；许多农民也可能因此遭受重大损失。② 银行的一份报告指出：

> 内陆省份的政府采用了非常规政策来吸收法币（只有前述两家银行所发行的纸币），作为交换，他们发行"前线纸币"。通过强制与劝说，这样的努力取得了相当程度的成功。一开始，商店被无条件地供应了一定数量的"前线纸币"，要求他们过一段时间交还数量接近的法币。这一政策现在扩散到了平汉和津浦铁路沿线相当大的一部分地区，并且被强制实施，但很难确认到底有多少法币真的被交换了。也无法估计未来可能交换的数量。不过，据报道，已经发行的"前线

---

① Coble, *Chinese Capitalists in Japan's New Order*.

② "The Translation from a Chinese Memorandum," January 18, 1939, XPF Papers.

纸币”数量已经达到了七位数。①

按照中国政府当局的说法，这种地方货币政策及其干预之所以合法，是因为它保护了农民，让他们的法币免于被日本占领军或者位于南京的汪伪政权所罚没。因为法币的的确确有交换价值，所以日本人也想得到，但他们并不接受前线纸币，除了在铁路沿线划定的特定地区外，这种纸币没有交换价值。因此，中国的
209 地方当局认为，农民们保留后一种货币会更安全。当然，很难确定农民们是否相信他们自己的政府，是否愿意把法币交出去。地方政府必然也遭到了一定程度的抵制，因为中国银行报告说，它反复发布公告称，这一货币干预得到了重庆政府的批准，通过交换收集的法币也会被妥善保存，并最终交给中央政府。②

在战时，铁路枢纽和车站成了活跃的交易活动中心，尤其是在存在竞争性货币制度的区域。例如，河北省银行发行的纸币得到了当地政府的支持，但日本人和卖国傀儡政权也接受。但是在内陆省份，这种河北省纸币就不会被当成法币对待，这就使得在火车站周围出现了繁荣的兑换市场。一名见证者用绝佳的逻辑，描述了当地居民决定为了获得利益而兑换钞票，以购买生存所需的日常用品：

> 日常必需品，比如盐、煤油、面粉等，必须在铁道沿线的城市才能买到。在进行购买之前，农民们通常会带“河北省币”前往火车站周围，在那里把“省币”换成“储备券”，以便在兑换时赚取利润。（尽管换成法币他们能挣更多，但没人愿意这样做。）在内陆省份，不存在“河北省币”供应短缺的潜在

① “The Translation from a Chinese Memorandum,” January 18, 1939, XPF Papers.
② 同上。

> 危险；另一方面，盐和煤油等物资又是必需品，非得买到。结果，离铁道线 3 到 5 里(1 里＝0.5 公里)的地方就成了实际上的纸币兑换中心。最新汇率如下：1030 元前线纸币＝1000 元河北省币；1040 元河北省币＝1000 元法币。①

按照这样的汇率，本地的中国人能够用约 1070 元前线纸币
兑换 1000 元法币。换言之，1939 年，相对于前线货币而言，法币
值在内地要比在天津高约 5%，这就解释了为何战时持续存在将 210
法币走私到内地的活动。

尽管铁路区域和内地处于不同的政治控制下，但相互之间仍然存在交通。然而，人们要从铁路区进入内地，需要面临彻底搜查和严格检查，除非他们是当地人，或者能够得到当地朋友证实，否则他们的移动会受到谨慎的当地社区的持续监控。任何人一旦被发现携带了日本纸币，就会面临危及自身生活的风险，因为他们会被(正确或者错误地)识别为日本占领政权的合作者或者同情者。从内地进入铁路区的农民也会遇到同样的不便，他们的身体或者行李会被搜查，或者遭到问讯，只是程度可能没那么严重。占领区和未被占领区这两个区域同时存在，铁路通道沿线的日本人、共产党和国民党军队都彼此尊重铁路作为一条分界线，1939 年的这则描述将这几支军队之间的关系说得很清楚：

> 现在，日本军队的影响仅止于平汉铁道沿线 4 到 5 里的范围内，而红军和省政府的队伍常常渗透进铁道区。日本只能维持几个战略性的运输点，除了火车站，其他地方的军事准备和日本军队都不是很明显。实际上，日本军队不敢冒险

① "The Translation from a Chinese Memorandum," January 18, 1939, XPF Papers.

> 进入相对安全的铁路区以外的地方。内陆政府现在的做法，主要方向是加强他们的政治组织，以及强化对农民的训练，实际上并没有真正的机会让他们用其他形式参与与敌人的对抗。因此，在两个阵营之间，存在一种彼此不干预的氛围。①

走私是另一种与铁路基础设施的运转密切相连的重要经济活动。和平时期的走私，可以被界定为一种由专业人士为了牟利，明确破坏官方规定和政策而进行的贸易。② 然而在占领区和战时，走私通常带有在灰色地带进行非正规贸易的色彩，尤其是
211 当走私涉及基本生活所需的食品和工具性物品的供应和运输时。正如人们所料，铁路沿线参与走私活动的，除了有个体或者有组织的走私行商，也包括在铁路上工作的人。③

有特权管道获得食品和运输的中国人，比如参与黑市经济的津浦铁路工人，在农村和城市之间走私食品，这是对食品供应短缺、需求增加和价格飞涨所作出的合理反应，可以得到可观的收益。从民国早期以来，走私在铁路沿线就很常见，走私者、火车职工和站务人员之间通常会进行复杂的协作。例如，邮车押车员联合火车员工进行的鸦片和货币走私就是很常见的情况，在 20 世纪 10 年代末，这给津浦铁路的管理人员制造了大量问题。④

战争期间，津浦铁路甫一落入日本人之手，日军就自动加入了走私网络，这既是因为他们很容易提供必要的保护，也因为走

---

① "The Translation from a Chinese Memorandum," January 18, 1939, XPF Papers.

② Philip Thai, *China's War on Smuggling: Law, Economic Life, and the Making of the Modern State* (New York: Columbia University Press, 2018).

③ 同上。

④ 备忘录第 2509 号，河北邮政管理局，1918 年 7 月 11 日，W 2 - 152，425 - 426，天津档案馆。

私给他们提供了额外的个人收入。与其他商品一样，毒品供应也受到战争影响，上海的麻醉毒品市场上出现了鸦片短缺。日军作为中间人，填补了这个有利可图的市场空白，他们通过津浦铁路，走私华北地区的鸦片，再把它们卖给宏济善堂——这是一家伪装成制药公司的企业联合。魏斐德注意到，当山东省境内的津浦铁路中段成为游击队频繁攻击的目标以后，这条进入上海的鸦片供应链条就中断了。鸦片价格上涨，假毒品及伪造毒品的流入也有所增加，给城市里瘾君子们的健康造成了严重的影响。①

在内战时期，通过铁路走私也持续着。在粤汉铁路沿线尤其猖獗，集中在广州和香港的火车站周围，1945 到 1949 年间，这两地成了盘尼西林、鸦片、黄金及华南货币黑市贸易的枢纽。解密的 1946 到 1949 年间广州粤汉铁路警察局的文件，就提供了无数有关走私者身份、组织和犯罪策略的证据。② 正如人们所料，走私团伙形成了严密的等级网络，里面既有在列车上工作的男男女女，也有雇用的人，他们将物品搬运到车站或者搬上列车，在车到站后进行交接。警察对在广州火车站逮捕的走私犯的讯问记录 212
表明，大多数走私者都是普通人，没有案底。战争导致的贫困和流离失所让他们走上了这条路。这份工作仅仅需要听从指示的能力，还有通过中间人用现金支付这样的激励，而不必知道谁是走私运转的头目。③ 在整个抗日战争和内战期间，中国铁路通过把贸易网络上的供应商、中间人、消费者与新参与者连接在一起，

---

① Wakeman, "Occupied Shanghai," in MacKinnon, Lary, and Vogel, *China at War*, 272.

② 粤汉铁路管理局(1946—1949)，40 - 1 - 508，广东省档案馆。记录有关战后早期，以及 1949 年香港与内地边界关闭后广九线沿线走私活动的报告，参见香港历史档案馆：HK RS 48 - 1 - 254, "On smuggling," 1946 - 1953。

③ 粤汉铁路管理局访问记录(1947—1949)，40 - 1 - 6，广东省档案馆。

既支持了正规经济,也支持了非正规经济,这些人都从正在发生的政治危机中获得好处,也因此而遭遇了损失。无论是对于供应方还是消费者,中国铁路都维持着它在非正规经济中的关键性角色,到了 20 世纪 50 年代,合法和非法的私人经济活动都已日益边缘化了,被新的中华人民共和国淘汰了(至少是官方意义上淘汰)。

战时流动:难民与返乡者

1937 到 1949 年间中国铁路网遭到破坏,被迫中断,鉴于此,这样的网络到底能够为那些寻求前往中国自由地区以及更远地方的人,为那些继续在被占领土上生活和工作的人,为那些在第二次世界大战之后要从内地返回的人提供多少流动性,的确值得注意。随着战争的持续,铁路线要应对乘客、货物和部队运输的所有需求变得日益困难。为了改善与军事相关的物流,日本军部建立了一个铁道司令部,在每条线上设置区域总部,每座车站设置办公室,由司令部直接领导,以更好地进行协调。[①] 日军将各条线路都视为网络上不同的机构实体,这样一来,就承认了不同地方的运营挑战,并试图将他们自己的行政和军事力量所能达到的范围,扎在离轨道尽可能近的地方。

难民逃离了东部的江苏和浙江省,尤其是逃离上海和南京等城市,日本侵略者在这些城市里对待平民格外残忍,难民的困境

① 简笙簧,《粤汉铁路全线通车与抗战的关系》,台北:台湾商务印书馆,1980 年,第 111 页。

有来自不同视角的记录。在战争前期，西方观察员和记者在外国 213
出版物和报纸上对中国平民遭遇的各种可怕对待作出了评论，有一些也在上海公共租界发表——在 1942 年以前，这些租界因其法律地位仍处于日本控制之外。① 中国的战地记者用他们自己的声音来阐释正在进行的战争以及军队持续向前行进。然而，正如史学家柯博文(Parks Coble)所展现的那样，许多记者将自己的工作视为一项爱国使命，他们要提振公共民情，以便与日本人作战，因此对中国军队的抵抗、日本的暴行、平民包括难民的苦难轻描淡写。② 史学家萧邦奇(Keith Schoppa)关注逃离浙江省的难民们的命运，以及他们个人前往内地的行程，他动人的描写能让我们更好地理解难民们在国内环境中的经历，以及这如何改变了人们的认同。③

在大多数情况下，难民们前往内地的行程，都会使用好几种交通工具，包括火车、大巴、轮船、独轮车，当然还有他们自己的双脚。尽管许多铁路遭到破坏，部分区间中断，但至少它们仍然在线路上提供部分服务，只是时刻表变得越来越不可靠。在火车站里候车，最后可能要等上好几天列车才会出现，而且在提前不久才会通知，这就消耗掉了难民们在行程中的大部分时间。来自各种社会背景的难民不得不应对种种问题，比如基本住宿的缺乏、

---

① 例见《字林西报》(*North-China Daily News*)及《密勒氏评论报》(*China Weekly Review*)上的新闻报道，日本占领头三年的其他外国出版物，于 1940 年由徐淑希(Shuhsi Hsü)汇编在 *A New Digest of Japanese War Conduct* (Shanghai: Kelly and Walsh, 1941)之中。

② Parks M. Coble, *China's War Reporters: The Legacy of Resistance against Japan* (Cambridge, MA: Harvard University Press, 2015).

③ R. Keith Schoppa, *In a Sea of Bitterness: Refugees during the Sino-Japanese War* (Cambridge, MA: Harvard University Press, 2011)([美]萧邦奇，《苦海求生：抗战时期的中国难民》，易丙兰译，太原：山西人民出版社，2016 年).

食品短缺、不卫生的条件、疾病、疲劳，以及被剥夺了各种物质享受。例如，知名艺术史学家梁思成和林徽因伉俪于 1937 年 9 月离开了北平的家，他们乘火车前往天津，再从那里坐船到青岛，然后乘火车去往济南，希望能够到达一个安全的目的地。“换了五次地方之后，无论我们能到哪里——最好是长沙——中间尽可能少遇上空袭”，就是他们的愿望。① 这家人“迂回前进”，从长江上的汉口进入湖南省，到达了长沙，但频繁的空袭赶着他们继续走，前往云南省的昆明，当时日军的飞机还飞不到昆明。尽管存在着大巴故障、石油短缺、疾病以及连绵的危险，他们还不得不带着年幼的孩子走夜路，但这家人最终还是凭抗逆力和好运气，到达了目的地。②

214 难民们能找到的交通工具一直在变动，他们几乎不可能提前规划他们的行程。尽管如此，即便在战时，和汽车、轮船及徒步行走相比，火车还是相对快速且安全。然而，对日本人有战略利益的线路要更危险，因为日军在他们的炮轰和飞机轰炸行动中，可以很容易辨认出火车站甚至列车作为打击目标。熄灭车站和客运列车的灯火并不能让列车在夜间运行变得更加安全。在陇海铁路上，因为日军袭击，列车事故频频发生。这意味着旅客要等候很长时间，因为要征调移动起重机去移走被破坏的机车，才能够修理铁路，恢复旅程。③

---

① Wilma Fairbank, *Liang and Lin: Partners in Exploring China's Architectural Past* (Philadelphia: University of Pennsylvania Press, 1994)([美]费慰梅，《梁思成与林徽因：一对探索中国建筑史的伴侣》，曲莹璞、关超译，北京：中国文联出版社，1997 年), 101.

② 同上，第 103—105 页。

③ W. H. Auden and Christopher Isherwood, *Journey to a War* (London: Faber and Faber, 1939)([英]W. H. 奥登、[美]克里斯托弗・伊舍伍德，《战地行纪》，马鸣谦译，上海：上海译文出版社，2012 年).

很多文学作品都描写了难民试图逃离日占区的问题，以及铁路沿线难以避免的混乱，这些作品不仅描写了担惊受怕、背井离乡但仍有求生意志的人们，有时还对身处生存危机中的人们的行为进行了讽刺性反思。有关全国各地难民旅行经历的描写非常之多。① 例如，作家萧红（1911—1942）在她的短篇小说《逃难》中，以主角对自己的提问作为开始："这火车可怎能上去？"在她的虚构描述中，主角和他的家人错过了很多趟火车，或者没法登车，因为他们无法决定带什么上路，以及是否要带着沉重的行李箱和家居用品。经历了许多挫折，夫妻之间也多次争论，最终这家人上了车，但是在匆忙上车的过程中，他们把行李弄丢了。萧红本身从上海经过内地逃到了香港，在火车站上，她一定遇见过类似的人群。这家人把个人用品撒在铁路线或者站台上的画面，为那些背井离乡的中国难民，以及他们徒劳地想在战时通过物质财产紧紧抓住自己尊严和身份的行为，提供了一种强有力的隐喻。②

对于用火车将难民运输到中国内地所引发的混乱，最吸引人的文学描写是作家陈白尘（1908—1994）发表于 1939 年的戏剧
《乱世男女》。在南京火车站有一群角色不同的人物，包括一名在 215
休假的反抗者，一名同时也是成功商人的官员，一名夜总会表演者，一名编辑和一名作家，1937 年 11 月，就在残暴的日本人攻击这座首都并最终将其占领之前几周，他们要乘一辆非常拥挤的火车离开这座城市。这出戏剧的角色们全都是富裕的市民或者知

---

① 例见清音，《战时八省旅行记》，无出版地：大华图书杂志社，疑为 1940 年；绝佳的照片记录，可参见中国铁道博物馆，"抗日烽火中的中国铁路"，2016 年。

② Xiao Hong, "Flight from Danger," in *The Dyer's Daughter: Selected Stories of Xiao Hong*, trans. Howard Goldblatt (Hong Kong: Chinese University Press, 2005), 251 - 271.

识分子，在这程前往汉口的长途列车上，他们表露出自己的政治和社会主张、自私的利益以及只考虑他们自己的福祉，进而对坚持趴在火车顶上以期过上更好生活的难民们的困境完全视若无睹。陈白尘不仅生动地捕捉到对稀缺资源（好座位、食品和饮品）的争夺，并且从包厢的动态中发展出了一种叙事，他还对这些经济和智力精英加以批判，他们对于进步观念的支持只是动动嘴皮子，对于战时的抵抗，对于那些与他们同行但没那么幸运的人以及整个社会的福祉，缺乏真正的投入。战争爆发后，陈白尘迁往了四川省，这一过程肯定给他提供了一个绝好的机会，去观察国家危机压力下人们的行为。战争和流离失所给我们已经很熟悉的“包厢中的戏剧”增加了一层全新的存在论与道德困境。①

那些在路上已经走了好几年，决定要留下来或者返回占领区的人，是怎样继续在日常生活中使用铁路的呢？我在上海和南京对居民进行了访谈，了解他们战时的经历。南京市民陈信生的故事可以揭示人们为什么决定返回，以及他们如何适应占领之下各种形式的生活。② 陈信生是南京本地人，有七个兄弟姐妹，1937年11月底，他父亲集合全家人逃离南京，那时还来得及逃脱日本对城市的进攻，这是他第一次坐火车。这家人一开始徒步，后来坐船，于1938年年初到了汉口。然后他们登上列车，先到了长沙，再继续往南去广州。陈家到达广州以后，火车站遭到了日本人轰炸，受损严重。铁路职员没有办公室，他们被迫在经营场所的一个小行李箱上售票。作为这种实干态度的补充，当时不再有

① Chen Baichen, “Men and Women in Wild Times,” in *Twentieth-Century Chinese Drama: An Anthology*, ed. Edward M. Gunn (Bloomington: Indiana University Press, 1983), 126-173.

② 与陈信生访谈，上海，2005年9月。感谢杨大庆介绍我认识陈信生。

头等、二等和三等票之分，因为列车上的人多到令人绝望，列车时刻表也变得没有规则。①

这家人从广州坐船来到香港，他们在香港待了一段时间。然而，那里难民太多，整个家庭要留下来太过昂贵，1938 年底，他们 216
乘坐一艘挂着英国国旗的船只回到上海，并且在公共租界找到住处。日军在南京对平民进行恐怖屠杀之后，局面多少平静了下来，家中的男性成员决定返回南京，查看他家的五金店和家宅的命运。陈信生的母亲和姐姐们留在了上海租界里的安全区域，他则和他父亲与兄弟乘沪宁线返回南京，当时，负责铁路运营的日本当局已经将铁路改名为“华中铁道”。②

在访谈中，陈信生指出了日本人管理铁路的一些积极方面，这可能令人惊讶——这是一个不太受欢迎的视角，意图展示爱国抗争的官方叙事和口述史对此都付之阙如。在陈信生看来，日本管理下的车站和列车，高效、守时，且有秩序。陈信生还记得他在火车站入口处看到日本士兵向乘客喷洒消毒剂以防止疾病蔓延时的恐惧。火车跨过了公共租界和日本租界的界线之后，日本士兵在检查点对所有乘客进行了搜查。③

陈信生的回忆提醒我们，在占领期间，日本士兵、日本雇员以及中国铁路工人都受雇于“华中铁道”。在列车上，日本士兵控制着车票，并且在车厢中定期巡逻，搜查“危险”物品，比如武器、军用材料以及走私品。在沪宁列车上工作的人，包括机车司机，都是中国人，他们被叫作黑帽子，因为他们穿着黑色制服，带着黑色

① 与陈信生访谈，上海，2005 年 9 月。
② 同上。
③ 同上。

帽子。然而列车长是日本人。①

在整个战争岁月里，上海到南京这段铁路见证了太多黑市活动。例如，人们会从农村带上几包谷物上车，带到上海，就可以轻松赚取高额利润。对于这些黑市小商人而言，铁路线提供的流动性至关重要，他们被叫作跑单帮。这个名词，字面翻译就是“一个人的行走团队”，指的是商贩一个人在城市与乡村之间来回往返，
217 而不是在一个有组织的走私团伙里做生意。② 黑市商贩也因为他们和中国铁路职员的密切合作变得小有名气，职员们同意他们带商品包袱进入车厢，以换取贿赂。③

最后，陈信生的回忆强化了这样一种印象，那就是在日占期间，按不同类别对车票进行分级的体系不像战前一样普遍。一方面，头等和二等车要么是没有，要么它们的条件已经很糟糕，额外付钱也不能保证更好的条件。另一方面，日本军队及管理官员，以及日本商人要乘坐头等或者二等车旅行，所以中国乘客哪怕像陈信生他们家一样富裕，也只能乘坐三等车旅行，或者更愿意坐三等车。无论是在头等车还是三等车，旅客们旅行时都必须很有耐心，因为即便轨道条件尚好，通常也会花掉预定时间的两倍。之所以严重晚点，是因为军运优先，遇到军列会要求客列开到侧线上让车，等军列开走，旅客才能继续行进。④

陈信生作为难民并回到占领区的经历相当具有代表性，一大批中国人，主要是城市居民，只要有足够的手段进行铁路旅行，都

① 与陈信生访谈，上海，2005 年 9 月。

② 李子明，《火车上的民国》，北京：中国铁道出版社，2014 年，第 192 页；亦见中国铁道博物馆，“抗日烽火中的中国铁路”展出的照片。

③ 与陈信生访谈，上海，2005 年 9 月。

④ 与陈信生访谈，上海，2005 年 9 月。

会如此。他的个案也表明,即便是在战时,铁路也在继续提供一定规模的流动性,使得人们能够为了工作或者个人原因而进行相对短距离的旅行。尽管在中国的沦陷区,日本军队成了中国铁路基础设施的一部分,但出于实用的原因,人们继续在敌人的管理之下旅行。日本人提供的服务到底比中国人提供的更好还是更坏很难判断,因为战争和政治的影响都太直接,也太具破坏性。从运营上看,日本的铁路管理在提供服务方面似乎相当成功,其劳动力形形色色,包括了日军、中日两国的平民,他们分布在一张巨大的车站网络上,以及城市里的铁道大院中。1945 年,战争结束,战败的日军撤离,铁路系统似乎没有太多时间来恢复和重组,就得应对从战时首都重庆和昆明返回的新一波人潮,他们要去往东部沿海,流离失所的平民也要从全国各地返乡。

总 结 218

从 1937 到 1949 年,中国的铁路变得军事化了,成为日军、国民党军队和共产党军队之间战斗的一种战略工具。有关对津浦线的战略性袭击的研究,证实了拉里的观点,即抗日战争期间对铁路的策略性使用,复制了军阀们曾在民国早期使用过的一些策略。[1] 从铁路线的角度看,军事和战略的影响与这个机构的业务和管理利益并不一致。在战时,中国的铁路轨道和铁路设备的破坏存在巨大的区域差异,一些区域遭到了灾难性的后果,而日本统治下的铁路大院则没有遭到显著的实质破坏,依旧运作。

① Lary, "The Context of the War," 8 - 9.

对中国历史上铁路发展的大多数现存研究都止于1937年。[①] 更细致地考察中日战争及内战时期，还有被占领土上工作场所中铁路劳动力和管理领域的政治动态，对于我们理解1949年以后铁路网的快速恢复，以及共产党领导下的科层体系会有所助益。1937年，津浦铁路一落入日本人之手，就成为日军往北方进行补给的生命线，日本管理层采取了压迫和让步的混合策略，意在收编有技术的中国劳动力。对日本占领期间工人的口述史访谈揭示出，1937年以后，津浦线上技术工人的工作条件相对较好，因为他们对于日本要在战争中努力维持具有战略重要性的基础设施至关重要。我认为，与过去职工和铁路管理者隶属于国民党时期的管理相比，在日本的管理之下，铁路工人并不必然干得更糟。

在前文中我已指出，民国时期的国有铁路线面临着独有的挑战，这是由独特的地方政治模式和特定的地方经济状况造就的——1937到1945年间的战争所带来的挑战，使得这些问题都被放大了，但在不同地区有所差异。对于日本的战争行动而言，铁路在战略上的主要意义，包括在经济上维持占领，意味着铁路

① 参见 Leung Chi-Keung, *China, Railway Patterns and National Goals* (Chicago: Department of Geography, University of Chicago, 1980); Ralph William Huenemann, *The Dragon and the Iron Horse: The Economics of Railroads in China* (Cambridge, MA: Harvard University Press, 1984)；张瑞德，《中国近代铁路事业管理的研究：政治层面的分析(1876—1937)》，张瑞德，《平汉铁路与华北的经济发展(1905—1937)》。

的客运和货运功能都要服从于军队的议程，并且面临迫近的实体 219
破坏的持续威胁。不幸的是，在国共内战期间，1945 年以后修复的轨道和设施大部分又被破坏了，使得抗战胜利后中国的国家铁路网不可能进行重建和扩张。

直到 1949 年以后，作为中国国家建设的内在部分，铁路才成功地有效发展起来，当时，国家雄心勃勃地将铁路网扩展到了西部、华南和华中地区。没有了竞争性的政治和经济议程，铁路建设和管理完全处在社会主义政府的控制之下，受到关系国家安全的政治项目和经济发展的驱动，政府用了一个高度集中化、军事化的体系来进行铁路管理。1949 年以后，中国铁路网的扩张，与确立并巩固新成立的社会主义民族国家的实体和意识形态同步，最终为中国人民提供了大规模运输——在战争期间，这个目标是不可能实现的。

第四部分

走上社会主义的轨道

第七章 战后的重组与扩展 223

第二次世界大战之后的十年，世界上铁路网的发展分成了截然不同的两部分，且两者的差距还在扩大。在拥有相对自由市场经济的国家，铁路成了一种成熟的技术，甚至已经开始走向衰落。战后，西欧的轨道里程没有显著增长。从1945年到1954年，美国的铁路网事实上在以每年约1000公里的速度收缩。相比之下，铁路在共产党领导之下的国家得到蓬勃发展。二战后的十年间，苏联平均每年增加850公里的轨道，20世纪60年代，革命后的古巴每平方公里上的平均铁轨里程高居世界第一。[①] 整个冷战时期，铁路在拥有中央经济计划的社会主义国家繁荣发展。1949年革命成功之后，中国铁路网显著扩展，中国也成为前述趋势的一个极好例证。

为了实现路网扩展的目标，1945年日本投降之后，中国的铁路管理不得不作为优先事项进行全面改革。首先，日本的投降意味着中国各地的铁路，包括东北的原伪满洲国(日本于1932年到1945年在东三省控制的傀儡政权)和台湾(1895年到1945年受到日本殖民统治)的铁路，都需要重新统一、重新组织到一个管理体系内。尽管本

① J. N. Westwood, "Soviet Railway Development," *Soviet Studies* 11, no. 1 (July 1959): 33; Iván Wiesel, "Cuban Economy after the Revolution," *Acta Oeconomica* 3, no. 2 (1968): 203-220.

项研究有意排除了日本人在东三省运营的铁路,比如南满铁路,但1945年之后对它们的整合,是内战期间机构建设很重要也很艰难的一环。1946年,苏联人出现在东北,这使得政治和领土状况愈发复 224 杂,战后初期,存在混乱本属正常,集中化的努力就是一项艰巨的任务。国民党政府提出以区域管理的办法对铁路进行重建,这表明中央政府对铁路系统提供的财力和人力资源支持极为有限。

机构发展的第二个关键性因素,是随着国民党与共产党之间的紧张加剧,需要重建铁路大院和线路运营。从1946年开始,共产党的活跃分子就日益渗透进铁路大院的劳工和社会政治结构当中,但他们需要暗中从事这些工作。我们会看到共产党的渗透事实上是一个渐进的过程,之所以能够实现,是因为工会为他们的组织提供了一个党的议程的秘密平台。

本章将从多方面支持近期的一种历史解释,那就是共产党进行革命性接管的1949年,并不像人们所想的那样是一道分水岭。尽管1949年以前共产党就已经在一些铁路局里建立了支部,也开展活动,但直到1950年,即中华人民共和国成立之后一年,有一些铁路局才组建起自己的党组织。在国家层面,到20世纪50年代早期,铁路管理还没有开始以一个中央化的实体进行运作。这种解释与一些研究从民国晚期到中华人民共和国早期中国社会转型的史学家们的评估一致。[①] 但我的研究也将强调,战前线

---

① 例见 Jeremy Brown and Paul G. Pickowicz, eds., *Dilemmas of Victory: The Early Years of the People's Republic of China* (Cambridge, MA: Harvard University Press, 2007); Sherman Cochran, ed., *The Capitalist Dilemma in China's Communist Revolution* (Ithaca, NY: East Asia Program, Cornell University, 2014); 张济顺,《远去的都市:1950年代的上海》,北京:社会科学文献出版社,2015年; William C. Kirby, "Continuity and Change in Modern China: Economic Planning on the Mainland and in Taiwan, 1943 - 1958," *Australian Journal of Chinese Affairs*, no. 24 (July 1990): 121 - 141.

路运营和建设管理中的一些熟悉的实践和做法，一直延续下来，后来通过中国共产党的意识形态视角得到了重新塑造。

本章开篇将讨论1945年之后随即进行的铁路系统重组，以及统一有着不同政治历史的机构单位和管理过程中遇到的困难。中国的劳动力中，技术工人和技师数量较低，因此对东北和华中地区的日本技术人员的遣返采取了不同的做法。本章第二部分探讨在整个20世纪50年代，中央政府的政治和经济目标是如何塑造了铁路的角色，并引导了铁路的重组和扩张。我们会讨论到铁路局作为一个行政管理实体，在党的强有力领导下、在技术工人的支持下得以形成，这些工人工资相对较高，还能获得较好的 225
社会服务。铁路工程师得到了党的资助，并且受到中国工业发展的第一个五年计划的需求所驱动，他们为了快速获得技术知识，前往苏联学习，苏联的工程师和技术人员在工厂和办公室里献出了他们的技术和管理专长。这样一种协助对于华北和东北地区铁路线的重组尤其重要，但南方地区线路的运营就不太需要。

在说明党的机构整合以及从政治上接受外国专业技术进入铁路大院后，本章讨论在军队的帮助下铁路线向外部扩展以及新铁路线的建设。一支中国人民解放军领导下的铁道兵部队组建起来，通过大规模动员人力资源和物质资源，铁路建设得以在中国内地强有力地推进。我认为，国家通过把军队整合进地方社会之中而得到呈现，是以民国时期建设过程中类似的一些实践为基础的。本章最后一部分将讨论铁路在国家推广的宣传以及文化生产形式中的运用。在电影、书籍、歌曲和宣传海报上出现的铁路图像，提高了这套运输系统的重要性，让它在社会主义国家建设中扮演引擎角色。我的分析将表明，铁路对国家的利益提供了空前的帮助，而铁路作为一个运营和管理机构，也巧妙地将守时和效率等在1949年以前就已为人所熟悉的“铁路价值”，转变成了新中国的“社会主义价值”。

管理巩固和党的整合

1949年10月1日，中华人民共和国成立，此后，铁路系统的行政管理组织和经营，就被整合进了新政府政治经济议程并成为其核心部分。作为实体运输方式，所有现存的铁路线都成了人民铁路系统的一部分。从抗日战争结束到共产党取得胜利这期间，
226 国民党努力对铁路系统进行重建和巩固，国民党在这一过程中所确定的框架，也自然而然地成为系统的制度改革和创新的基础。[1]

中华人民共和国政府继承的这个铁路网实体，既有老问题，也有新问题。作为国民党政府“战后恢复”计划的一部分，一部分铁路已经得到了修复[2]，但内战期间，国民党军队和共产党队伍之间的军事行动与战斗，对网络造成了严重损坏，使修复化为泡影。按国民党自己的说法，到1947年，大约有6400公里的轨道被“共匪破坏或者抢占”[3]，尤其是在东北和华北地区。例如，为了确立对华北地区根据地的控制，共产党军队六次炸断平汉铁路北平到保定段。国民党为了回应“共产党持续破坏”[4]，五次对这条具有战略重要性的线路的路基进行了更换，但仍然没法完全恢

① “Rehabilitation of Railways,” in *China Handbook 1950* (New York: Rockport Press, 1950), 610 - 619, 614 - 617.

② 同上，第610页。

③ 同上，第614页。

④ 同上，第615页。

复交通。以津浦线为例，山东省在内战期间是主战场之一，1948年，省内的干线和支线有430公里遭到了破坏。因为维修和修复的工作都会被共产党人迅速的反击所破坏，因此国民党政府的恢复计划只在长江以南地区取得成功，当时，这片地区没有共产党的军事存在，而恢复意味着在没有任何外界干预的前提下对日本人所破坏的线路加以修复。①

人民解放军的战略，从"运动的游击战"发展到统一指挥下的"持续机动作战"，这是共产党战胜国民党军队的军事行动的一个重要转折点，控制铁路线则是这一战略的重要因素。② 例如，1948年秋天在东北进行的辽沈战役中，解放军控制了通往沈阳和吉林省的主要铁路线和道路，这就使得国民党军队既没法撤退，也没法增援。③ 这种战略促成了共产党在北方地区的胜利，并且让中国工业化程度最高的地区牢牢地掌握在了解放军手中。在淮海战役中，这一战略更为明显，津浦线与陇海线以及铁路枢纽成为战略标志。在这场战役中，人民解放军击败了国民党军队，确保了对上海、南京以及长江下游地区的控制。④ 国民党军队撤退、人民解放军进军、难民前行，要么在移动，要么困在车站

---

① "Rehabilitation of Railways," in *China Handbook 1950* ，第615—617页。

② Larry M. Worztel, "The Beijing-Tianjin Campaign of 1948 - 1949," in *Chinese Warfighting: The PLA Experience since 1949*, ed. Mark A. Ryan, David M. Finkelstein, and Michael A. McDevitt (Armonk, NY: M. E. Sharpe, 2003), 69.

③ 同上，第57—59页。关于国民党和共产党在东北地区的战斗，以及他们的战略性军事决定，有一项详尽的研究，参见 Odd Arne Westad, *Decisive Encounters: The Chinese Civil War, 1946 - 1950* (Stanford, CA: Stanford University Press, 2003), 172 - 179.

④ 同上，第60—62页。

227

图 7.1　国民党军队向长江流域撤退，1949 年。杰克·伯恩斯(Jack Birns)摄，The LIFE Picture Collection/Getty Images, 92936543。

上，在革命的前夜向铁路网的运转进一步增加压力(见图 7.1、7.2)。①

1946 年 3 月，国民党公布了一个官方的区域管理系统，以期提高效率和改善经济表现。然而，仔细考察会发现，铁路分成了 14 个区，这与战前以既有干线为基础的铁路局划分并没有本质区别，只是对区域进行了重新命名。② 区域干线作为管理单位，也要控制较小的线路和支线。例如，津浦区的总部仍设在济南，管理天津与浦口之间的干线，从青岛到济南的铁路(即过去的山东铁路)，较短的石家庄到衡水区间，以及蚌埠到水家湖支线。在

① Jack Birns, Carolyn Wakeman, and Ken Light, eds., *Assignment Shanghai: Photographs on the Eve of Revolution* (Berkeley: University of California Press, 2003)([美]杰克·伯恩斯,《内战结束的前夜:美国〈生活〉杂志记者镜头下的中国》,吴呵融译,桂林:广西师范大学出版社,2005 年).

② 这一分区及各区内线路的完整列表，参见陆仰渊、方庆秋,《民国社会经济史》,北京:中国经济出版社,1991 年,第 738—740 页。

图 7.2　浦口火车站上的难民家庭，1949 年。杰克·伯恩斯摄，The LIFE Picture Collection/Getty Images, 50517110.

分区秩序上唯一的重大变化，可能是加入了一个新的台湾区。作为省政府管理机构的一部分，区域铁路管理委员会负责对日本殖民统治时期(1895—1945)在这个岛上建设的铁路进行重新组织。①

1949 年，运营秩序和管理集中化都在稳步推进，但就多个方 228 面而言，这一年并不像人们所期望的那样是中国铁路系统重组的一个分水岭。对于新政府而言，首要也令人印象最为深刻的问题，是中国共产党开始出现在各个铁路局，以及主要线路的铁路大院和工作场所中，并建立起组织结构。在东北地区过去由日本人运营线路的大院和工厂里，苏联的影响在 1946 年 5 月日本撤离之后填补了权力真空，当时，共产党人已经开始了军事行动，党组织也组建得非常早。例如，大连的大型机器工厂过去服务于南

① 陆仰渊、方庆秋，《民国社会经济史》，第 740 页。

229 满铁路的总部，早在 1945 年 11 月，大连铁路工厂党支部就已经秘密建立起来。① 鉴于初期政治局势不稳定，党组织和书记不得不同工会委员会合作，并且以其名义展开运作，到了 1949 年 5 月，他们才能在工厂里公开党组织的运作，这时离中华人民共和国成立只剩五个月。②

在华北和东北地区的许多大型铁路大院里，党组织从秘密运作到羽翼丰满的过渡岁月，使得中国共产党能够参与到与铁路工厂及其劳动力相关的许多重要政治和社会事务当中，从而强化了其政治地位和合法性。例如，1946 年 3 月，中共党组织成功地领导工会就加薪问题进行协商，共产党还与大连工厂的管理层一道，组织将超过两百个中国家庭安置到日本人被遣返后空出来的大院住房之中。③ 因此，在战后的中国，面对持续的物质困难和政治动荡，许多铁路工人和职员都实际体验到了经济和社会意义上的好处，这样一来，中国共产党在全国范围内的铁道大院里都赢得了信任，它是一支有着务实和强大的社会议程的政治力量。

国民党、苏联人甚至中国共产党都有着类似的实用主义取向，在战争刚结束的时段他们都允许雇用日本工程师和技师，以便确保包括铁路在内的特定战略工业能够持续有效运作。1932 到 1945 年间，日本帝国主义占领东三省，并且引进日籍雇员来运营南满铁路，1945 年前后，在东北地区，中国技术工人缺乏的问题变得尤为显著。鉴于此，苏联在 1945 年 8 月到 1946 年 5 月间控制原伪满洲国地区时，并没有正式直接将日本公民从东三省遣

① 大连机车车辆工厂厂志编纂委员会编，《铁道部大连机车车辆工厂志，1899—1987》，大连：大连出版社，1993 年，第 28 页。

② 同上，第 29 页。

③ 同上，第 28 页。

返回日本。根据史学家罗威纳·沃德(Rowena Ward)的说法,一些受雇的日本技师还像过去一样继续完成他们特定的工作任务,而另一些人则被安排训练中国本地工人,让他们做好未来接管铁路运营的准备。尽管工资相对较高,国民党也制订了雇用日籍技师的规定,但迟早有一天,他们都会随着自1946年12月开始的一波接一波的有组织遣返而离开中国。①

当然,东北地区之外的铁路大院就没有同样的问题。在第六章我们已经看到,即便是那些在占领期间由日本人管理的铁路 230
线,运作的时候仍有相当高比例的中国技术工人和中国工程师,他们在一小批日本管理人员和军方人员的领导下开展工作。1945年,抗日战争结束,过去被占领区域的铁路局和铁路大院,不仅面临日本职工和军方人员的离开,也面临老雇员们的返回——他们1938年随国民党政府离开,在内地未占领区等待战争结束。就津浦铁路而言,1945年秋天国民党收回了设备和运营,并对线路进行了重组,建立了两个铁路局,一个在济南,一个在徐州,以地理为基础负责行政管理。② 除了济南工厂,济南铁路局还要负责青岛工厂。在战争期间留在济南忍受日本管理和军事占领的工人们,对于新的工厂管理层也怀揣怨怼。据在济南工厂工作的老工人回忆,他们用两个嘲讽的词来指代回到过去岗位的国民党员——从陪都重庆和昆明流入的高级技师和经理被叫作"飞"或者"飞虫",新招的有国民党籍的职员从附近的河北等

① Rowena Ward, "Delaying Repatriation: Japanese Technicians in Early Postwar China," *Japan Forum* 23, no. 4 (2011): 477 - 478. 亦见 Daqing Yang, "Resurrecting the Empire? Japanese Technicians in Postwar China, 1945 - 49," in *The Japanese Empire in East Asia and Its Postwar Legacy*, ed. Harald Fuess (Munich: Iudicium, 1998), 185 - 205.

② 济南铁路局史志编纂领导小组:《济南铁路局志,1899—1985》,第16页。

省份坐汽车过来，他们被称为“爬”或者“爬虫”。①

在现有的关于中国战后转型以及共产党取得内战胜利的讨论中，工人和职员对从内地返回的人所持的态度并没有得到充分重视。在工人看来，他们从几个方面感受到轻视。一方面，许多人在日本管理下开始了自己的职业生涯，甚至有所进步，因为在战争时代，他们的技能对于铁路的运营非常重要，也增加了有价值的人力资源。另一方面，在日本占领下，他们也忍受着工作和生活上的侮辱，而迁往内地的技师和经理，则在中国未被占领的地区享受了相对的自由和安全。从老工人们的回忆来看，这样的职员一回来就拿回了以前的职位，甚至比以前的职位更高，出于个人原因和经济原因，这招致了妒忌和怨恨。然而，在国共内战期间，工会领导和共产党组织者通过对国民党及党员的职业和个人局限加以谴责，能够将工人的个人感受转化成意识形态情感。②

231 在像济南工厂这样的铁路大院里，工人们越发不满的另一个原因是 1935 年由国民党引入的法币的恶性通货膨胀，这对各个层级的工人和雇员都造成了影响。③ 在济南大院里，工资每月一付。从 1946 年开始，法币的贬值造成了通货膨胀的蔓延，工人们不得不带上麻袋来领工资。最后，出纳办公室里把薪水递给等候在外面的工人的那个窗口，都不得不加大，以便发放大捆钞票。④

---

① 与原济南工厂车间工人访谈，2005 年 6 月。

② 同上。

③ 有关战争期间法币和恶性通胀的讨论，参见 Parks M. Coble, *Chinese Capitalists in Japan's New Order: The Lower Occupied Yangzi, 1937 – 1945* (Berkeley: University of California Press, 2003), 91 – 96.

④ 济南机器工厂访谈，2005 年 6 月。

对于实际薪水的通货膨胀、失业率提高以及国民党政府无法控制通货膨胀的不满，在中国许多经济部门里引发了当地工人骚乱甚至罢工，其中也包括铁路局。例如，从 1946 年 2 月到 3 月，济南机器工厂里有超过 1000 名失业的工人发动了罢工，要求重新雇用他们。[①] 最终，110 名被解雇的工人恢复了工作。经济环境已经风雨飘摇，部队转移和军事行动致使线路长期中断，造成货物和旅客收入下降，最终引发了收入下降和工作流失，加剧了工人的不安，也让这个问题继续恶化。1947 年夏天，津浦线中断，济南有约 3000 名工人发动了对裁员和薪水下降的抗议，最终演变成暴力事件，铁路局的领导都在事件中受伤。[②] 1947 年 11 月，津浦铁路局管理机构的一份内部出版物上有一张粗略的资产负债表图片，确认了线路风雨飘摇的财务状况。仅仅是那一个月，津浦铁路段就遭受了严重损失——收入仅有 884 亿元，而支出却高达 1104 亿元。[③] 光是薪水就占到月支出的接近一半，这也就解释了为什么铁路局不得不减少劳动力。

这些工人抗议事件规模很大，鉴于此，人们可能会以为在铁路大院的工作场所存在着强有力的工会组织。1945 年，日本占领期间被宣布为非法的工会组织得到了重新承认，然而，工会的大多数成员及领导都是国民党党员，他们来自铁路大院之外，因此对于代表铁路工人的利益不感兴趣。根据老工人的回忆，1947
年，工会领导甚至积极地想要阻止工厂工人参与为了争取高薪而 232

① 济南市总工会，《济南工人运动史，1840—1949》，北京：中国工人出版社，1992 年，第 307 页。

② 同上，第 308 页。

③《交通部津浦区铁路管理局日报》，1947 年，Y12－1－256，上海市档案馆。1947 年 11 月的收入数据出现在 1947 年 12 月 23 日的一期上。

发动的罢工，于是把他们锁在了车间里。① 当时，国民党不顾一切要维持政治权力，国民党控制的工会不能提供支持和团结，再加上国民党经济政策的失败引发的挫折感，自然而然地让工人更倾向于在政治上考虑替代选项，也就是共产党劳工组织和共产党政治这种形式。与此同时，国民党党员是中上层管理者的代表，他们很容易成为共产党劳工组织者针对的目标，组织者们会以党员身份和阶级意识形态拒绝国民党员。

尽管在评估口述史项目中工人对个人经验的回忆以及中国共产党资助的纪念中国劳工运动的出版物时，人们必须要谨慎，但国共内战期间铁路工人的深层政治化无疑令人惊讶。我 2005 年进行访谈时，一位老工人突然开始唱起一首歌谣，60 年前，这首歌曾在他济南机器工厂的同事中间流传："……黑手的工人苦又苦，白手的拿咱不如狗。"②这首歌谣表达了对工厂白领管理者的深层蔑视，当时，白领管理者就是国民党员的同义词。1948 年，共产党军队接管了济南城，许多技术工人，尤其是受薪雇员离开了津浦铁路，他们要么是随国民党撤往了台湾，要么去了国外。

1949 年，共产党获得了胜利，铁路部门重组的一项内容就是重新使用以前的分类术语"局"来取代"区"。③ 当时由中央指导的重组，济南铁路局就是一个代表，它是津浦线的管理总部，党通过复制线路的运营组织，创建了一个平行架构，从而确立了党的存在及其机构整合。济南成为线路党委所在地，在分局所在地青岛、徐州和蚌埠，还单独设有党委。到 1951 年，济南铁路局被并

① 与原济南机器工厂工人访谈，2005 年 6 月。
② 对袁洪升的访谈，济南机器车间，2005 年 6 月。
③ 济南铁路局史志编纂领导小组，《济南铁路局志，1899—1985》，第 548—549 页。

入了山东铁路局，接受铁道部党组的直接监管。①

在随后几年里，行政管理发生了许多变化，让党能进一步深
入到铁路线管理和运营的各个层面：1957 年，济南铁路局党委监 233
管着 18 个党总支部，下设 118 个党支部，相比之下，1949 年底总共只有 37 个党支部。为了进一步说明这种发展，到 1957 年“大跃进”前夕，一共设立有 614 个党组织（其中有 76 个党总支、538 个党支部），从而确保中国共产党能够控制济南铁路局、津浦线及其管辖的山东省其他线路。有四个单独的党委，直接监管铁路局的济南、徐州、青岛和蚌埠四个分局的行政机构，还有一个单独的党委负责铁路局的管理组织，这表明铁路局系统在经济和管理方面的集中化进一步加强。②

经济恢复和技术援助

与这个国家所有的行政管理机构和生产单位一样，铁路局不仅要调整自己的客货运输总体策略，从广义上讲，也要调整其管理和使命，以满足新的政治指示。铁路不仅要满足中国国内经济发展目标产生的新需求，也要应对冷战早期来自外部的政治挑战。

就内部而言，在第一个五年计划（1953—1957）时期，铁路被指定支持工业发展。尽管第一个五年计划从 1951 年就开始起草，但后来又进行了多次修订和调整，所以直到 1955 年才正式完

① 济南铁路局史志编纂领导小组，《济南铁路局志，1899—1985》，1993 年，第 549 页。
② 同上，第 549—550 页。

成，当时，这个计划的执行已经开始了两年。[1] 工业建设是这份计划的核心，在这五年的经济建设和文化及教育发展总投资中，工业建设占56%的份额。其中，负责运输、邮政和通信的部门只获得了19%的投资经费，相比之下，工业部门获得了58%的份额。[2] 按照这份计划，“我国第一个五年计划运输方面的投资比例也不算大，但在基本上可以保证第一个五年计划期间和第二个五年计划初期的需要”。[3] 然而这份计划还没有明确聚焦铁路网
234 的扩张和更新，它计划新建4000公里的轨道并展开铁道的重建工作，包括将一些单线铁路增建为双线。到“一五”计划结束时，总运营里程增加了约3840公里，其中800公里是新建的双轨或者多轨区间。[4] 直到1962年，中国的铁路系统才开始电气化，但也只有区区100公里的电化线路。一直到1978年改革开放开始，才有了显著增长。[5]

就工业建设而言，苏联技术的支持下进行的新厂房和矿区建设曾被寄予厚望。本着经济独立和自力更生的精神，经过整合和重建的鞍山钢铁厂，其产品曾被寄望能够用于生产本国的机车、汽车和铁道。[6] 用新的机辆来替换在抗日战争和内战期间受损

---

① Li Fuchun, *Report on the First Five-Year Plan for Development of the National Economy of the People's Republic of China in 1953 - 1957* (Peking: Foreign Languages Press, 1955)(李富春,《关于发展国民经济的第一个五年计划的报告》), 8.

② 同上，第22—23页。

③ 第24页。

④ 中国铁道学会，《中国铁路，1949—2001》，北京：中国铁道出版社，2003年，第32页。1949年的总里程为21000公里，1952年为22700公里，1957年为26500公里。双轨和多轨区间总里程，1949年为860公里，1952年为1400公里，1957年为2200公里。

⑤ 同上。

⑥ 同上，第27页。

或者被破坏的设备，这也是一项迫切的需求。1945 年底，联合国善后救济总署拨了一笔很少的资金，用于对铁路进行紧急修复，并购买 240 台新机车和 3500 辆铁路车厢，还有超过 80000 吨的铁轨。新设备完全用在了南方由国民党控制的铁路上，比如粤汉铁路和广九铁路，当时，这些地区还没有出现共产党的军队。[1]

中国铁路部门对于经费和物质的巨大需求，以及未来商业机会的潜力，也影响了外国制造商和铁路工业团体，他们对中国战后经济重构产生的新出口机会进行了详细评估。例如，“原中国交通部顾问、德国国家铁路首席顾问”H. J. 冯·洛考(H. J. von Lochow)写了一篇论文，文中向国外铁路专业的读者展示了中国铁路在战争时期的发展，以及战后的重组。[2] 铁道专家约翰·厄尔·贝克过去也是中国铁路管理机关的顾问，他在向美国工业组织的演讲中，直接聚焦未来的商业机会，他估计了需要更换的设备、轨道以及枕木，以及中国买家的成本。[3] 有趣的是，与民国早期相似，有关是否用特定技术标准来保障未来供应链并且限制中国市场上竞争的讨论又出现了。前任美国驻华商务参赞安立德(Julean Arnold)也坚决捍卫这种观点，他相信，在新的设 235
备上，英国和欧洲的竞争会战胜美国企业。他认为：“我们的设备

① 中国铁路史编辑研究中心编，《中国铁路大事记(1876—1995)》，北京：中国铁道出版社，1996 年，第 155 页。

② H. J. von Lochow, *China's National Railways: Historical Survey and Postwar Planning* (Peiping: [published by the author], 1948). 这本书包含了一幅 1948 年中国的铁路网地图，这是基于津浦铁路总工程师德浦弥尔于 1928 年所制的地图(附件，第 162 页对页)。

③ Eldon Griffin, *China's Railways as a Market for Pacific Northwest Products: A Study of a Phase of the External Relations of a Region* (Seattle: Bureau of Business Research, College of Economics and Business, University of Washington, 1946), 40-41.

即便过时，在今后一段时期也能适应中国的需求，把它们卖给中国，我们可以确立我们（美国）的标准。”①

第一个五年计划也确定了四个新铁路项目，这四个项目就轨道里程和建设挑战而言，规模和范围都很大，这些项目将把当时没有铁路的内地省份和偏远地区接入全国路网，从而帮助巩固中国的国家权力。从甘肃兰州到新疆乌鲁木齐、从陕西宝鸡到四川成都、从江西鹰潭到福建厦门的线路建设，都在20世纪50年代末到60年代初完成。推动建设到北方靠近蒙古人民共和国的二连浩特的线路，是要在将来连接中国和苏联之间的铁道系统。②不过这些线路并不是全新的提议。第一个五年计划恢复的某些铁路项目，在国民党政府时期就已经被认为具有重要的经济意义和战略意义。例如，1936年，铁道部长张嘉璈就试图向比利时财团寻求融资，用于建设宝成线，这条线路能够连接陇海铁路，从而帮助调动军队，同时“帮助开发中国大西北的资源”。③ 他的确就贷款展开了谈判，但第二年日本就入侵了，这条线路的建设因而被搁置。④

面对中国战后经济恢复的巨大挑战，也知道因为缺乏技术知识和工业执行，恢复过程肯定会很慢或者延迟，毛泽东转而向斯大林求助。毛泽东赞赏苏联的工业化模式，并且与斯大林达成协议，从1948年开始，苏联会派顾问、专家和教师到中国，帮助重建

① Eldon Griffin, *China's Railways as a Market for Pacific Northwest Products*，第41页。

② Li Fuchun, *Report on the First Five-Year Plan*, 29. 鹰厦铁路建成于1957年，宝成铁路建成于1958年，兰新铁路建成于1966年。

③ Chang Kia-Ngau, *China's Struggle for Railroad Development* (New York: John Day, 1943), 120.

④ 同上，第122页，第148—149页。

经济以恢复热情和社会的支持。这些苏联专家沿用了高度斯大林主义(High Stalinism)的模式，这是苏联自身在战后恢复经济的特色模式，这种模式强调党在政府和生活各领域强有力的领导。①

中国和苏联的发展，以及它们各自的铁路系统，区别都相当之大。从列宁领导的第一年，布尔什维克就让铁路系统成了经济 237
计划的主要部分。然而，苏联与美国的做法不同，美国快速地建设起了一个网络，使用强度相对较低，而苏联则集中于强化生产力，但却不相应提高投资。从 1913 年到 1956 年，苏联的铁路货运增长了 16 倍，客运则增长了 5.5 倍——然而在交通领域投资的相对份额，却从 1918 年到 1928 年的平均 23.8%，下降到 1933 年的低点 10.7%，在苏联的第三个五年计划期间，又回升至 20.4%。尽管资源有限，但铁路还是吸收了巨大的货运增长，从 1928 年的每公里 934 亿吨，增长到 1957 年的每公里 12100 亿吨——这比 1957 年美国的系统运输还要多。② 苏联经济会以其系统极高的生产力为荣。“我们国家拥有的铁路网络，是世界其他地区的十分之一，但我们实现的货运周转，却相当于世界其他所有地区铁道货运周转的四分之三。”③

与美国的系统加以比较，可以帮助我们理解苏联的铁路运输路径。一方面，苏联系统的生产力并没有扩大劳动生产力。一位分析师写到，在苏联，“目标就是把设备用到极致，即便这需要对

① Deborah Kaple, “Agents of Change: Soviet Advisers and High Stalinist Management in China, 1949 - 1960,” *Journal of Cold War Studies* 18, no. 1 (Winter 2016): 11.

② Westwood, “Soviet Railway Development,” 26.

③ 同上，第 29 页。

劳动力无节制地使用”。[1] 1955 年，平均每一位苏联铁路工人可以生产每英里 9.75 万吨的货物，而相比之下，美国工人能生产每英里 35.2 万吨货物，超过苏联的三倍。同年，苏联的铁路系统雇用了约 400 万工人，当时，苏联的人口也不过就刚超过 2 亿。美国人口约为 1.65 亿，雇用了超过 100 万名铁路工人。[2]

到 1950 年初，中苏两国政府发表了联合声明，提出了雇用苏联专家的细节，包括薪水、住房、食物以及其他由中国政府支付的补贴。[3] 苏联派往中国的第一批专家里有约 400 名工程师和技师，从苏联接管过渡到共产党控制期间，他们在东北的铁路上工作。1950 年朝鲜战争爆发，随着约 1600 名有海军和空军背景的苏联顾问被派到中国，顾问角色的性质很快从经济和技术协助转
238 向了军事考虑。[4] 随着政府的注意力转向中国第一个五年计划期间的经济重建和发展，对于电气化、钢铁生产、机器制造、造船、铁路机车车辆生产以及建设项目等方面专业技术的需求，明显就超过了能够从苏联获得的援助。例如，从 1950 年到 1952 年底，作为典型的鞍山钢铁厂只有 150 名专家在岗。[5]

苏联顾问参与到了铁路运输的每一个领域，从物流到修理工厂，再到材料供应。尽管苏联专家在中国企业内负责特定的任务，但他们对于中国当地的政治情况以及本地状况所知有限。比较历史社会学家黛博拉·卡普尔(Deborah Kaple)对原来的苏联

① Westwood, “Soviet Railway Development,”第 30 页。

② 同上。

③ 沈志华，《苏联专家在中国，1948—1960》，北京：新华出版社，2009 年，第 59—60 页。

④ 同上。史学家沈志华对不同国家档案中的数据进行了仔细比较，他没能证实某个特定的数字，但他确认，在 20 世纪 50 年代，绝大多数的苏联专家都是军事专家。

⑤ 同上，第 74 页。

专家进行了访谈，他们对在缺少机械和工具的条件下工人们的勤劳、准确及献身精神印象深刻。尤为突出的是，他们观察到中国同事想要学习并尽快将成果应用于他们的任务，这让工作时间变得极长。[1] 在苏联专家管理下，投入的劳动力得到了新技术手段方面的指导，两者结合起来，使得铁路沿线创造了许多生产力纪录。例如，1951 年，长春铁路的劳动生产率较前一年提升了 28%，沈阳站列车发送增加了超过 60%。[2] 还有人向苏联专家们介绍了管理控制的新方式，比如长春铁路管理局的局长就是如此。他之所以出名，是因为他每天早上 10 点召集一次会议，然后晚上 9 点安排电话热线，来检查各分局的列车发送及物流工作。[3] 有人看到这样的数据和例子，可能会提出一些善意的批评，但即便如此，在 20 世纪 50 年代早期，苏联顾问的专业技术和中国劳动力肯干的态度，使得生产率、成本节约和铁路运营管理都有了积极的改善。

中苏友好的政治框架既复杂又不稳定，但在这一框架下，技术专家和顾问的数量还是在稳步上升，1956 年底到 1957 年初达到了 3500 人的高峰。[4] 就铁路部门而言，1957 年标志着一个里程碑，这一年，武汉长江大桥竣工通车。这座桥的建成，使得铁路
和公路交通第一次能够从长江中游跨越长江，竣工庆典上也对参 239
与这项工程的苏联工程师表达了赞美与感谢。[5] 1956 年，赫鲁晓夫开始批判斯大林，这造成中苏关系恶化，中方的前述赞赏就立

① Kaple, "Agents of Change," 14 - 15.

② 沈志华，《苏联专家在中国》，第 83 页。

③ 同上，第 91 页。

④ 同上，第 232 页。

⑤ 文章及照片，见《人民日报》1957 年 10 月 16 日，第 1 版。

刻停止了。除此之外，"大跃进"等运动及对快速生产的非理性要求，损害了顾问们的技术专长和指导，使得他们的工作很难进行，有时甚至无法进行。到1959年，只有5位苏联顾问还留在中国。到1960年，所有剩下的技术专家(1160名)都被召回了苏联。①

铁路局是一个在党的领导下严格组织起来的运营和管理机构，有大量劳动力，在20世纪50年代，全国范围内的铁路局都发展成了规模很大的单位，几乎能够自给自足。在津浦铁路的老工人看来，这十年是中国铁路重建的黄金时期，同时，铁路工作的职业和社会荣誉感也得以恢复。在20世纪50年代，中国的银行、邮政和铁路是很有名的单位，因为他们的工作环境稳定，工作条件较好。② 与其他单位的工人相比，铁路工人获得的工资相对较高，粮食配额也很充足，每年他们还能领到不少免费的火车票。工人们可以凭票去走亲戚，或者私下把票换成其他商品和服务。③ 铁路工人也能把自己的子女送进铁路局附属中小学接受免费教育，并且使用铁路医院的医疗服务，这些都是各个大型的铁路大院的一部分。

老工人们都还记得工作场所以及铁路运营总体恢复了秩序和正常，让他们作为技术工人的职业荣誉得以恢复，他们的工作稳定且有保障，对此他们充满感情。④ 然而，与其他单位一样，津浦铁路局及其劳动力都被卷进了当时的政治发展之中。因为铁路对于军运非常关键，铁路工人，尤其是华北和东北地区干线上

---

① 沈志华，《苏联专家在中国》，第144—145页，第232—233页；Kaple，"Agents of Change，" 14 - 15.

② 对马明生的访谈，济南机器工厂，2005年8月。

③ 同上。

④ 同上。

的铁路工人，被鼓励报名参加 1950 年夏天开始的朝鲜战争。党领导的宣传机构赞美中国人在战争中与朝鲜站在一起，反抗美帝国主义，并赞美了各级各部门的铁路工人对战争的支持。1950 240
年 11 月，《人民日报》以"战斗在国防线上的铁路工人"为标题，对这些努力进行了详尽的描绘，文中引用了一位办公室职工的例子，她一直没有离开自己的办公室，这样就能接到每一个电话并分发信息。① 这篇文章以上级的口吻评论说："她懂得电话是铁路的神经，是完成运输任务的重要部分。"②铁路上的美德，比如工人们节省使用材料、速度以及高效，都直接与战争的胜利联系在一起，或者用报道里的话来讲——"多省一块煤，多打死一个美国侵略军。"③

济南铁路局 15918 名工人里有 48%都登记为志愿者，以备调遣到朝鲜前线，1950 年 10 月，实际被征调的工人有约 3000 名，这并不令人意外。④

军事队伍

作为 1949 年以后重组的一个重要方面，国家铁路管理机构也经历了军事化，以支持军事防卫、越来越多的政治教育，以及让国家铁路的再现在整个路网中延伸。除了其经济功能外，铁路也被认为是有利于国防和政治稳定的战略工具，因为它可以提供更 241
多的客货服务，并且直接将党政权力拓展到国家最边远的地区。

① 陈迹，《战斗在国防线上的铁路工人》，《人民日报》1950 年 11 月 29 日，第 2 版。
② 同上。
③ 同上。
④《济南铁路局志，1899—1985》，第 20 页。

在这个国家的偏远地区实施一项宏大而有雄心的铁路建设项目，需要大量有纪律且肯奉献的劳动力，他们要愿意在恶劣甚至危险的条件下操作。在整个 20 世纪 50 年代，铁路系统成为第二次世界大战和朝鲜战争结束后退伍的中国人民解放军官兵的安置处。为了加快战略性铁路基础设施项目，1953 年，中央军委决定组建铁道兵部队，作为集中化的军事先锋，在华南、华中和西部地区建设新铁路线。① 铁道兵的组织起源，可以追溯到军队里的“铁道纵队”。1948 年，在东北地区，对于共产党军队进军具有战略重要性的一些铁轨遭到了破坏，人民解放军动员士兵对这些轨道加以修复。② 1949 年内战结束后，这支军队改名为铁道兵团，他们继续进行铁路的修复和建设，最后才被正式整合进了解放军，成为中国人民解放军铁道兵。③

将中央领导的建设与军事存在相结合，这样的战略做法使得在困难地区建设雄心勃勃的铁路工程成为可能，例如 1952 到 1962 年建造的长达 1920 公里的兰新铁路，1970 年建成的长达 1128 公里的成昆铁路。④ 这两个建设工程在军事上都具有重要战略意义，因为它们第一次用铁路连接了敏感的新疆和云南边境地区，新疆地区与苏联、阿富汗、巴基斯坦和印度接壤，而云南地区则与越南、老挝和缅甸接壤。铁路建设项目也涉及了冷战期间即将成为政治热点或者已经成为热点的地区：在华南，线路通往福建省沿海，以支持解放台湾的计划，还修建了通往越南边境的

① 高光文，《铁道兵》，北京：中国青年出版社，1972 年，第 29 页。

② 同上。

③ 同上。铁道兵下辖约十一个师。每个师各辖三到五个团，团下设三到五个营，营下辖三到五个连，连下辖排，排下辖班。

④ 陈远谋，《昨日铁道兵》，北京：中国书籍出版社，1994 年。

线路，从而在胡志明与法国殖民政府和后来的南越政府的斗争中，向其提供了大量补给。①

铁道兵让铁路建设得以实现，他们也是铁路建设的具体执行者，这让新的社会主义民族国家的政治和文化被带到了内地和边疆。我将用一个个案来表明铁道兵在建设过程中与当地社会如何互动，以及铁道兵成员的专业背景，这一个案的主人公样宝清 242
是一名退休的铁道兵。② 他的生活和工作，代表了 1949 年后加入铁道兵并终身对这个组织保持认同的人。样宝清 1931 年出生于安徽省，父亲是农民，有 5 个兄弟姐妹。他在一所私立小学读了两年书，然后在公立学校读了一年半。18 岁时，在支持中国共产党的父亲鼓励之下，他参了军。1947 年到 1948 年，他参加了共产党的游击队，在安徽省的山区同国民党展开战斗。1949 年之后，他成了中国人民解放军的正式军人，并且于 1952 年初参加了朝鲜战争。幸运的是，他在军队的会计办公室工作，负责用人民币和朝鲜圆向军人付薪，因而没有在前线见证军事行动。退伍之后，1954 年到 1955 年，他作为铁道兵在河南省工作，因为他的教育背景，他负责建设项目的簿记和财会工作。

样宝清的职业生涯提醒着我们，许多军人，尤其是那些有农村游击队背景的工人，通常是文盲或者半文盲。因此，哪怕只受过一点点教育，也会被军队视为珍贵的人力资源，可以承担管理任务。作为一名解放军军人，样宝清被要求每年花三个月的时间在铁路建设工地从事某种形式的体力劳动。完成在河南的工作之后，一直到退休，样宝清及家人不断转移，在山西、广西、福建、

① Annual report on China，1952，FO 371/99229，British National Archives (BNA).

② 与样宝清和他妻子进行的多次深度访谈，安徽合肥，2005 年 9 月。

河北、江西和四川等省的新线路建设项目上工作。①

按照样宝清的说法，在新线路项目上工作的工程师，是由铁道部统一派遣的。20 世纪五六十年代许多年轻的中国工程师，是在新组建的铁路学院里接受训练，比如唐山和石家庄的学院。在 20 世纪 50 年代，铁道兵一名普通战士的月薪是 5 到 6 元；军队或者党的干部，月薪约为 50 元。就具体的建设工作而言，比如开挖路基等，军队在地方雇用了许多临时工。尽管薪水很低，但这样的现金收入对于偏远地区的农民而言也是一笔颇有吸引力
243 的收入。② 事实上，因为当地人会就有现金薪酬的工作展开竞争，代表地方政府的干部会从当地最穷的家庭里选择工人，并且建议铁道兵雇用他们。有时，还会从建设项目所在的县份以外招募临时工。③

就建设的总体管理而言，解放军和铁道部维持着一份合作协议，铁道部会分配铁道兵去监管各条新线路上的项目。住宿由军队负责，但当地有什么，他们就会提供什么，这也就意味着住处通常只是简陋的棚子或者破旧的房屋。铁道兵家庭要自己购买食品，但看病免费；如果他们因为疾病或者其他家庭责任遇到了财务上的困难，他们还可以请求军队管理机构提供财务援助。④

铁道兵士兵会随建设项目一起迁移，因此他们的住房和生活安排都不是长期的。样宝清和他的家人搬到河北承德建设京通铁路（北京到通辽）时，全家人和他们不多的行李都用一辆敞篷的

① 与样宝清和他妻子进行的多次深度访谈，安徽合肥，2005 年 9 月。

② 与样宝清和他妻子进行的多次深度访谈，安徽合肥，2005 年 9 月。

③ 同上。

④ 同上。

牛车运到了承德，在承德，他们住在城外离部队很近的一个简陋的棚子里。样宝清说，对于军人家庭而言，最严重的问题是缺乏合适的学校教育，因为军人的孩子不得不凑合在当地能找到的任何学校里自己掏钱接受教育。解放军不会为铁道兵提供学校，因为这些家庭总是在搬家，建设工程又有一定的时限。家庭在建设项目上工作时，军队会为小孩提供幼儿园。①

样宝清主要在管理办公室以及建设工地工作，这让他具备了在项目的不同领域工作的经验。铁道兵从事的日常工作艰难且繁重，因为缺乏最基本的机器工具和机械，建设项目的几乎每一个步骤都得手工完成。例如，20 世纪 70 年代以前都没有使用过手提钻，后来这种日本工具才进入了建设工地。20 世纪 70 年代末以前，轨道建设也没有使用混凝土。在混凝土引入之前，木质轨枕每三到四年就得更换一次，更换频率取决于当地气候的干燥程度和木头的质量。大多数的木头都是从东北的森林运到建设现场的；轨道使用的钢主要来自鞍山钢铁厂。在 1960 年苏联专 244
家撤离之前，他们一直都和铁道兵一起工作。②

尽管工作很危险，建设过程中事故屡有发生，但工人们也没有多少设备来保护自己的健康和安全。安全帽是用芦苇编的，鞋是用布做的，他们的军装也是工作服。样宝清按要求在建设工地上进行三个月劳动时，通常是担任监工，或者在不同的建设区段之间进行联络。协调并组织复杂的工作流程以及合理使用设备，对于效率和安全都至关重要，尤其是当需要用炸药炸开隧道时。除了工作事故外，铁道兵和工人还会受到疾病折磨，比如疟疾和

---

① 与样宝清和他妻子进行的多次深度访谈，安徽合肥，2005 年 9 月。

② 同上。

登革热，在恶劣的热带气候里，这些疾病非常常见。在工作任务中丧生的铁道兵身后会被称为“英雄”，他们的家人也因此会得到军队管理机构的照顾。而在当地雇用的工人如果在建设工地工作时遇难，他们的家人会获得解放军的赔偿。如果他们在事故中逃过一劫但变成残疾，他们也会根据自己受伤的严重程度获得补偿，军队将创伤分成四个等级。①

在样宝清的经历中，铁道兵、本地工人和一般民众之间的关系不存在什么问题。如果工人在建设工地上用本地方言，当地的干部会协助进行翻译。工地上的工作三班倒不停歇，第一班从八点开始，铁道兵每周工作七天，除了国定假日外没有假期。饭食会送到工地上，夜里发电机还会提供电力照明。这种严厉的纪律基于“探测、设计、建设”的方针，意在加速建设工作。②

在建设过程中，铁道兵对当地社会形成了巨大的文化影响。在偏远的建设工地上，比如福建山区，大多数当地人从来没有见过机车或者坐过火车。对他们而言，与铁道兵的接触以及在建设工地上观察进展，让他们的生活变得兴奋。例如，当地人听到火
245 车鸣笛时，会解释说那是“车头饿了，想要吃东西”。为了与社区维持良好关系，铁道兵有时还会在全线开通之前，让当地人在建成的轨道区间上免费坐火车。③

解放军也会把文工团派到全国各建设工地上的铁道兵部队，他们用唱歌、表演戏剧等形式，给解放军提供慰藉，并教育和发动当地的农村群众。④ 铁道兵的出现，也第一次把电影带到了遥远

① 与样宝清和他妻子进行的多次深度访谈，安徽合肥，2005 年 9 月。

② 同上。

③ 同上。

④《铁道兵画册》，北京：中国人民解放军铁道兵善后工作领导小组，1984 年。

乡村的许多村庄。电影反映了中国和许多外国盟友之间的政治友谊，许多电影来自越南、朝鲜、阿尔巴尼亚和罗马尼亚。按照样宝清的说法，露天电影每周会播放一次，作为村民的一般性娱乐。①

当地社会与政府之间最明确的互动发生在新线路的开工仪式上，仪式上装饰着许多红纸与横幅，还有其他欢庆活动。② 这是一个经过精心编排的庆祝活动，这些庆典把村庄传统仪式的一些部分，整合进了由国家资助的新仪式当中，从而确认了党和国家的角色。最高级的领导干部会拿一把铁锹进行仪式性的奠基。新的政治意识形态不允许根据地方或者宗教传统来选择迷信日期作为建设工作的开始；日期通常具有革命意义或者政治意义，比如 5 月 1 日的国际劳动节就常被选作开工日期。铁路线建成之后的仪式甚至会更隆重。对向的最后两段铁轨连接在一起，随后进行的庆祝活动会让人觉得像婚礼。轨道连接起来以后，会有机车的首发运行，机车像过节一样被装饰起来，前方还会挂上毛泽东和党的其他领导人的画像。③

新铁路会经过一段较长的试运行期。铁道兵一直很注重质量控制。一旦线路建设正式完成，铁道兵就会离开工地，然后将轨道交给新的铁路线管理办公室，这个机构在测试阶段会负责过渡工作。样宝清还记得有一座混凝土桥因为不够坚固需要被炸 246 掉。经过一两年（有时甚至更长）的试运行，管理办公室会将线路交还给铁道部，铁道部随后会进行管理。④

① 对样宝清的多次长访谈，安徽合肥，2005 年 9 月。

② 对样宝清的多次长访谈，安徽合肥，2005 年 9 月。

③ 同上；亦见《铁道兵画册》上的图片，第 25—29 页。

④ 对样宝清的多次长访谈，安徽合肥，2005 年 9 月。

作为一名会计，样宝清协助管理铁路建设的预算，他还记得这一过程的成本结构。项目上，路基建设是最昂贵的。如果在设计的铁路线上有房子，房主可以获得一笔搬迁补偿金。有趣的是，在处理铁路建设预定土地上那些坟地时，解放军会格外小心。按照通常的规矩，农民会因为坟地获得赔偿，但最重要的是，铁路管理机关也会协助把坟迁到其他地方。如果当地对于一条规划中的线路存在风水上的顾虑，铁道兵的领导人会与当地人进行交谈，希望能够驱散任何恐惧。然而，样宝清也承认，在20世纪50年代的中国农村，风水方面的考虑依然很强。如果一些小规模的庙宇挡在了建设的路上，解放军铁道兵会毫不犹豫地拆掉它们，但遇到更大、更重要的庙宇，轨道线路就必须绕开。根据样宝清的回忆，即便是冷酷的铁道兵，在处置重要的寺庙建筑时也会变得迷信起来，因为他们也害怕因为拆迁遇到报应，会发生事故。①

严酷的生活条件、与当地的疏离，以及频繁地被迫搬迁，在铁道兵中间造就了一种很强的群体认同，也强化了铁道兵及家属之间密切的个人网络。事实上，即便到现在，老铁道兵和他们的家人还会组织社团，进行聚会和纪念性的旅行，并通过他们的网站和出版物交流歌曲、照片和故事。② 铁道兵对他们工作经历的强烈依附，以及他们的荣誉和奉献，是由他们独特的军事身份塑造的。样宝清告诉我，他首先是个军人，然后才是一个铁路会计。例如，当他的孩子回家来看望他时，他不会抱他们，因为这样的举

---

① 对样宝清的多次长访谈，安徽合肥，2005年9月。

② 例见全国铁道兵历史文化研究会网站(http://www.tdblyxh.com)上的“铁道兵：铁兵后代”和“铁道兵：铁兵历程”板块。2018年5月26日查询；陈远谋，《昨日铁道兵》。

止对于穿军装的人而言是不合适的。①

在任何的地理、环境、文化和政治等环境下都坚守军事纪律，这是铁道兵对待工作的特点。在工作时，无论他们在哪里，都可以见到严格的军事纪律。从某种程度上讲，工作时的总体纪律也 247
被带到了他们的个人生活中，军人之间的忠诚、友谊和互助为他们提供了工作和生活中往往缺乏的稳定和正常状态。不过同志之间的坚强纽带并没有让铁道兵家庭彼此大规模通婚。第二代的子女会认为频繁搬家非常困难，他们渴望在城市环境中找到稳定的工作。② 到 20 世纪 80 年代中期，大多数高风险的铁路建设项目要么正在进行，要么已经完成，1984 年，作为中国人民解放军下属组织的铁道兵部队正式解散。铁道兵的民用建设任务并入了铁道部，从 1990 年起，他们又被转交给新成立的、由铁道部监管的中国铁道建筑集团。③

能干的引擎：铁路作为社会主义隐喻

铁道兵的出现完成了急需的建设任务，作为副产品，他们还向当地人提供了政治教育，从而确保了党和国家能够深入到农村和边远地区。与此同时，在 20 世纪五六十年代，铁路的图像，或者它的抽象隐喻，表现在书籍、宣传画、电影、剧院甚至音乐上规模之大，前所未有。机车、轨道和铁路劳动者演化成了绝佳的隐

① 对样宝清的多次长访谈，安徽合肥，2005 年 9 月。

② 对样宝清的多次长访谈，安徽合肥，2005 年 9 月。

③ 2003 年，中国铁路物资集团承担起中国铁道建筑集团的任务。见“公司档案”，中铁物资集团，2017 年 2 月 15 日查询，网址 http://www.cccme.org/shop/cccme12475/introduction.aspx，2018 年 5 月 26 日查询。

喻,可以把与社会主义新中国的建设相关的美德和目标加以形象化:铁路代表了速度、经济效率、守时、纪律、技术进步、专业主义、奉献和英雄主义,推而广之,这些对于推广党和政府的理想都有必要。①

纪念铁路建设中的英雄人物一般来说是理所应当的,因为20世纪五十年代到六十年代早期的新建设项目如此之多,需要在艰苦的环境中耗尽体力劳动,对工人和工程师的生命和福祉都带来了巨大危险。在开掘隧道时爆破、与重型设备相关的事故、落石和泥石流,以及高海拔或者热带地区的疾病,还有众多其他
248 原因,都会造成死亡,大量铁路工人和铁道兵不幸去世。铁路沿线竖立起了纪念碑,纪念他们为新线路建设所做出的终极牺牲,他们被称为“革命烈士”。在西南边境地区的成昆铁路沿线,有大量的此类纪念碑,因为这里地形极富挑战性,有山崖,开挖了许多隧道,还有恶劣的气候,致使事故频发。② 烈士纪念碑上会写着“为人民而死”这样的文字,还会列出那些献出生命的人的名字。例如,一块石质纪念碑上的文字,就称赞中国人民解放军铁道兵的英勇,在一场凶猛的大洪水和泥石流中,他们为了拯救工地上其他工人的生命而牺牲。③

烈士纪念碑将铁路工人的革命精神描绘成“不怕苦,不怕死”,并把他们的牺牲说成对国家和社会主义重建工作有更大的

---

① 见 Martin Parr and Wassink Lundgren, *The Chinese Photobook: From the 1900s to the Present* (New York: Aperture Foundation, 2015), 228－231 的照片。我感谢已故的林希文(Raymond Lum)让我注意到这一资料。

②《英雄修建成昆路:万水千山只等闲》,《人民日报》1974 年 3 月 24 日,第 3 版。

③ 同上。成昆线新铁村站附近的石碑就是一个例子。

好处。① 通过石质纪念碑对工人声望进行公开纪念和升华并不是共产党的发明。相反它起源得很早很早。在东汉时期(25—220),石碑铭文就被用来纪念安排并监督道路建设从而改善当地人生计的著名官员。② 当然,当时由当地官员或者朝廷启动的项目,其实际的道路建设是由征发的劳动力完成的。这些官员去世之后,他们会变成神或者当地信仰的对象。③ 尽管铁路烈士纪念碑并没有在当地社会中取得某种信仰式的地位,但官方将事故中的死难者拔高成英雄,“为了人民而死,就比泰山还重”,隐含着某种革命神化。④ 现在,铁道老兵的后代还试图通过参观这些纪念碑来记录他们的家庭史,有的还常常在网上抱怨说这些纪念碑应该得到更好的保存,从而能与他们先辈的英雄事迹相符。

无论在隐喻的意义上还是在实践中,铁路都变成了中华人民共和国成立后引入的新时间标准的关键传播者。在 1949 年以前(见第四章),中国被分成了五个时区,但因为当时已建成的铁路网并没有扩展出东部沿海地区,时差就没有对铁路时刻表造成影
响。按照郭庆生的说法,“北京时间”一词,是在 1949 年 10 月 7 249
日由西安人民广播电台第一次使用的。⑤ 随后的几周里,内陆省

① 有关纪念碑铭文的照片,参见 http://blog. sina. com. cn/s/blog_8812919f0101fryo. html,2018 年 5 月 30 日查询。刘宏,《昆明线上的铁二局烈士陵园》,2014 年。这位作者的父亲是一位铁道兵,纪念碑纪念了他的牺牲。

② Michael Nylan, “The Power of Highway Networks during China's Classical Era (323 BCE - 316 CE): Regulations, Rituals, Metaphors, and Deities,” in *Highways, Byways, and Road Systems in the Pre-modern World*, ed. Susan E. Alcock, John Bodel, and Richard J. A. Talbert (Malden, MA: Wiley-Blackwell, 2012), 52 - 54.

③ 同上,第 54—55 页。

④ 关于照片和铭文,参见 http://blog. sina. com. cn/s/blog_8812919f0101fryo. html,2018 年 5 月 30 日查询。刘宏,《昆明线上的铁二局烈士陵园》,2014 年。

⑤ 郭庆生,《建国初期的北京时间》,《中国科技史料》总第 24 期,2003 年第 1 期,第 1—5 页。

份的省会，比如四川成都，都宣布正式使用北京时间，到 1950 年初，中国所有省份，除了新疆和西藏外，都使用北京时间作为统一的时间标准。①

对于大面积铺开的国家铁路系统，使用统一的标准时间非常重要。早在 1949 年 11 月，铁路局就开始在他们的时刻表上加上说明，告知乘客地方时和北京时间之间的差异，以及新采用的标准。② 从操作的角度讲，用一个时区而不是在五个时区内工作，有利于客货运输的安排，尤其是当铁路网扩展到了西北和西南的内陆地区之后。

作为铁路时间纪律的一部分，守时也成了隐喻角色的重要部分，象征着铁路、信号专业化、对操作和管理标准的尊重，以及致力于提供高质量的服务。例如，在 1951 年的电影《女司机》中，出现了大量与守时和时间管理相关的议题，这部电影的故事聚焦中国西北的一群女性，她们正在接受训练，要成为铁路上的机车司机。女性尤其是女主角，通过“共产党的教育以及苏联的协助”，奉献自己的职业生涯，这具体体现在一位有着技术专长的年轻苏联工程师和一位有三十年经验的中国铁路技术工人身上。③

电影是一种宣传工具，它证明党为了提高铁路劳动力的技能和技术知识，制订了雄心勃勃的计划，这反过来又会促进新的社会主义社会建设以及中国的经济进步。与此同时，电影介绍了一个多层次的铁路工作的世界，具体体现在工作场所、机车、教室以及办公室当中，它们有着各自的行为准则和工作伦理。聚焦守时

---

① 郭庆生，《建国初期的北京时间》，《中国科技史料》总第 24 期，2003 年第 1 期，第 2 页。

② 同上，第 4 页。

③《女司机》，冼群导演作品，上海电影制片厂，1951 年。

和时间管理非常引人注目。女性必须通过实践考试，也就是自己按时驾驶机车，在这个过程中，车站总部会打来关心的电话进行时间检查，这提醒观众们考试的严肃性。主角及时刹车，挽救了 250
两名农民和他们被卡在轨道上的毛驴，随后她全速开动机车，按时抵达了终点站，这时故事达到了高潮。这样一来，时间纪律的美德既服务了技术运营，又没有牺牲对人民的服务。①

作为实践中的提醒，铁路也需要守时的工具。新旧火车站都会展示巨大的时钟来传达时间。但在车站之外工人们如何记录时间呢？在 1951 年，腕表还是一种奢侈品，绝大多数中国工人买不起。电影和海报里描绘的技术工人，在岗时会使用怀表，而腕表则适合社会地位较高的工程师和技术人员，无论是苏联人还是中国人。② 1965 年上映的《特快列车》这部电影，就以旅客的视角关注了时间纪律的问题。列车乘务员和列车长不仅把一名受伤的解放军士兵送到了医院，从而英雄般地挽救了他的生命，还礼貌而专业地对待形形色色的人们。一位年轻且经验不足的乘务员还不具备有关不同时刻表的复杂知识，当她被一位老农民问及火车的抵达时间以及在前方某个车站的换乘情况时，这位乘务员只能含糊地提供一些信息。年长的站长温和地纠正她，她真诚地向旅客承诺“她保证将来不会再使用‘差不多’和‘大概’这样的词”。③

---

①《女司机》；有关中国社会主义工业化过程中人和机器之间关系再现的进一步讨论，参见 Emma Yu Zhang, “Socialist Builders on the Rails and the Road: Industrialization, Social Engineering, and National Imagination in Chinese Socialist Films, 1949 - 1965,” *Twentieth-Century China* 42, no. 3 (October 2017): 255 - 273.

② 同上。

③《特快列车》，赵心水导演电影，济南：齐鲁音像出版社，1965 年，21 分 36 秒的一幕。

就新的性别角色和就业机会平等而言，中国铁路部门很早就在新工作场所引入了角色模型，这种模型代表了新政府在政治和社会方面的志向。1949 年以前，在中国铁路线上工作的女性很少。只有少数一些女性在铁路大院的附属学校或者医院里担任幼儿园教师和护士这样的工作，还有少数女性在铁路管理部门里担任秘书或者会计。[1] 20 世纪 50 年代，劳动力结构发生了巨大变化。例如，李实是中国的第一位女性机车司机学徒，1951 年国庆节，她备受瞩目地结业了，获得了机车司机资格。[2] 次年，全国范围内的铁路单位都开始招收女性进入与铁路相关的各个工作领域，尤其是服务部门，比如列车乘务员、站务员、售票员和管理人员。

251 1950 年 1 月，交通部开始使用一枚官方的路徽来代表中国的国家铁路，作为其目标的视觉再现。这枚红色的标志是一个抽象的火车头，形象是中国汉字“人”字抱着一条钢轨，这用聪明且意味深长的方式象征着人民对铁路系统的拥护（见图 7.3）。[3] 这枚路徽发展成了中国公共空间中最常见的符号之一，标示出与政府的铁路运输和管理相关的所有东西，包括铁路局及办公室、相关的企业、火车及车站的标志、制服还有出版物。

---

① 粤汉铁路管理局总务处，《粤汉铁路管理局职员录》，无出版社，1939 年；《津浦铁路职员录》，无出版社，1929 年；中华国有铁路，《京沪沪杭甬线职员录》，无出版社，1931 年。

②《济南铁路局志，1899—1985》，第 21 页；亦见《新中国的第一批火车女乘务员》，《人民日报》1950 年 3 月 18 日，第 5 版。

③ 中国铁路史编辑研究中心编，《中国铁路大事记（1876—1995）》，第 185 页。

图 7.3　上海铁路局分段的标志，展示了中国铁路的路徽，2017 年。柯丽莎摄。

火车和速度象征着革命热情，这也启发了流行歌曲，比如《火车向着韶山跑》这首歌，是为了纪念位于湖南省的毛泽东诞生地。“文化大革命”初期，这首极为流行的歌曲，将速度和火车的运动转化成为音乐，也代表了火车旅行作为一种多民族的体验，将旅客带去接触少数民族群体和他们的文化。[①] 这首歌把握住了对 252
自由的向往，以及革命的冒险精神，当时，年轻的红卫兵们在全国

① 我感谢钱睿隆（Reylon Yount）向我指出了这首歌的歌词和音乐，关于这首歌的歌词，参见 http://baike. baidu. com/item/%E7%81%AB%E8%BD%A6%E5%90%91%E7%9D%80%E9%9F%B6%E5%B1%B1%E8%B7%91/7170530，2018 年 5 月 26 日查询，“书籍：火车向着韶山跑”。

各地串联，他们第一次有了与不同民族和少数民族地区接触的体验。

总结

对于中国铁路部门的重组，以及铁路部门适应新的中华人民共和国政府和共产党所提出的经济政治需求而言，20 世纪 50 年代是具有重要意义的十年。从国共内战最后几年到 20 世纪 50 年代早期的过渡表明，将铁路线集中起来、在一张国家网络里加以巩固是一项高度复杂的任务，这是因为铁路局和它们的劳动力在战争期间有着不同的政治经历。我已经表明，中国铁路工人决定支持共产党的事业，并不总是由意识形态驱动。相反，这也可能受到经济困难和对政治替代选项的渴望影响。这展示了我论点的一个关键方面，即在战后中国历史的宏大语境中，铁路管理机构和铁路公司的重组，并不是一个简单的故事：先是国民党失败，然后共产党接管，再然后让机构去适应共产党目标的实现。

经济重建以及政府计划尽可能快地引入工业化，对于中国的铁路而言既是重要挑战，也是巨大的机遇。一方面，因为缺乏机械以及现代技术和管理技能，要修复被战争破坏的网络就需要大量繁重的人力劳动。苏联专家的帮助提高了物流运转的生产率以及设备维护的效率，但苏联专家的撤离也并没有导致铁路部门效率的下降。另一方面，党和政府希望通过集中于大规模发动工人以及调动所有可能的资源，来弥补资本投资的不足，这意味着新的铁路建设能够进行。当然，铁路扩张服务于“一五”计划加快
253 工业化的目标，也和中华人民共和国的国防利益一致。从很多方面来说，将铁路建设“外包”给解放军是一个高明的做法，因为这

样一来，在建设新线路时可以采用一些风险更高的做法，还带来了铁道兵有纪律的工作伦理以及转移军队人员等好处。与此同时，老铁道兵在建设工地上的经历也表明，与铁路建设相关的特定问题，比如协商土地征收、雇用本地工人、与本地人互动等做法，都与民国时期采取的做法有着根本性区别。铁道兵通过铁路建设，间接给当地社区带来了经济和社会变化。而他们也开始被视为国家的保护者和中介人，在铁路发展过程中没有自己根深蒂固的利益。

最后，十年重建也重构了铁路作为管理机关和经营机构的身份，让它与国家的社会主义新愿景相一致。纪律、管理效率和守时等等价值，在民国时期被诠释成西方现代性和技术进步的美德，现在则被重新诠释成代表着革命社会主义目标的价值。这种重新诠释，以及从西方价值到社会主义现代性的转变，符合第一个五年计划期间确立的经济目标，它也帮助铁路工人塑造了一种认同，这种认同是基于专业技能、技术和对工作的职业风险精神的。第八章将探讨"大跃进"和"文化大革命"期间，当技术治国的取向遭到攻击，在面对中国铁路网中政治激进主义的破坏性影响时，铁路工人和铁路的运转将如何做出回应。

254 第八章　不断革命与持续改革

铁路是中国经济和社会重建的重要部分，但在20世纪五六十年代，铁路还是没有免于大规模政治运动的波及。为了服务“大跃进”（1958—1961）和“文化大革命”（1966—1976）期间的经济和政治目标，铁路既是这些破坏性运动中的行动者，同时也是受害者。在“大跃进”时期，大规模动员下的政策走入了歧途，工业生产要快速启动，实现高增长，农业要集体化以保证食物的自给自足，结果付出了严重的代价。这种“乌托邦”实验，严重降低了经济生产力，到1965年，粮食和工业产量才恢复到1956年的水平。① “文化大革命”初期经济的停滞，是因为运输网络中断，以及城市的工厂集中精力不断进行革命行动所导致的工业生产落后。尽管到1969年，工业增长率恢复到了目标，但社会的整体政治化，以及因为大学系统关闭而造成的人才匮乏，都对中国的

① Loren Brandt and Thomas Rawski, eds., *China's Great Economic Transformation* (Cambridge: Cambridge University Press, 2008)（[美]劳伦·勃兰特、托马斯·罗斯基编，《伟大的中国经济转型》，方颖、赵扬等译，上海：格致出版社、上海人民出版社，2009年）.

经济发展造成了长期影响。①

在第七章中我们已经看到，1949 年以后铁路网的官僚机构重组非常迅速，成功地把中国共产党的组织整合进了铁路局基层。“一五”计划期间(1953—1957)，以苏联模式为基础，形成了一个高度集中的计划体系，铁道部会为各区域铁路局设定生产和 255
财务目标，所有收入也归铁道部所有。用中国人民解放军铁道兵来实现雄心勃勃的轨道扩张，并且对铁路工人作为革命先锋的大众形象进行集中塑造，都推动创造了一个从上至下的中央化铁路管理机构，这个机构有着强有力的机构认同和专业认同。区域铁路局没有任何财务自主权，但地区领导以及沿线的分局办公室和车站，都能够将某些本地的考虑加入到其运营任务和服务之中。

本章讨论中国政府解散然后重建铁路系统中央机构这一过程中的试验性做法。为了让本研究仍聚焦在机构上，我会讨论“大跃进”和“文化大革命”如何推动中国铁路在科层组织、客货运输能力、维持运营效率和实体财产方面发生改变。我认为，中国的铁路管理机关是服务于政治运动，进行人员和经济大规模动员的一种工具。与此同时，铁路系统与经济领域的其他国家机构一样遭受了很大挫折，因为其结构发生改变，并且相关需求纯粹由政治目标驱动，没有考虑平衡效率和经济。

对于铁路而言，被强迫接受这些运动的政治策略并不奇怪，但铁路劳动力具有较高的技术和专业性，这种性质让这一过程变

① Roderick MacFarquhar and Michael Schoenhals, *Mao's Last Revolution* (Cambridge, MA: Belknap Press of Harvard University Press, 2006); Kenneth Lieberthal, *Governing China: From Revolution through Reform*, 2nd ed. (New York: W. W. Norton, 2004)([美]李侃如,《治理中国:从革命到改革》,胡国成、赵梅译,北京:中国社会科学出版社,2010 年).

得更为复杂。本章前两部分将会讨论到，职业技能和专业化被认为是“反革命”，为了反映这样一种态度，管理和运营都做出了改变，这致使“大跃进”期间事故率高企，效率低到非常危险的程度。这一模式持续到“文化大革命”期间，数以百万计的红卫兵免费搭乘火车，要把“不断革命”带到国家的每个地区。我访谈的老铁路工人说，机车车辆遭到滥用，不考虑技术维护和经济承载力，这让他们感到恐惧。此外，骄傲自大的红卫兵们抢占了对列车的安排，作为职业人员和专业技师，他们也对于要接受红卫兵的命令愤愤不平。

官方批准了可以将火车作为一种革命设备来加以使用，这为
256 我们提供了一个机会来探索当时红卫兵和其他乘客的旅行经历。我已经说明，铁路旅行成了一种隐喻，象征着青年觉醒及冒险，他们承担着探索祖国的使命，尤其是祖国更为偏远的地区。在 20 世纪 60 年代，在全国各地坐火车旅行是一种全新的体验，这让边疆地区和少数民族都进入了青年旅客们的意识当中。事实上，以铁路基础设施作为中介，实现全国的民族和谐，成为“文化大革命”期间政治意识形态的一部分。城市年轻人被下派到偏远省份的农村地区，比如广西、四川和黑龙江，总是以乘坐火车作为旅行的开始。学生们不被允许任意离开他们在农村的工作任务，对于这些失望的学生们而言，列车有时候成为一种文化前哨的象征。许多人等了很多年，直到 1976 年以后才能返城回家，有一些人则一直没有获得返回的许可。

本章最后两部分的叙事，将转向 1976 年毛泽东去世后的改革时期。邓小平负责了许多任务，要让经济和政治发展恢复正常，他立刻就意识到一个运转良好的铁路部门对于经济增长非常重要。第三部分讨论了铁路运输恢复正常是如何在实践层面和

意识形态层面成了改革政策的基石。1978年，在国务院领导下，政府机构重新集中起来了，中国的铁路管理部门转型成了一个有着超过300万职工的巨型科层机构。就机构而言，它如同一个“国中之国”。铁路管理机关有着一套全面的社会服务系统支持，从医院到教育机构应有尽有，甚至还负责自己的警力和监狱。作为一个有着明确司法和执法功能的社会主义单位，中国的铁路部门，也就是在铁道部领导下地方和区域层级的铁路局，成了一个大型的经济和管理垄断机构，既能自给自足，又是孤立的。

本章最后一部分要结束全书的叙述，我会简要涉及中国铁路部门近年的改革措施，包括高速铁路网络的增长，以及仍在进行的为引入更多私人投资提供经济激励的改革。因为私人和外国资本投资都取决于国有企业模式的改革，铁路现在进入了一个长
期改革的阶段。为达成这一目标，铁道部于2013年被撤销，这是 257
一个重要变动。中国铁路总公司取代了铁道部，现在开始负责全国铁路系统的运营；国家铁路局在交通运输部领导下，承担过去铁道部的行政职责。尽管机构发生了这些变动，但私人投资还是很少，政府对这一部门的严格掌控依然没有放松。2015年，铁路网被整合进“一带一路”倡议之中，计划要把中国与亚洲、欧洲甚至非洲的经济体相连，也进一步确认了这种趋势。最后，从历史角度看，这一愿景与民国时期中国通过铁路扩张要达成的经济和政治愿景有相似之处，这很引人注目，同时使我们能够跨越20世纪进行历史比较。

人口流动与“大跃进”

随着中国介入朝鲜战争，以及1953年斯大林逝世后中国与

苏联之间的紧张加剧，毛泽东开始将中国的政治方向转向了一个新目标，即自给自足。“大跃进”政策，试图通过大规模的农场集体化和建立人民公社，让农村地区的农业生产实现最大化。要实现中国工业的自给自足，则是利用规模小但最终效率很低的高炉来生产钢。铁路作为最重要的运输方式，是这两个计划的内在部分，因为它承担着将计划中的大量剩余粮食从农村运到城市的任务。①

在研究“大跃进”对铁路运输造成的社会经济影响之前，我们先来看 20 世纪 50 年代初的人口流动。有一个重要的地方需要注意，那就是相比于“大跃进”期间农村和城市区域之间流动受到的严格控制，共产党执政的头几年并没有正式对人口流动进行限制。在中华人民共和国成立后的最初几年，铁路为人们提供了在农村与城市地区之间的高度流动性，尤其是在华北和东北地区的
258 通道沿线，在这些地区，铁路网发展得很好，战争中遭受的破坏也迅速得以修复。实际上，在 50 年代初，工人和其他无业人员都可以前往北京及其他大城市找工作或者增加受雇的机会。② 这种高度流动性的一个重要原因是，那个年代的户口系统不同于后来的发展，是为了缓解食物短缺，并且“确保公共安全，而不是限制城市与农村之间的流动”。③

铁路为这种不受约束的流动性提供了运输手段，让人们能够

---

① 见 Rana Mitter, *A Bitter Revolution: China's Struggle with the Modern World* (Oxford: Oxford University Press, 2004), 194 - 196.

② Nara Dillon, "The Politics of Philanthropy: Social Networks and Refugee Relief in Shanghai, 1932 - 1949," in *At the Crossroads of Empires: Middlemen, Social Networks and State-Building in Republican Shanghai*, ed. Nara Dillon and Jean C. Oi (Stanford, CA: Stanford University Press, 2008), 179 - 205.

③ Jeremy Brown, *City versus Countryside in Mao's China: Negotiating the Divide* (Cambridge: Cambridge University Press, 2012), 29.

逃离困境，搬进城市。50 年代初，太多人搬进了大城市，对于新成立的中华人民共和国而言，来自农村的难民成了城市的一大问题。1949 年初，战争难民能够得到一笔钱用于交通和食物，从而返回位于东北村庄的家。① 然而，几个月之后，农村地区的旱涝让农民又陷入了悲惨的处境，把农村的新经济难民再次送回了城市。天津市政府试图启动安置项目来解决这一状况，把难民安置到内陆靠近内蒙古边境的地区，向难民、工厂失业工人和小贩等不同类型的人提供土地，以缓解城市的压力。② 在政府的资助下，铁路提供运输，因此铁路也扮演了对这些新移民非常关键的一个角色。

然而，作为运输的提供者，铁路也间接加剧了这些问题，因为铁路让来自周边县份甚至邻近省份的有生意头脑的农民和失业移民能够搬进城市，他们完全只是为了利用这份安置补贴。在天津站，一些移民把他们回乡的免费火车票卖掉，而另一些人则靠着在华北地区的农村和大城市之间来回搬家过日子，这样一来他们每一程旅行都可以申领旅行经费和食物。③

到 1953 年底，城乡之间的流动就开始发生根本性的转变，政府建立起粮食统购制度，要求农民把他们多余的粮食卖给国家。这项政策设计，是为了确保向城市里不断增长的人口提供供应，但却在城市里引发了恐慌性采购，在农村造成农民囤积粮食。④

① 《天津市遣送难民五千人还乡生产》，《人民日报》1949 年 3 月 2 日。

② Brown, *City versus Countryside in Mao's China*, 32.

③ 同上。

④ Kenneth Lieberthal, *Revolution and Tradition in Tientsin, 1949 - 1952* (Stanford, CA: Stanford University Press, 1980); Dwight H. Perkins, *Market Control and Planning in Communist China* (Cambridge, MA: Harvard University Press, 1966); Kenneth R. Walker, *Planning in Chinese Agriculture: Socialization and the Private Sector, 1956 - 1962* (Chicago: Aldine, 1965).

城市中的粮食状况最终稳定了下来，代价却是农村中粮食消费的259 减少。许多农民面临着越来越严重的食物短缺，于是他们决定搬进城市和亲戚一起生活，也希望能够在城里谋生。农民们还做出了另一个反应，那就是私下（非法地）将粮食从城市运回农村。天津火车站成了一个出发枢纽，农民们向城市居民购买了大量棒子面，带回乡下的家里，以缓解食物短缺。① 这些做法违反了粮食管理制度，对城市的政治稳定和农村的食物安全构成了威胁，因此，1955 年 7 月*，中央政府开始实施一项新的政策，即通过户籍制度强制对人口流动加以管控。只有拥有城市户口的人有资格获得城市食品配额，这样一来，政府最终建立起对城乡之间流动的严格管控。②

在过渡到“大跃进”的阶段，铁路带着从城市离开的农村移民返回他们的家乡。尽管这些政策非常严格，但有农村户口的人在面对自然灾害、绝望和农村的黑市活动时，依然寻求进入城市避难。在夜间，大量移民会在火车站寻求栖身之所，给城市和铁路管理机关都造成了许多问题。被任命负责遣送工作的城市官员，和铁路警察一起工作。例如，1957 年，他们安排列车遣返 2700 名住在天津站的移民，新来的人则会立刻被送回家。③ 史学家周

---

① Brown, *City versus Countryside in Mao's China*, 36, 41.

② 关于户口制度，参见 Kenneth Lieberthal, *Revolution and Tradition in Tientsin*; Dorothy J. Solinger, *Contesting Citizenship in Urban China: Peasant Migrants, the State, and the Logic of the Market* (Berkeley: University of California Press, 1999)（[美]苏黛瑞，《在中国城市中争取公民权》，王春光、单丽卿译，杭州：浙江人民出版社，2009 年）; Mark W. Frazier, *The Making of the Chinese Industrial Workplace: State Revolution, and Labor Management* (Cambridge: Cambridge University Press, 2002).

③ Brown, *City versus Countryside in Mao's China*, 45.

* 应为 6 月。——编者注

杰荣(Jeremy Brown)注意到,一些农村移民试图在火车站逃脱巡视员警惕的眼睛,他们会穿上新衣服,假装走亲戚,扮成合法的旅行者。大规模的重新安置和在火车站对现场人口进行控制,总的来说是成功的,这样的做法甚至成了一种模式,用于集中并遣送城市里其他地方的农村移民和难民。①

国家把粮食分配和户籍制度联系在一起,从而实现了对城乡流动性的控制,这当然是 1958 年“大跃进”所预想的大规模集体化的一个关键部分。毛泽东将“大跃进”视为一场可以过渡到社会主义的革命运动,而经济改革者们则希望大规模集体化可以获得更高的粮食产出来维持城市里的工业化。既有文献已经对“大跃进”严重的经济和社会后果进行了广泛讨论。 260

在铁道部和铁路局出版的资料中,很难找到有关“大跃进”和“文化大革命”对铁路运营所造成影响的证据。② 年鉴和管理史中关于这些年的条目,也仅止于区区几行,只是对运营的障碍和轨道网络的持续扩展进行了简要述评。有关铁路的出版物,也没有提及这些运动给运营和管理造成的任何影响,这倒是毫不奇怪。不过,有几部完全针对技术读者的出版物,倒是进行了异常直率的评估,并为当时铁路运营面对的挑战提供了一些洞见。

到 1957 年“一五”计划结束时,官方铁路统计数据中客货运输的数字令人印象深刻,这表明了路网在战后有了恢复,以及 50 年代的经济在总体上取得了成功。与 1949 年相比,中国铁路的

① Brown, *City versus Countryside in Mao's China*, 第 45—46 页。

② 到目前为止,铁道部和各铁路局的文献都不对中外学者开放,因为铁路部门被划定为对国防具有重要战略意义的部门。

货运量增长了近五倍，旅客运输增长了三倍。① 政府的第二个五年计划从 1958 年开始，计划新建 7000 公里到 8000 公里的线路，并且在 15 年内扩张到 70000 公里，一位铁路专家在评估毛泽东时代以后的状况时认为，这样的计划“明显就是一个没法付诸实施的指令”。② 因为机车和货车的数量不足，“大跃进”设定的全部钢产量给铁路的运输能力带来了更大的压力。在咨询国务院及召开国家铁路管理领导干部会议之后，铁道部试图通过缩短客货列车的周转时间来解决机辆不足的问题，这样一来，全国路网、铁路局和火车站就需要达成不同的目标。其他解决办法还包括提高货运列车行驶速度、增加货运重量等。为了运输更多的煤和
261 工业产品，车厢受到了改造，被木质箱车取而代之。尽管有了这些改进，但铁路运力依然紧张，尤其是与政府设定的高目标比起来，更是如此。③

到 1959 年，政府不得不下调了月度钢铁配额，这反映了钢铁生产水平很低。为了支持政府的生产目标，铁路管理机构通过无数的紧急会议、电话会议和广播，动员党组织负责人和工人响应党的号召，采取“煤运为纲”的策略。与政府机构的其他部门类似，到 1960 年，铁道部完全被改造成了一个在“全党全民全路”指挥下进行大规模动员的机构，它还有自己的口号，声称要实现运输效率和安全记录的双“丰收”。④

除了政府施加压力要调整运输运营以满足“大跃进”的目标，

---

① 苗秋林，《中国铁路运输》，北京：中国铁道出版社，1994 年。苗秋林给出的原始数字是 7000 公里、8000 公里和 70000 公里。

② 同上，第 44 页。

③ 同上，第 44—45 页。

④ 苗秋林，《中国铁路运输》；亦见中国铁路史编辑研究中心编，《中国铁路大事记（1876—1995）》。

铁路系统还得进行机构调整以满足中央和地方的倡议。例如,1958 年 6 月,以前彼此分开的铁路管理局和工程局被合并成了单一的铁路局,内设两个党组织,既代表中央的铁道部,也代表地方行政部门。这样的动议,不仅可以视为在政治上要努力团结管理者和工人,也是一种要让中央政府更直接地深入到地方铁路局和车站的大胆尝试。结果,每个省都建立了自己的铁路局,路局数量从 17 个增加到了 29 个,以前的铁路分局降级成了铁路局的办公室。在铁路专家看来,这些调整削弱了整个铁路系统的组织,并且危及集中化的调度系统。在现实中,整个路网的常规交通运输因此发生了大规模的运输堵塞。①

在“大跃进”时期,中央机关决定建立运输指挥部,铁路管理的地区性变得更为显著,这些指挥部负责协调当地的资源,用于大规模运输工程和铁路建设。本着“大跃进”时期大规模动员的实用主义精神,这些联合项目将数万本地人和士兵组织起来,装卸火车车厢,修复铁轨等等。此后,铁道部会与其行政管理的合 262
作机构和当地指挥部一道,举行了规模盛大的集会,来纪念工作场所中发生的这些事情,以及为了支持社会主义的目标而奋斗和忍耐的精神。然而,1994 年版铁路运输志的作者还是冷冰冰地说道:“大规模动员不能解决所有问题。”②

在整个“大跃进”时期,技术专长、科学管理和经济回报的原则遭到贬低,被视为“资本主义的”“右派的”,铁路系统因此蒙受了巨大损失。③ 1958 年提出的口号“破除清规戒律”就进一步确认了这样的解释,这一口号发展成了一场针对单位中复杂的技术

① 苗秋林,《中国铁路运输》,第 45 页。

② 同上,第 45 页。

③ 同上,第 44—45 页。

以及管理指令和方针的运动，要用群众的苦干精神和革命奉献指导下的更简单的流程来取而代之。①

这场运动对中国铁路系统的运营造成了严重后果。在高层，铁道部对系统的指导方针进行了修订，将其管理指导方针删掉了三分之一，也就是约 1200 页的内容。② 在基层，机器车间和车站也采用了同样的做法，删除了各自约 90％的关于工作和安全流程的书面规定。例如，辽宁省的鞍山钢铁厂是一家规模巨大的关键性工业企业，在“大跃进”期间，由鞍山火车站负责鞍钢的运输安排。本着全力进行社会主义合作的精神，鞍山站删掉了为了确保运输的安全、质量和经济效益的大部分监管指南。③ 结果，在对设备进行维修时，发生了普遍的投机取巧，建设和产品制造质量下降，必要的经济计划和关键性的安全措施也被忽视了。铁路专家们事后诸葛亮地对这种危险的状况进行了评估，他们认为当时“没有可以依循的指导方针，即便有，也会被忽视”。④

围绕规章和安全措施的意识形态之战，最终对铁路系统造成了显著破坏。安全的缺乏，不仅会影响到工作场所中的劳动力，也会影响到列车上的乘客。官方对于 1950 年到 1990 年事故的统计揭示出，在“一五”计划期间，全国铁路事故率稳步下降，随
263 后，从 1957 年起，事故率逐渐上升，到 1960 年达到了一个戏剧性的顶点。1957 年到 1960 年，事故率提高了超过 70％，全国范围

① 关于大跃进时期的意识形态路线，参见 Michael Schoenhals, *Saltationist Socialism: Mao Zedong and the Great Leap Forward, 1958* (Stockholm: Föreningen ör orientaliska studier, 1987).

② 苗秋林，《中国铁路运输》，第 45 页。亦见中国铁路史编辑研究中心编，《中国铁路大事记(1876—1995)》。

③ 苗秋林，《中国铁路运输》，第 45 页。

④ 同上；亦见中国铁路史编辑研究中心编，《中国铁路大事记(1876—1995)》。

内发生了超过600起严重铁路事故，即造成人员死亡、损伤和严重伤害的事故。[①] 到“大跃进”后期，限制指导方针和安全措施的意识形态政策一被废除，事故率就稳步下降。

“大跃进”对中国铁路系统最大的影响，并不是因为政府为了支持工业化和城市经济的需求而对运输提出高要求，而是出于政治原因对理性原则加以弱化和破坏。对于一个对设备和设施结构的要求都很高的企业而言，这些原则非常重要。缺乏对纪律以及技术专长与经验的尊重，造成了可怕的事故，使得生命和设备都蒙受了巨大损失。[②]

此外，因为缺乏资金，许多雄心勃勃的工程，比如隧道、桥梁、新车站的建设都中断了。“大跃进”的政治焦点，是对人力劳动的动员以及农业生产的目标；媒体却将技术现代性作为国内的一种成就加以赞美，这就形成了有趣的对比。报纸几乎每天都会发表文章，报道新铁路、桥梁和隧道的建设，赞美这些项目的技术，是中国“人民民主专政”取得的技术进步最好的例证。[③] 不过，根据官方的铁路资料，“大跃进”时期约有63%的铁路建设项目投资没有取得任何经济回报。[④]

另一个与“大跃进”直接相关的失败的运营管理决定，是铁道部指示铁路维修工厂开始进行铁路车辆的生产。与农业集体在

---

① 苗秋林，《中国铁路运输》，第451—455页，尤其是第453页；亦见《铁路安全指导》，北京：铁道部出版社，1986年。

② 苗秋林，《中国铁路运输》，第48页。亦见《铁路安全指导》；上海铁路局志编委会编，《上海铁路局志》，北京：中国铁道出版社，2004年。

③《人民日报》，例见，《1956年：伟大跃进的一年》，1957年6月27日；《技术革新必须坚持政治挂帅》，1958年6月11日；《火车飞驰过长江：千年理想成现实，万众欢腾庆通车》，1957年10月16日。

④ 苗秋林，《中国铁路运输》，第48页。亦见《铁路安全指导》；中国铁路史编辑研究中心，《中国铁路大事记(1876—1995)》。

264 所谓后院小高炉中生产钢铁类似，附属于铁路局的铁路工厂，被认为是进行工业生产的绝佳地方。维护和维修的确需要材料与人力资源，但这与制造机车和车厢的复杂过程所需要的完全不同。根据一份官方的铁路志，生产出来的机车中，有好几百部完全无法使用。要努力满足铁路主管部门的要求也就意味着，为了增加产量，工作场所中机车和列车的维护、维修都被忽视了。例如，鞍山钢铁厂生产的钢轨质量严重下滑，到1960年，只有三分之一的产品能够达到质量和安全标准。① 无法使用的工业产品与机车车辆疏于维护，让乘客和工人的安全为此付出了巨大代价。②

尽管铁路通过供应工业化所需的原材料并把粮食从农村运往城市，给"大跃进"提供了支持，但其在旅客运输中所扮演的角色没有那么重要，因为流动，尤其是从农村向城市的流动受到了严重的限制。

尽管铁路通过从农村向城市运送粮食为政府提供了重要的货物运输来源，但在"大跃进"时期的大炼钢铁运动中，并不是所有雄心勃勃的大规模新铁路建设项目都取得了成功。为了在四川省会成都和都江堰之间建设一条线路，数以千计的农民被从田间迁往由党的干部严格管理的施工地。这个项目因为两方面原因而失败：农业劳动力的大规模减少造成农业生产力的下降，农民也无法克服项目的技术和建设中的挑战。这条线路还未建成

① 有关1961年庐山会议的内容，参见 Kenneth Lieberthal and Bruce J. Dickson, *A Research Guide to Central Party and Government Meetings in China, 1949–1986* (Armonk, NY: M. E. Sharpe, 1989), 121–122.

② 苗秋林，《中国铁路运输》，第48—49页。亦见《铁路安全指导》；上海铁路局志编委会编，《上海铁路局志》。

就被废弃了。

最后，铁路网被要求从农村向城市运输粮食，现实中既有货
物和运营的承载力被完全忽视了。1959 年初，因为没有货车，大
批粮食被浪费了，还因为缺少汽油，许多粮食就被留在火车站的
侧线，甚至是通往车站的路边，慢慢腐烂。因为铁路网日益超载， 267
即便是在主要城市的火车站，也有大量的货物开始堆积，往往会
造成大规模的腐坏。例如，1960 年，大连站不得不处理掉 7 万吨
无人认领的货物，津浦线上的徐州铁路枢纽将堆积如山的货物扔
进了沟里。

1961 年“大跃进”结束后，因为运营和物流上存在着这些障碍，中国铁路网以及国家总体经济的恢复就遇到了新的挑战。然而，铁路部门还是实现了缓慢增长。根据官方统计，作为国家总体投资的一部分，铁路投资的比重到 1965 年实际上下降了超过一半，这使得必要的线路延伸和既有线路的改善都无法进行。[①] 1964 年，三线建设项目启动，铁路成了这个中国最隐秘的发展项目的一部分。这个项目计划把中国的工业基地迁往内地，为与苏联之间可能发生的战争作战略准备。[②] 因为三线项目也需要对劳动力进行大规模动员，火车再次通过有组织地迁移人口而成了连接城市和农村的象征。城市里的青少年以及学生被送到了农村公社或者大型建设项目，专列会载着数百青年前往他们的工作地点。列车有时甚至会把他们放在偏远的农村车站，那里甚至连

---

① 苗秋林，《中国铁路运输》，第 52—53 页。

② Barry Naughton, “The Third Front: Defence Industrialization in the Chinese Interior,” *China Quarterly*, no. 115 (September 1988): 351 - 386; Covell Meyskens, “Third Front Railroads and Industrial Modernity in Late Maoist China,” *Twentieth-Century China* 40, no. 3 (October 2015): 238 - 260.

个站台都没有。① 从某种意义上讲，列车成了文明的最后一个基地，在青年们相对舒适的城市生活与铁轨之外等待着他们的艰苦的农村生活之间划下了界线。在“文化大革命”期间，数以百万计的青年都重复了这样的经历，火车把下放的青年送到了农村的工作分配地点。

服务“文化大革命”

20 世纪 60 年代中期，铁路网有所恢复，但无论恢复程度如何，这都只是一段插曲，到了 1966 年“文化大革命”爆发，铁路网的运营要面临更为严重的挑战。作为政府管理机构的一部分，铁
268 路立刻卷入了政治运动中，铁道部和许多区域铁路局的负责人都遭到了大字报的批判。②

到 1966 年 9 月，任何愿意在全国旅行去“点燃革命火种”的红卫兵都可以免费旅行、乘车和住宿时，政治开始对铁路的运营产生直接影响。面对每日新增两万到五万名要坐火车去北京的乘客，铁路处境艰难。③ 客运列车因为过度使用和超载而受损，列车晚点，货物运输和修理安排也因此中断，造成的后果非常糟糕。④

随着轨道内外混乱的加剧，事故率也上升到空前的水平。1965 年到 1969 年，中国铁路网上的严重火车事故增长了七倍，

---

① 见 Brown, *City versus Countryside in Mao's China*, 179.

② 中国铁路史编辑研究中心，《中国铁路大事记(1876—1995)》，第 293—294 页。

③ 同上，第 294 页。

④ 同上；苗秋林，《中国铁路运输》，第 53—54 页。

单单是1969年，就发生了964起事故。[①] 锅炉爆炸、旅客车厢着火、列车溜逸以及出轨，都是最常发生的事故。公开文件没有涉及另一种操作上的混乱，那就是1966年到1967年列车时刻表的悬置，这样一来，不是出于革命目的的列车旅行就变得极端困难，也给全网的车站造成了混乱。[②] 鉴于事故率很高，我们也可以认为，缺乏统一的时刻表，使得对轨道上旅客和货物运营管理的监督变得空前困难。例如，1966年11月，在津浦线的白马山站附近，发生了一起货车与载有红卫兵的客运列车相撞的事故，造成10人死亡，超过40人受伤，两座站台受损，15节车厢被毁。[③]

很多时候，“革命者”之间的斗争也给铁路局和火车站的日常工作造成严重问题，为路网的运营管理增加了额外挑战。津浦线上的蚌埠站就是“文化大革命”期间混乱在整个铁路系统内蔓延的一个代表。1966年12月，来自机器和车辆工厂的“造反派”，控制了火车车棚以及支线轨道，占据了车站的广播楼，让轨道系 270
统瘫痪了数日。列车停滞超过80个小时，177趟列车堵塞在轨道上。33次客运列车上的旅客没有其他选择，只能下车，在轨道上露营。当然，这一瓶颈致使整条通道以及区域线路发生了大规模晚点。[④]

铁路的实体和运营遭受的损坏，让许多铁路职工非常反感和失望。与军队类似，铁路管理机构作为一个单位，从20世纪50年代早期以来，地位一直很高，因为它可以向职工提供许多好处

---

① 苗秋林，《中国铁路运输》，第451—452页。

② 对陈信生的访谈，上海，2005年9月。

③ 中国铁路史编辑研究中心，《中国铁路大事记(1876—1995)》，第296页。

④ 同上，第297页。

和特权。① 但在“文化大革命”的政治氛围中，“红”被认为比“专”价值高得多，技术技能和职业训练没有革命价值，铁路的地位就发生了改变。其造成的结果是，许多接受过高等教育的铁路工程师和专业人员在“文化大革命”期间受到冲击，并且被送到乡下接受再教育，他们在田间和公社食堂里劳动，知识和技能都浪费了。②

作为阻止混乱的最后手段，1967 年 5 月，军队被召集起来恢复具有战略重要性的各部的秩序，让它们能够在某种程度上运转起来。

从机构视角看，解放军的到来意味着负责部务的党组织被替换成军事管制委员会，负责在铁道部建立“统一领导”。③ 从实用
272 主义的角度讲，解放军军管会的接管设下了新的调子，因为铁路科层机构内的每一个单位都必须严格遵守军管会的命令。除了机构的重新集中，军管会还为路网的运营和管理确立了新的优先顺序，这在党中央下发的一份公开文件中得到了确认。根据这项“命令”，保护铁路运输畅通无阻、严格禁止破坏铁路设施和财产、停止免费旅行，以及确保遵守各项安全措施开始成为铁路系统的工作指导原则，无视这些命令的人会依法受到严厉制裁。④

① Martin King Whyte, Urban Life in the People's Republic, in *The Cambridge History of China*, vol. 15, *The People's Republic of China*, part 2, *Revolutions within the Chinese Revolution*, *1966 - 1982*, ed. Roderick MacFarquhar and John K. Fairbank, 699 (Cambridge: Cambridge University Press, 1991) ([美]R. 麦克法夸尔、费正清，《剑桥中华人民共和国史》(下卷)，谢亮生等译，北京：中国社会科学出版社，1998 年).

② 有关铁路工程师的命运，参见 Feng Jicai, *Voices from the Whirlwind: An Oral History of the Chinese Cultural Revolution* (New York: Pantheon Books, 1991), 128 - 145(冯骥才，《一百个人的十年》，南京：江苏文艺出版社，1997 年).

③ 中国铁路史编辑研究中心，《中国铁路大事记(1876—1995)》，第 298 页。

④ 同上，第 298—299 页。

军管会的运营方针，结合无限制免费革命旅行的停止，使得铁路生产力普遍得到恢复，而且恢复的速度快得令人惊讶。人们可能会质疑：在一个如此庞大的科层机构中，要应对如此多的员工，这怎么可能呢？铁路军管会用了唯一可行的办法，那就是彻底的机构改革。到 1968 年底，军管会削减了现存的级别不一的 26 个单位，只留下 4 个单位，分别负责政治工作、生产、运输和办公室管理。职工数量的减少甚至更为显著。在部里工作的人数从 1960 人减少到只剩 280 人，其中还包括军管会的 17 名成员。被裁掉的人被下放去部干校学习，或者参加体力劳动。①

从一方面讲，在“文化大革命”期间，军队在塑造铁路管理方面扮演的角色可以被视为是一项更大规模的行动的一部分，这项行动旨在消除由革命政治造成的去集中化的最坏影响。另一方面，在纯粹的军事管理下进行大规模的重新集中化，对运营产生了若干种立竿见影的效果。严厉的改革当然涵盖了一些对于按照经济逻辑恢复客货运营而言至关重要的因素。铁路的安全纪录立刻就有了改善，货流的恢复让工农业总体都得到恢复。到 1970 年，农业和工业产出都超过了“文革”之前的最高水平，而且从长期来看它们也处于上行趋势。② 这项很重要的发展证明，铁路运营以及中国与外交政策相关的战略利益回到了更务实的做 273
法。然而，军队进驻铁路对于铁路局也产生了深层影响，专业和管理精英感到被包围、被疏远。后来发生的内部斗争，使得地方

① 中国铁路史编辑研究中心，《中国铁路大事记（1876—1995）》，第 303 页。

② Dwight H. Perkins, "China's Economic Policy and Performance," in *The Cambridge History of China*, vol. 15（[美]R. 麦克法夸尔、费正清，《剑桥中华人民共和国史》（下卷），谢亮生等译，北京：中国社会科学出版社，1998 年），part 2, 482.

铁路局成了一个更强有力也更孤立的管理和运营单位。

铁路局堡垒

尽管从1966年到1976年的十年间发生的许多政治运动强度和范围都很大，但“文化大革命”给中国的经济增长带来的破坏不如“大跃进”严重。德怀特·珀金斯(Dwight Perkins)等经济学家已经表明，在这个时期，除了政治上高度混乱的两年，也就是1967和1968年，中国经济实际上并没有减速。到1970年，工业和农业生产都恢复到了“文革”之前的水平。不过，珀金斯也指出，这样的增长是以投资和能源投入的不断增长为代价的，随着“文革”持续，这样的做法被无效地使用，并没有导致生活水平的提高，反而造成工资停滞。①

铁路部门发布的数字，也支持了对经济增长模式的这种解释。例如，从1966年到1968年，货物运输总量下降了24%，但很快又恢复，到1970年，已经比1966年高24%。遗憾的是，以铁道部和地方铁路局的名义发布的官方数字并没有向我们提供任何关于劳动生产率和效率的具体信息。然而，从1966年到1976年，货车周转所需要的天数持续增长，这意味着效率低下。例如，1970年(以天计)的平均周转时间比1965年高12%，花在换货车上的时间增长了10%。与1965年的基数相比，到1976年，周转
275 需要多花26%的时间，换货车的时间增加了60%。鉴于“文革”十年里每天对货车使用的强度持续下降，看起来越来越多的劳动

---

① Dwight H. Perkins, “China's Economic Policy and Performance,”尤其是第482—483页，第535—536页。

时间被花在了替换及移交用于服务的货车上。[①]

铁路最大的挑战来自地方铁路局中残存的政治派性活动。70年代中期，“文革”的高潮已经过去，但某些铁路局和铁路分局，比如位于陇海和京沪线交汇处的徐州分局，还在继续进行着“革命”斗争，对交通运输造成的破坏已经达到了危险的、有损经济的程度。[②]“文革”结束十几年后铁路分局出版的年鉴里虽然信息不多，但还是指出，铁路分局在“文化大革命”影响下完全卷入了政治运动中，尤其是在“批林批孔”运动期间。[③] 1974年4月，军管会撤出了徐州铁路分局，长达七年的军管结束了，这可能是鼓励派性活动和权力政治的一个因素。几起线路事故造成严重的生命和设备损失，到1974年底，徐州作为铁路枢纽的作用失灵了，使得向南去长江地区、向北去天津都没法成行。徐州铁路分局成为整个铁路网中的“老大难”单位。[④]

“批林批孔”运动也影响到了其他铁路大院，比如大连和大同的机器厂。[⑤] 但正是徐州铁路分局在全国的客货运输瘫痪中扮演的角色，使得中央政府最终加以干预。1973年，根据毛泽东的指示，邓小平恢复国务院副总理职务，整顿中国经济成为首要任务，而通过铁路网实现货物和煤炭的平稳运输则是不可或缺的前提条件。为了达成这一长期目标，邓小平首先通过恢复纪律，裁

---

① 苗秋林，《中国铁路运输》。据表2-4-2，货车密度比1965年低8%。

② 中国铁路史编辑研究中心，《中国铁路大事记(1876—1995)》，第325页。

③《徐州铁路分局志，1908—1985》，徐州：徐州铁路分局史志编审委员会，1989年，第52页。

④ 同上。

⑤ 大连机车车辆工厂厂志编纂委员会编，《铁道部大连机车车辆工厂志，1899—1987》，大连：大连出版社，1993年，第44页；铁道部大同机车工厂志编纂委员会，《大同机车工厂志，1954—1985》，山西省：铁道部大同机车厂工厂，1987年，第30页。

276 减兵员，改善训练，来整顿军队。[①] 邓小平沿用整顿军队的做法，把徐州铁路分局作为“地方整顿的战略”的典型，以恢复铁路部门的秩序。[②] 根据历史社会学家傅高义（Ezra Vogel）的解释，因为连毛泽东本人都遇到了不便，在铁路混乱期间不得不取消了一次火车旅行，而且因为邓小平在上海市革委会中的政治对手意识到了开通铁路线对于让供应到达上海具有重要意义，邓小平才能“在徐州迅速而强有力地行动”。[③]

有大型工程组织经验的万里被任命为铁道部长，除此之外，
277 邓小平还诉诸由党直接发布并经毛泽东批准的文件来获得支持。1975 年 3 月，在与各省市自治区负责工业的书记召开会议之后，中央 9 号文件《中共中央关于加强铁路工作的决定》出台，文件决定废除徐州铁路分局重叠的管辖权，由万里及铁道部直接领导该局。[④] 除此之外，文件还规定，必须消除派性，反对这些措施的人（搞派性活动者、停工者和毁坏财物者）一经发现，要立刻予以惩处。

1975 年 3 月 5 日会议结束时，邓小平在讲话中强调了问题的急迫性，以及行动的必要性。在会上，他巧妙地用铁路作为真实案例和隐喻，来说明他关于实现国民经济稳定和增长的想法。[⑤] 他认为铁路运输的问题是由于削弱了集中统一领导，并宣

---

① Ezra F. Vogel, *Deng Xiaoping and the Transformation of China* (Cambridge, MA: Belknap Press of Harvard University Press, 2011)（[美]傅高义，《邓小平时代》，冯克利译，北京：生活・读书・新知三联书店，2013 年），97—103.

② 同上，第 103 页，亦见第 104—109 页。

③ 同上，第 104 页。

④ 同上，第 105 页。邓小平讲话全文，见邓小平，《全党讲大局，把国民经济搞上去》，收入《邓小平文选》（第二卷）（1975—1982），北京：人民出版社，1983 年；Vogel, *Deng Xiaoping*, 105.

⑤ 邓小平，《全党讲大局，把国民经济搞上去》，第 4—7 页。

布中央“重申集中统一”的决定。他也意识到地方和铁道部门加强协作的重要性,这是铁路的一个特性。[1] 在对高事故率和缺乏纪律的评论中,邓小平用具体的例子说明了员工粗心的行为给铁路运营带来的问题:

> 现在铁路事故惊人,去年一年发生行车重大事故和大事故七百五十五件,比事故最少的一九六四年的八十八件增加好多倍。这中间有许多是责任事故,包括机车车辆维修方面的责任事故。这说明没有章程了,也没有纪律了。现在有些规章制度要重申。火车司机不能下车吃饭,要带饭盒在车上吃,这是老章程,是有道理的。现在随便下车吃饭,经常误点。值班不准喝酒,这是历来的规矩,现在也不严格执行了。喝醉了酒扳错道岔,就会造成火车相撞的重大事故。所以必要的规章制度一定要恢复和健全,组织性纪律性一定要加强。这个问题不光是铁道部门存在,其他地方和部门也同样 278
> 存在。[2]

邓小平接着批评了两种制造混乱的人,一种是被派系迷了心窍的人,打几年派仗打昏了头,另外一种是少数坏人,破坏国家经济建设,在混乱中搞投机倒把,升官发财。邓小平把徐州铁路分局的头头归为第二种,要求他到月底必须转变,否则就要予以严厉的惩罚。[3]

从机构的角度看,邓小平讲话中最有趣的部分,是他观察到铁路系统里闹派性的人同地方上闹派性的人是有联系的,要在事

---

① 邓小平,《全党讲大局,把国民经济搞上去》,第 5 页。
② 同上。
③ 同上,第 6 页。

情闹到北京来之前切断他们之间的联系。例如，江西省就有人支持南昌铁路局的派性分子。邓小平重新确定了铁道部的权威，他宣布："铁道部门的人事调动，还是由铁道部统一管理。铁道部有这个权。铁路上的派性问题，地方解决不了的，由铁道部解决。"[1]得到中央 9 号文件和邓小平讲话支持的铁道部长万里在徐州会见了党政领导，赓即逮捕了带头闹事的徐州铁路分局局长。随后，万里还与职工代表、徐州党政干部，以及维修工人召开了多次大规模会议，希望获得铁路分局新领导班子的广泛支持，并且让铁路分局的经济和政治恢复稳定。[2] 这种整顿方案被证明能取得成功，因而也被运用到了其他因为闹派性而运营混乱的铁路分局，比如太原局、南昌局和昆明局。结果，到 1975 年 3 月底，徐州的列车调度和货物装卸开始正常化，到当年第二季度，整个铁路部门都得以恢复。[3]

徐州铁路分局由铁道部集中统一领导的做法，被推广到其他经济部门，这些部门的生产力都因为破坏性的派性斗争严重受
279 损。在 3 月初发表的讲话中，邓小平指出："解决铁路问题的经验，对其他工业部门会有帮助。"[4]他后来建议将徐州的经验作为典型和研究个案，供钢铁行业处理类似的问题。[5] 回过头，铁路、钢铁和航天部门的成功整顿又成了邓小平 1975 年对中国经济进行"全面整顿"的典型。[6]

---

① 邓小平，《全党讲大局，把国民经济搞上去》，第 6 页。

② Vogel, *Deng Xiaoping*, 107－108.

③ 同上，第 108－109 页；MacFarquhar and Schoenhals, *Mao's Last Revolution*, 384.

④ 邓小平，《全党讲大局，把国民经济搞上去》，第 7 页。

⑤ 邓小平，《当前钢铁工业必须解决的几个问题》，收入《邓小平文选》（第 2 卷）（1975—1982），北京：人民出版社，1983 年，第 8—11 页，见第 8 页。

⑥ MacFarquhar and Schoenhals, *Mao's Last Revolution*, 386.

选择铁路部门作为整顿的第一个战略目标确有道理，因为铁路的运营功能，尤其是货物和煤炭运输，是后续整顿重工业的基本要求。不过，以铁路部门作为最早的焦点之所以必要，还有其他原因。徐州的个案表明，铁路局存在着很强的地方自主权——这会被派性分子所利用，铁路管理机构的地理分布非常复杂，基于工作的铁路社区与地方社区之间存在着密切的纽带。邓小平建议，对铁路局的整顿要覆盖铁路职工家属、铁路沿线农民，这就显示出这些社区之间的密切联系。① 对万里领导下的铁道部所具有的权力和集中化权威的再次明确，可以被认为是要有计划地整顿铁路系统的管理结构，同时通过由上而下的命令管道，重新建立起铁道部对各铁路局的管控。为此，铁道部还直接控制了北京交通大学、四所铁道学院，以及南京和上海的铁路医学院，免去了它们的省市级干部。② 从政治的角度看，清除政治敌人、把不胜任不忠诚的员工替换成有能力且忠诚的员工，都有助于邓小平进行政治整顿，实现加快经济增长的目标。③

在推动恢复规章制度和工作效率的过程中，铁路也成了一个绝佳的部门。尽管这个问题是在讨论其他需要清理整顿的工业和企业时提到的，但其他工业部门可能没法像铁路这样提供生动而富有戏剧性的例子，来说明纪律、安全和经济生产力之间的因果关系。④ 个人粗心以及缺乏工作纪律，要对货场上货物和轨道

---

① 邓小平，《全党讲大局，把国民经济搞上去》，第 7 页。

② 中国铁路史编辑研究中心，《中国铁路大事记(1876—1995)》，第 327 页。铁道学院分别坐落在兰州、长沙、上海和大连。

③ Barry Naughton, "Deng Xiaoping: The Economist," in *Deng Xiaoping: Portrait of a Chinese Statesman*, ed. David Shambaugh (Oxford: Clarendon Press, 1995), 83-106, 90.

④ 例见邓小平，《当前钢铁工业必须解决的几个问题》，第 11 页。

280 设施的损坏负直接责任，铁路运营上的错误会导致灾难性的事故。人命的损失以及设备的损坏，还有因此造成的铁路线堵塞，都让纪律和专业主义不足所造成的高昂经济代价及其对社会主义的破坏变得尤为明显。图 8.1 中的宣传画就体现了这一点——丹东站的领导告诫站场职工，要小心处理货品和货物运输，避免粗心大意造成任何火灾风险。①

281 到“文化大革命”末期，铁路部门开始有所恢复，但并非立即恢复。铁路统计数据表明，与前一年相比，1976 年的货运总量实际下降了 5%，而事故上升了 17%。② 1976 年 4 月，“四人帮”的激进支持者在郑州铁路局等一些铁路局重新占据上风，他们对前

图 8.1 “学习丹东站货场”的宣传海报，约 1974 年，作者个人藏品。

① 邓小平，《全党讲大局，把国民经济搞上去》，第 4 页，第 7 页；“学习丹东站货场”，约 1974 年。丹东位于东北的中朝边境。

② 苗秋林，《中国铁路运输》，第 60 页，表 2-4-1，2-4-2，以及第 452—453 页。

一年取得的整顿成果展开了直接攻击，并叫嚣“让生产力怎么上去的就怎么降下来”、“把运输生产力降下来就意味着胜利”等口号。① 过去负责改善铁路工作和纪律的干部，现在又受到了批判和攻击。

郑州、兰州、太原、南昌、成都和昆明等主要铁路局出现的政治混乱，不仅影响了全国铁路线的生产力，也影响了那些依靠资源供应和材料供应的省份的经济和工业生产力。例如，1976 年，郑州的混乱造成路局系统 12 次完全关闭，货运量大幅下降，在长达 100 天时间里都没有发出列车。② 作为在中国东北和西南之间运送煤炭和粮食的中心铁路枢纽，郑州的运输中断引发了多个省份和城市的供应问题。兰州铁路局激进的动荡和铁路封锁，迫使甘肃省近一半的冶金和石化企业因为供应短缺而停产或者半停产。③ 因为新疆和甘肃的油井被迫关闭，该省约有八成的汽车没有汽油。④

中国铁路系统经济和管理的整顿过程出现了这样的退步，鉴于此，也许可以用铁路局特定的角色和结构性质来解释为什么激进派报复性地重新获得了权力。尽管按照邓小平的政策，铁路部门所做的调整令人印象深刻，但 1975 年的九个月时间还不足以扭转所有铁路局的局面，并把劳动力中意识形态和管理的变化牢牢固定下来，这是合理的。

铁路局再一次成了激进政治的堡垒，并且给经济带来了灾难性后果，这表明了该系统的机构结构：铁路局在国家层面是碎片

---

① 中国铁路史编辑研究中心，《中国铁路大事记（1876—1995）》，第 328 页。

② 同上；苗秋林，《中国铁路运输》，第 58—59 页。

③ 中国铁路史编辑研究中心，《中国铁路大事记（1876—1995）》，第 329 页。在 156 个关键性企业中，有 40 个被迫中断生产，33 个停产了一半。

④ 苗秋林，《中国铁路运输》，第 59 页。

282 化的，它牢牢植根于地方，这就使得曾被整顿政策强行逼走，现在又看到了重新掌权和算旧账机会的激进派得以迅速回归。因为有强烈的机构认同，毫不尊重政治上已被削弱的铁道部，铁路局的一小撮激进分子能够制造混乱，并造成严重的经济破坏。幸运的是，“文革”在 1976 年 10 月结束了。铁道部不敢浪费一点时间，立刻召集它管理下的所有单位和部门在北京召开会议，会上重新明确了党中央的新指示，并且将整顿陷入困境的铁路局放在其议程的首位。①

毛泽东去世后的头几年，铁路部门再次作出了努力，按照 1975 年的指导原则对企业管理进行内部重组，并且公开谴责“四人帮”造成的巨大破坏。党和政府的喉舌《人民日报》上出现了以“四人帮破坏铁路运输的一个罪证”为标题的文章，也语气坚决地支持了这一做法。② 对当时已经被收押的“四人帮”成员给铁路系统造成的方方面面的混乱加以谴责，能够鼓励普通的铁路工人快速接受运营恢复正常，而不必担心政治报复。就高层而言，铁道部下令将陷入困境的郑州和兰州铁路局领导班子全部替换成新派遣的干部，还重组了由它直接负责的单位的领导班子。③ 相比之下，铁路工人在困难时期的坚韧不拔，以及他们对国家政治经济的恢复所作的贡献，都得到了公开赞扬，他们成为新的模范角色。④ 到 1978 年底，重组工作的成就显而易见，自 1976 年以来，货物运输增长了 30%，事故率下降了近 50%。⑤ 铁路正准备

① 中国铁路史编辑研究中心，《中国铁路大事记(1876—1995)》，第 330—331 页。

②《四人帮破坏铁路运输的一个罪证》，《人民日报》1977 年 4 月 1 日。

③ 苗秋林，《中国铁路运输》，第 61—62 页。

④《列车上的铁人》，《人民日报》1977 年 12 月 14 日；《从节约中夺来了增产的主动权》，《人民日报》1977 年 11 月 4 日。

⑤ 苗秋林，《中国铁路运输》，第 62 页，第 452—453 页。

进入中国的改革时代。

铁路改革和高速铁路

中国的经济改革在1978年拉开了序幕，我的分析将离开我较为熟悉的近现代史领域，而进入当代经济、政治和社会领域。283 作为一名史学家我很清楚，试图选择性地把当下的事件与发展，整合进本该属于社会科学家和记者们加以解释的领域，存在着危险。但我相信，生硬地把中国铁路的历史轨迹终结在1978年，会模糊掉中国铁路仍在继续应对的一些问题，诸如科层集中化、地方铁路局的权力，以及客货运输的特定模式等。尽管我并没有试图评估在中国的政治经济中传统铁路和高速铁路相比的效率与可行性，但讨论它们在经济社会中的不同角色，并且从历史的角度来思考它们的机构演进未尝不妥。

在经济巩固和改革之后，中国铁路部门发展成了一个由铁道部管控的高度集中化的科层机构，铁道部直接向国务院负责。铁道部通过14个区域铁路局和41个铁路分局，监管铁路网的运营，铁道部、铁路局和铁路分局共同构成了这一分层管理的系统。分局负责地方火车站、铁路工厂以及仓库，是这个系统运作的基础。[1] 铁道部则协调全国路网的火车时刻，通过铁道部自己的出版社发行时刻表。[2] 铁道部重新集中化的另一个方面，是吸收铁

① 中华人民共和国铁道部国际合作司，《中国铁路2010》，北京：中国铁道出版社，2009年，第4—5页；Katrin Luger, *Chinese Railways: Reform and Efficiency Improvement Opportunities* (Heidelberg: Physica Verlag, 2008), 73 - 75.

② 中华人民共和国铁道部，《全国铁路时刻表，1985年》，北京：中国铁道出版社。我感谢南希(Nancy Hearst)替我找到一份这版时刻表。

道兵的建设队伍。根据党中央和国务院的命令，铁道兵于1984年1月集体转业进入铁道部，其指挥部改称铁道部工程指挥部。①

1981年以前，政府承担了铁道部与铁路运营和投资相关的所有成本，铁道部也会上交所有净利润。② 到80年代中期，政府进行经济改革，允许国有企业利用剩余能力进行生产，并以市场价格出售这部分产品，铁路部门，尤其是铁路局，开始多样化经营。在整个路网中，铁路局层级的干部开始利用他们与地方的商业联系和与地方政府的关系开展业务，包括物流中心和旅行服务，还有房地产开发等。③

284 90年代，政府针对国有企业进行了结构性改革，作为改革的一部分，铁道部开始对运输服务甚至铁路分局进行企业化改造，把它们转变成有限责任公司。然而没有任何证据表明，这项发展会推动铁路部门的全面私有化，因为只有一些铁路局变成了公司，就算是被改造成公司的这些路局，在治理上也没有任何显著改变。④ 改革政策要求减少国有企业中国家雇员的数量，为了与这一政策保持一致，铁道部通过精简行政管理结构，并剥离学院和学校等相关的企业和机构，将它们划归教育部管理，从而减少了职工人数。⑤ 结果，铁道部的职工总数，从1995年底的340万（包括200万交通运营的员工）减少到2009年的210万（包括150

① 中国铁路史编辑研究中心，《中国铁路大事记(1876—1995)》，第378页。

② Linda Yin-nor Tjia, *Explaining Railway Reform in China: A Train of Property Rights Rearrangements* (London: Routledge, 2016), 50 - 51.

③ 同上，第51页。

④ 同上，第53页。

⑤ 同上，第53—54页。

万交通运营的员工)。①

物流和交通的现代化是政府经济议程的重要部分，为此政府还引入了结构改革，来解决整个铁路系统中的效率问题。2001年曾进行过一次试验，将客运运输与铁路建设和管理分离开来，以改善管理并以市场为导向，但这次试验最终失败了。② 2005年3月另一次结构性改革的尝试启动了，这次改革是要彻底撤销铁路分局这一管理层级。时任铁道部长宣布，这一步骤意在改善铁路局对车站管理、运输承载力和技术设备标准的直接控制。更令人惊讶的是，他说，撤销41个铁路分局可以解决两个独立的法人(路局和分局)管理同样的财产和资产的结构问题。③

这一剧烈的步骤从多个方面解决了同一个地理区域内路局和分局之间彼此权责冲突的顽疾。除了对运输控制存在持续争议外，路局和分局还会为各自的账户以及分局的小金库问题展开争论。除此之外，各分局还会对由铁道部分配的用于铁路维修、投资、机辆的数量有限的资金彼此展开竞争，因而对整个列车转 285
运体系造成了影响。④ 改革的评论者们许多都有铁路专业背景，他们强调铁路部门中利益存在巨大分歧，使得铁路政企分开遇到了巨大困难。还有一些人甚至质疑，是否应该由铁道部来领导改革，因为“在现有体制下，铁道部是最大的既得利益者。也正因为如此，铁道部成为铁路行业政企分开的最主要障碍”。⑤

随后几年，铁道部的透明度或者效率都没有明显提高，这是

① 中国铁路史编辑研究中心，《中国铁路大事记(1876—1995)》，第501页；中华人民共和国铁道部国际合作司，《中国铁路2010》，第8页。

② Tjia, *Explaining Railway Reform in China*, 54.

③《中国铁路大规模改革拉开序幕》，《中国青年报》2005年3月19日。

④《铁路改革：棋至中局，难题待解》，《南方周末》2005年4月21日。

⑤ 文力，《谁应该是铁路改革的主导者》，《社会科学报》2005年11月24日。

因为存在着这样一种困境，即铁道部“既有商业责任，也有社会服务责任，既是一个政府机构，又是一家企业”。[①] 2010 年我在北京的铁道部所进行的访谈，也支持了其他学者的观察，即当时主导铁道部议程的是路网扩张、设备升级和提速项目等，而不是真正的结构性改革。[②] 铁道部的人指出，着力在旅客运输领域发展高速铁路，在货物运输领域采用重载技术，填补了市场对铁路服务的高需求与铁路运输承载能力的缺陷之间的巨大缺口。[③] 尽管货物运输要比旅客运输利润更高（特定的几条高速除外），但受访者不断强调铁道部有责任在春节期间为数百万返乡农民工提供列车服务，还要为从家到远方上学的学生提供打折车票。为了确保实现社会稳定和更大的政治稳定的目标，国家继续对客运服务的票价进行管控，不允许铁路管理部门自行定价。[④]

铁路没有能力满足市场对货物运输的需求，一直是铁道部发展规划中考虑的主要问题。2010 年，愿意使用铁路运输的货主中只有三分之一真的能用上铁路服务，使得物流业务有相当大一部分留给了卡车和航空业。[⑤] 全部铁路货物中，有约一半是煤炭和焦煤，速度较慢的货车要与其他列车共用同一张铁路网络，形成了承载量的瓶颈，致使效率低下。[⑥] 即便是中国高速铁路网的
286 发展，也要放在货物运力这一背景中加以评估。铁道部的人指出，推动高速铁路发展，不仅有利于中国的空间城市化以及改善

① Luger, *Chinese Railways*, 85.
② 见上书第 78 页的对比评估。
③ 对刘和林的访谈，铁道部国际合作司，北京，2010 年 10 月 19 日。
④ 同上。
⑤ 同上。2004 年，中国的所有货物中只有 28% 是由铁路运输的。Luger, *Chinese Railways*, 37.
⑥ Luger, *Chinese Railways*, 37.

人口分布，也会把传统铁路旅客运输的一大部分转往高速客运专线，从而释放新的货运运力。①

尽管早在1990年，铁道部就提出了第一份方案，要用高速铁路连接北京和上海，但直到21世纪第一个十年末，高速铁路发展才真正开始起步。迟延的一个原因是对使用何种类型的技术存在争论，即到底是使用特殊磁力轨道上的磁悬浮列车，还是在传统标准轨道上运行的高速列车。② 考虑到磁悬浮列车系统成本很高，以及传统高速技术在中国东北从沈阳到秦皇岛的测试线路上试验取得成功，国务院决定采用后一种技术作为未来网络的标准。③ 2009年12月，武广高速铁路线开通，这是一个里程碑，因为这条客运专线建立起了连接华中和长江中游地区与华南和珠江三角洲的高速通道。这趟列车最高运营速度达350公里/小时，仅需3小时15分钟就能走完约1068公里的全程。此外，优雅的新火车站以及令人印象深刻的桥梁工程，以实体展示着铁道部对这种新基础设施的未来的雄心。④

受在缺乏充足金融资源的状况下建设世界最大的路网这一目标的驱动，高速铁路服务获得了大规模投资。出乎意料的是，这些投资却间接导致了铁道部的撤销。为了回应社会对铁路进行大规模改革的新呼吁，2013年3月，政府撤销了铁道部。为了
处理原铁道部中政企不分的问题，新组建的国家铁路局承担其行 288

① 对刘和林的访谈，铁道部国际合作司，北京，2010年10月19日。

② OSEC Business Network, *China Railway Market Study* (Zurich: OSEC, January 2011), 14.

③ 同上。

④ 参见中华人民共和国铁道部国际合作司，《中国铁路2010》，第16—18页。

政职责，新组建的中国铁路总公司，承担其企业职责。① 两个单位都由 2008 年组建的交通运输部管理。国务院的机构改革方案最终只写了短短一句——“不再保留铁道部”，标志着这个存在了 63 年的机构的终结②。

总　结

本章的开篇，讨论了在“大跃进”和“文化大革命”这段最具政治挑战性的时期，中国铁路作为一种运输基础设施和一个行政管理系统如何生存及适应。铁路部门通过迫使其运营和服务与当时的政治现实保持一致，生存了下来。我已经表明，政治上对专业铁路技术的不尊重，以及正常运输条件的崩溃，将这个系统拉伸到了极限，造成了极高的事故率与交通运营的全面堵塞。以历史的后见之明来看，铁路能够维持服务，甚至达到了以前的水平，简直是个奇迹。在中国的经济改革过程中，铁道部的投资支出不受限制，却没有考虑到腐败水平也放大了，反过来造成忽视安全和缺乏纪律。这对铁路部门的机构发展有什么启示呢？

从很多个方面讲，中国铁路部门的故事涉及以铁道部为代表的中央政府和负责运营的地方和区域铁路局之间的持续拉锯。从 20 世纪 50 年代末到 21 世纪 10 年代，我们见证了铁道部持续

① Laney Zhang, “China: Ministry of Railways Dismantled,” Global Legal Monitor, Library of Congress, April 4, 2013, http://www.loc.gov/law/foreign-news/article/china-ministry-of-railways-dismantled/.

② “国务院机构改革和职能转变方案”，提交第十二届全国人民代表大会的报告，北京，2013 年 3 月 10 日。报告可以在 2013 年人代会的官方政府新闻渠道中获取，网址 http://www.gapp.gov.cn/ztzzd/rdztl/2013lhzt/contents/3793/144924.shtml, 2018 年 5 月 27 日查询。

要集中和恢复权力，而与地方和区域政府及社会存在很强联系的地方和区域铁路局一直在抗拒。集中化和去集中化这一二元对立，体现了起源于民国时期的碎片化机构发展的历史延续性。1949 年以后，铁路局成功地让其运营适应了危机时期政治指示
的需要，但也利用它们相对的自主权妨碍了中央政府正常化的 289
努力。

在中国，铁道部具有“国中之国”的特征，这同时招致了嫉妒和批评。[1] 铁路部门规模庞大，有着大量劳动力，还有自给自足的铁路大院社区，里面提供从医院到学校的各种社会服务，这些都强化了铁路工人的职业认同和机构认同。外人进不去铁路部门，铁路部门也不透明，这是因为铁路有自己的警察、自己的法院系统，即铁路运输法院。[2] 尽管到 2012 年底，所有铁路法院最终都被移交给了地方并整合进国家法院系统中，但铁道部与其监管之下的法律实体之间的长期纠缠，还是引发了许多关于透明度和司法公正的问题。[3]

不过，尽管在结构改变和市场改革中存在诸多挑战，铁路劳

---

① Celia Hutton, Demise of China's Unloved Railways Ministry, BBC News, Beijing, March 13, 2013, http://www. bbc. com/news/world-asia-china - 21756726, accessed May 29, 2018.

② 济南铁路局的铁路运输法院从 1955 年起就开始运作。济南铁路局史志编纂领导小组，《济南铁路局志，1899—1985》，第 661—663 页。最高人民法院直属三种特殊人民法院，除了铁路运输法院之外，还有军事法庭和海事法院。参见 June Dreyer Teufel, *China's Political System: Modernization and Tradition*, 8th ed. (Boston: Pearson Longman, 2012), 178.

③ Laney Zhang, "China: Railway Courts Integrated into National Court System," Global Legal Monitor, Library of Congress, September 12, 2012, http://www. loc. gov/law/foreign-news/article/china-railway-courts-integrated-into-national-court-system/.

动者却没有失去他们的职业认同和机构认同。[①] 北京的铁道部正式撤销之时，铁路管理部门的员工和退休职工都穿着铁路制服走了出来，要在铁道部的门前留影。许多人在讨论铁道部撤销的博客上留下了评论，表达他们的失望和震惊。对于铁道部的后继机构，他们是否会发展出同等的忠诚，还有待观察。

① 关于市场改革之后，上海的铁路职工如何应对住房安排与社会身份方面的变化，参见 Lida Junghans, "Railway Workers between Plan and Market," 183 - 200, in *China Urban: Ethnographies of Contemporary Culture*, ed. Nancy N. Chen et al. (Durham, NC: Duke University Press, 2001), 192 - 193.

结论：中国铁路系统的遗产 290

1950 年 1 月，中华人民共和国成立之后仅几个月，《人民日报》便自豪地宣布从北京到汉口铁路线重新开通，全程需时 53 小时。[①] 今天，如果从首都乘高速列车前往武汉，仅需要 5 个半小时，旅客们就能抵达武汉站。这是一座未来主义风格的火车站，其屋顶的形状类似鹤的翅膀——黄鹤正是武汉这座城市的标志。通过高铁线路的连接，上海到北京也仅需不到 5 小时。高铁列车运行的轨道与旧有的津浦铁路通道平行，这条旧有铁路仍用于客货运输。超现代建筑风格的宏大火车站，还标志着高速铁路向西部省份延伸。在甘肃、新疆等广袤而贫瘠的大地上，这些车站建筑格外突出，它们象征着中国通过国家主导的基础设施投资对经济现代化的追求。

旅客运输仍然是中国铁路部门服务项目的重要组成部分。航班运行常受到严重污染的干扰，连接机场与城区的高速公路严重拥堵令车辆无法移动，而高速铁路能与城市的基础设施网络快速连接，这都使得高铁成为航空旅行的有力竞争者。据中国铁路总公司统计，2016 年，高铁的旅客发送量达 14.4 亿人次，占全部

① 陈迹，《从北京到汉口》，《人民日报》1950 年 1 月 29 日。

铁路旅客发送量的52%。[①] 普速列车仍是大众运输不可分割的部分，每逢节假日，城市中的外来务工人员需要乘坐普通列车返乡。2015年春运，约1.45亿外来务工人员乘坐火车出行，但选
291 择高铁而非普通列车的人数仍在持续增长。[②] 从长期来看，高铁的持续建设和运营是否具有成本效益，是否能够为政府的巨额投资带来较高回报，这些问题超出了本项研究的范围，经济学家们仍就此展开着热烈的讨论。

因为经济、地理和运输组织等原因，对于季节性流动的农业劳动力运输而言，提供廉价运输方式仍有必要。20世纪八九十年代，数以万计的季节性麦客，从周边县份甚至省份乘坐火车前往陕西省中部和西北部，通过在田间劳作挣取工资。在高峰时期，甚至临时用敞车和篷车来运输劳工，火车站也变成了这些外来务工人员事实上的集散地。[③] 在新疆，棉花采摘也有赖流动性农业劳动力的持续输送，因而也就有赖铁路运输。每年，摘棉专列将数万摘棉工从邻近的甘肃、青海和宁夏等地送往新疆，他们通过季节性农业劳动挣取工资。[④]

鉴于国内铁路网络的快速扩展以及高速铁路的发展，中国铁

---

① Luo Wangshu, "Railroads Forecast to Top 3 Billion Trips in 2017," *China Daily*, January 4, 2017, http://usa.chinadaily.com.cn/china/2017-01/04/content_27855389.htm.

② Lucy Hornby, "Chinese Hit the Road for New Year Migration," *Financial Times*, February 17, 2015, https://www.ft.com/content/8cf0a316-b654-11e4-b58d-00144feab7de.

③ 参见著名摄影师侯登科拍摄的照片和相关描述，侯登科年轻时曾在西安铁路局工作。侯登科，《麦客》，上海：上海锦绣文章出版社，2010年，尤其是第13页，第19—25页，第186—196页。

④ "First Batch of Cotton Pickers Arrive in Xinjiang," *China Daily*, August 21, 2009, http://www.china.org.cn/china/news/2009-08/21/content18373410.htm, 2018年5月28日查询。

路的历史对于我们理解中国铁路当前的发展还有意义吗？中国铁路系统的发展始于20世纪早期，其最为显著的遗产可以在现在铁路管理的机构组织中找到。正如本书所示，从民国时代早期开始，历经沦陷与战争，以及许许多多出于政治性原因进行的重组和危机之后，铁路局系统一直存续到了21世纪。事实上，即便是在2013年铁道部被撤销并被中国铁路总公司取代之后，铁路局系统作为一种机构仍然存在。中国铁路总公司是一个完全国有的企业，领导着18个铁路局，各个路局有其按照地理界定的特定管辖范围。尽管中国铁路总公司将各铁路局称为公司，以表明它们相对于这个总公司的从属地位，但各路局仍然被正式界定为“铁路局”。①

这些铁路局的机构源头，绝大多数能追溯到民国时期，而且自成立以来，其中大多数的管理责任就没有发生过重大改变。比如说，时至今日，济南铁路局管辖的铁路范围仍然与民国时期非 292
常接近。济南铁路局管理着山东省内的所有线路，包括京沪高铁山东段，其领导机关和其他实体资产仍位于济南市的老铁路区内。② 随着城市的扩张，铁路区已经被市区包围，成为济南市中心的一部分，而不再位于城市的西郊。而铁路局系统新增的部分，诸如成都局、昆明局、乌鲁木齐局和青藏铁路公司，则反映了1949年以后包括改革开放以来，铁路网向华南、西部和华中地区延伸。③

---

① 有关济南铁路局的官方信息，见“中国铁路总公司所属企业”，http://www.tielu.cn/jinan/，2018年5月28日查询。

② 同上。

③ 关于中国铁路总公司之下的组织架构和铁路局名单，见公司网页，“中国铁路总公司”网站 http://www.china-railway.com.cn/zgsgk/zzjg/201403/t20140313_42265.html，2018年5月28日查询。

从财务角度看，中国铁路部门今天的表现并不比 1949 年之前好太多。本书已经表明，一条铁路的财务表现，通常都要依靠综合业务，而能够营利的主要是货运运输，比如津浦铁路，或者连接关键性城市和区域的线路，比如沪宁铁路。尤其是在民国初期，由于受到军阀部队和军事行动的影响，这些线路的利润下降，机辆被破坏。尽管长期受到战争和政治运动的各种破坏，需要从外国市场寻求补充性的铁路设施贷款，但政府从来没有向私人开放铁路部门的所有权。相反，在整个民国时期，国民党政府一直依赖铁路提供的服务，并且没有给予补偿。因此，政府是否一度考虑放弃国家控制权和容易获取的津贴，以换取私人所有权和更为严格的管控，是值得怀疑的。更为重要的是，历史学家已经注意到，在 20 世纪早期中国的金融环境下，无法建立一个债券市场来获取大规模基础设施项目所需的巨额资本。①

对于中国政府而言，缺乏私人和外国投资这个问题仍然很重要。2013 年铁道部的撤销，不完全只是行政管理的需要，也是出于经济考虑，是要让中国的铁路部门对外国投资更具吸引力。②作为一个完全国有的实体，特别是其仍然面临巨额的年亏损和海量的债务，中国铁路总公司并没能成功吸引外资。③

293 中国铁路管理的机构结构可以追溯到外国的影响，这就造成了铁路在经营、空间和用语等方面的分裂，彼此缺乏相互联通。

① David Faure, *China and Capitalism: A History of Modern Business Enterprise in China* (Hong Kong: Hong Kong University Press, 2006)([英]科大卫,《近代中国商业的发展》,周琳、李旭佳译,杭州:浙江大学出版社,2010 年).

② "Chinese Railways: Chariots of Fire—Will Anyone Take Up Li Keqiang's Offer to Invest?" *Financial Times*, September 18, 2014.

③ Lu Bingyang and Chen Na, "China Rail Corp. Loses 7. 3. Billion Yuan in First Half," *Caixin*, September 2, 2016, http://www. caixinglobal. com/2016 - 09 - 02/100992389. html.

1949 年之后铁路网的扩展,也是始于华东和东北等既有线路的核心区域。中华人民共和国成立之后,在铁路网的重建与扩展过程中,国家的角色总是非常突出。如果不是中央集权的国家竭力提供行政和财政资源,特别是人力资源,在山区、沙漠以及其他条件恶劣的区域进行铁路建设,就绝不可能在技术和工程方面取得巨大成就。中华人民共和国政府很早就认识到了铁路对于建设新的民族国家,分配经济产品,供应军事、政治和技术人员的重要性。不过,政治运动及其对铁路运作造成的干扰,不仅降低了运输的生产力和效率,也破坏了管理和运作的规范进程,引起较高的事故率和路网的阻塞,因而重创专业人员士气,并加剧了派系斗争。

即便是今日,铁路仍然是中国民族国家建设努力的一部分,可以借此整合少数民族区域,减小东部与中西部地区之间的经济和社会差距。改革开放之后,在 20 世纪 90 年代初期,中国致力于发展外向型经济,铁路开始在政府的经济增长计划中扮演重要角色。比如说在西藏进行大规模的铁路基础设施建设,正是政府的一项重要政治议程,要将这个经济相对贫困、民族构成多样的区域整合进中国经济的核心区域,并提高当地汉族人口比例。这项宏大工程的建设速度的确没有令人失望,从青海西宁到西藏拉 294
萨的线路于 2006 年全线通车。

中国人的能动性是本研究强调的一个要点,他们中有人为中国的铁路工作,也有人乘火车旅行,还有与铁路的实体及技术发生互动的地主和当地居民。我已经表明,中国人在实践中接受铁路技术及运输服务既快又早,这与流行的印象并不一致。在流行的印象里,中国人恐惧技术,认为铁路会破坏他们的土地和墓地风水。在整个毛泽东时代,中国人在铁路建设上的能动性被引入了党的宣传中，现在又浮现出来，获得了新的活力。

在其他国家语境中探讨铁路角色的史学家们已经注意到，“与其他技术设计和社会机构相比，铁路更能代表现代性”。[①] 中国铁路系统也不例外。尽管中国的铁路是从晚清时期非常混乱且缺乏协调的线路网络进化而来，但它已经成了经济和社会现代性广为人知的隐喻，即便1911年以后的铁路国有化并没有转换成一个通过铁道建设进行国家建设的简单故事。然而，作为一种
295 视觉和文字上的隐喻，铁道在公共领域里留下了记号，包括广告、文学、诗歌和电影，给阶级、地位、性别角色和城乡身份等概念添加了新的维度，因为它们被列车车厢、车站站台和铁轨沿线的互动转变了。铁路同时代表了延续性和转型的过程，1949年以后，中华人民共和国政府聪明地将铁路的隐喻调整成对社会主义进步、技术独立和政治引领的一种新解释。中国铁路的路徽就是视觉上对这些目标的再现——“人”字包着一段钢轨，象征着人民铁路。[②] 这个符号仍然是中国的公共空间里用得最广泛、最持久的官方徽章，即便经历了无数次机构转型和重组，直到今天，它仍然是中国铁路总公司的公司徽章。

对铁路工作和旅客引入纪律规章，代表了现代性的另一个方面，这是所有国家铁路体制历史发展的一部分。中国高铁需要教育旅客，在座位上和车厢中，他们要妥善对待技术设备和安全措施。与民国时期的旅客教育类似，现在，指导性的小册子和经过训练的职员会教育乘客在车厢中如何正确举止，并且指出如果违

---

① Tony Judt, “The Glory of the Rails,” *New York Review of Books*, December 23, 2010, http://www.nybooks.com/articles/2010/12/23/glory-rails/.

② 中国铁路史编辑研究中心编，《中国铁路大事记(1876—1995)》，第185页。

反规章，比如在车厢中抽烟，将会面临巨额罚款。① 用铁路作为纪律和都市现代性的隐喻，一直很有吸引力，尤其是在 20 世纪六七十年代的政治动荡之后，当时，数百万城里的年轻人被送到了农村。许多电影和电视剧都关注中国历史这个创伤性的时代，这并非偶然。2012 年，热门电视剧《知青》的开场，就是一个令人感动的场景：知青抵达了农村一座荒凉的火车站。电视剧的最后一集表现了主角终于要从同一座火车站坐火车返城、回到都市的现代性的欣喜之情。②

铁路作为一种需要运营效率和专业管理技术的工具，其背后雄心勃勃的目标已经渗透进了劳动力之中。中国的铁路局和铁路大院是这个国家第一批雇用大量白领工人并让经过现场和职业训练的技术工人进入经营管理岗位的机构。在整个 20 世纪，296
交通大学和其他技术机构训练出来的铁路工程师都是中国行政和技术精英中的骨干。与全世界的铁路站场一样，职工发展出了一种对于他们各自公司强烈的忠诚感，这些公司能够为他们提供各种社会经济福利，从医院和住房，到俱乐部和学校。1927 年以后，提供给职工的社会服务、他们强有力的职业认同和对铁路文化的参与，以及国民党通过党组织参与到铁路管理和铁路大院之中，这些因素都有助于塑造管理的集中化，并在 20 世纪 30 年代将铁道部与国民党的政治议程牢牢地结合在一起。

这个议题会让我们提出这样的问题，即中国铁路的历史是否代表了一种在弱国家内存在强机构的案例，过去，学者们曾用这

---

① 兰州铁路局宣传部，《服务指南》，兰州：兰州铁路局，2016 年 5 月。D2707 次列车上的小册子。

②《知青》，张新建导演电视剧，共 45 集，中国中央电视台 2012 年 5 月 29 日首播。

个概念来评估民国时期中国国家及其机构的强弱。① 史学家斯蒂芬·哈尔西(Stephen Halsey)采用了修正主义的观点,他认为,欧洲帝国主义在19世纪后半叶的发展,使中国创新性的国家制造进入了一个新阶段。尽管我难以完全支持这样的观点,但我同意中国的官员试图通过"有意识的模仿以及独立试错"②,与政治和经济上的对手展开竞争。哈尔西没有讨论铁路,但我们可以提出,中国铁路自晚清到民国时期的演进,代表了一种机构建设的案例,既有模仿,也用了试错的办法,最终形成了一种西方铁路组织与中国管理和劳动实践相结合的机构。就职员管理和公司结构来说,西式纪律和现代技术,与传统形式的簿记、雇佣系统和劳动过程结合在一起,创造了一种西式现代铁路公司与有传统特点的中国企业的混合。

1911年以后,尤其是在国民党统治时期,中国各层级的铁路系统,都经历了理性的科层化和集中化过程,但其行政领域的单位,也就是区域铁路局,保留了充分的自主权,可以管理它们自己地理界线内的区域。铁道部尽管被整合进了民国国家建设的努
297 力之中,但在铁路局这样较低的管理层级上,可以维持某些自治权,这就比财政部等其他国家管理机构要更为成功。③ 我认为,

---

① Julia Strauss, *Strong Institutions in Weak Polities: State Building in Republican China, 1927 - 1940* (Oxford: Clarendon Press, 1998); William C. Kirby, "Engineering China: The Origins of the Chinese Developmental State," *Becoming Chinese*, ed. Wen-hsin Yeh (Berkeley: University of California Press, 2000), 137 - 160; Stephen Halsey, *Quest for Power: European Imperialism and the Making of Chinese Statecraft* (Cambridge, MA: Harvard University Press, 2015)([美]斯蒂芬·哈尔西,《追寻富强:中国现代国家的建构,1850—1949》,赵莹译,北京:中信出版集团,2018年).

② Halsey, *Quest for Power*, 239.

③ Strauss, *Strong Institutions in Weak Polities*.

中国铁路的这种机构发展从很多方面代表了民国历史进程之中的一个普遍主题,那就是社会、政治和经济领域既变得更加区域化(省级化),同时又不那么区域化。铁路管理引入了科层集中化和职业及技术的标准化,从而变得与国民党政府及其议程越来越一致,与此同时,它也通过地方铁路局的存在,以及铁路局对当地经济和社会的影响,变得越来越区域化。

我的研究揭示了整个 20 世纪铁路与国家之间的共生关系,并表明,铁路需要一个稳定(不过可能不那么强有力)的国家来支持,让自己能够成功发展成商业和管理机构。相反,国家也依赖妥善管理的铁路系统和运输服务,来实现自己的政治和经济目标。我对 20 世纪五六十年代的激进运动中铁路中断的讨论表明,国家虽然会容忍对铁路网络的破坏,但有一定限度,否则它就会干预。作为一个从 20 世纪 30 年代持续贯穿到整个中华人民共和国时期的主题,铁路通过其服务支持国家,但也象征了国家的权力。因此,铁路服务的功能障碍,也会被认为是政治权力功能障碍和社会秩序不平衡的一种信号,这是不能容忍的。

中国铁路发展的历史,既是一个全球故事,也是一个中国故事。本书揭示了中国如何从西方引入了铁路这样一个技术概念和基础设施概念,同时又保持了中国人作为运营者、管理者、建设者和服务消费者的能动性。从全球的视角来看,中国铁路网的融资和建设是在半殖民状况下开始的,即便国有化之后也是如此,西方顾问以及对欧洲和北美方法的混合采用塑造了中国铁路经营、训练和管理的兴起。正如我所记录的,直到第二次世界大战结束,硬件设备和技术进步都完全依赖从英美等国进口。从 1949 年到 1961 年,机车、铁路设备和技术顾问又全部来自苏联。
中国铁路今天的发展,尤其是高铁部门的发展,也依靠技术进口, 298

这让关于本国创新与依赖外国技术的争论又活跃起来。①

随着中国政府发起“一带一路”倡议，旨在将中国放在全球经济事务的核心位置，中国铁路发展的全球面向又达到了一个新阶段。② 铁路成为新构想的丝绸之路的一部分，在寻求将中国与欧洲、中东、南亚、非洲的市场和产品连接在一起的过程中，可以作为海上丝绸之路的补充。尽管早在 20 世纪 60 年代，中国就已经开始在非洲大陆上修建铁路，但现在中国又取得了一个新的角色，不仅为非洲提供了第一条电气化铁路，即从埃塞俄比亚到吉布提的铁路，也确立了在技术、工程质量和速度方面的标准。③ 在 19 世纪末到 20 世纪的大部分时间里，中国都是设备和技术的接收端，但现在，通过施加自己的铁路标准，中国已经到了输出端，以确保自己能掌握未来非洲大陆的供应链。

鉴于“一带一路”倡议的宏大愿景，以及中国融入全球经济当中，再回到孙中山最早于 1921 年提出的发展中国铁路的大胆计

---

① Nathaniel Ahrens, "Innovation and the Invisible Hand: China, Indigenous Innovation, and the Role of Government procurement," *Carnegie Papers*, Asia Program, no. 114, July 2010 (Washington, DC: Carnegie Endowment for International Peace, 2010).

② Robbie Gramer, "All Aboard China's 'New Silk Road' Express," *Foreign Policy*, January 4, 2017, http://foreignpolicy.com/2017/01/04/all-aboard-chinas-new-silk-road-express-yiwu-to-london-train-geopolitics-one-belt-one-road/, 2018 年 6 月 1 日查询。

③ 关于冷战时期中国在非洲的铁路建设，参见 Jamie Monson, *Africa's Freedom Railway: How a Chinese Development Project Changed Lives and Livelihoods in Tanzania* (Bloomington: Indiana University Press, 2009); Wang Xiangjiang, Yao Yuan, and Liang Shanggang, "Spotlight: Africa's First Electrified Railway Embraces Full Chinese Standards," *Xinhua*, October 6, 2016, http://news.xinhuanet.com/english/2016-10/06/c135733876.htm, 2018 年 6 月 1 日查询。

划就很有意义了。[1] 孙中山认为,对于中国的经济发展而言,铁路绝对是必需品,并且推荐用美国的铁路网作为模型。他希望通过外国投资来为他雄心勃勃的规划融资,但这样的投资未能实现,他的计划也没有取得成果。孙中山对中国铁路扩张的愿景,以及由国家加以控制的方向,还有因此让铁路国有化获得合法性,从很大程度上讲是基于他对中国政治统一的愿望。寓于"一带一路"倡议的中国全球铁路愿景,现在与孙中山有关国内政治稳定和国家领导发展来达成中国在全球舞台上的经济与政治领导权的愿景融合在了一起。铁路在实现这些愿景以推动国家统一和经济发展中继续扮演着核心角色,这是现代中国历史最重要的延续性之一。

---

① Sun Yat-sen, *The International Development of China* (New York: G. P. Putnam's Sons, 1929 [1st ed. 1922]). 孙中山计划的前言与介绍可以追溯到1921年。

301 附录 A：津浦铁路组织图，约 1929 年

津浦铁路管理局

1. 天津管理办公室
   - 第一分办公室①
   - 第二分办公室
2. 机务处
   - 天津机械厂
   - 济南机械厂
   - 浦镇机械厂
   - 工作分办公室
   - 第一中央组
   - 徐州段
   - 蚌埠段
   - 浦口段
   - 第二中央组
   - 济南段
   - 兖州段
   - 泰安段
   - 临城段
   - 第三中央组
   - 天津段
   - 沧州段
   - 德州段
   - 浦口发电厂
   - 监督/控制

① 由聂肇灵，《铁路通论》，上海：商务印书馆，1930 年，第 58—66 页修改。星号表示监管 3 到 6 个其他单位的部门。

3. 工务处 302

- 第一中央组*
- 第二中央组*
- 第三中央组*
- 土地办
- 济南园
- 浦镇木料场
- 济南—天津分办公室
- 韩庄—济南分办公室
- 浦口—韩庄分办公室
- 工程分办公室
- 监督/控制

4. 总务处

- 天津-陈塘庄材料仓库
- 济南材料场
- 浦口材料厂
- 支持学校
- 中央医疗办
- 浦口医疗站
- 浦镇医院
- 蚌埠医院
- 徐州医院
- 济南医院
- 沧州医院
- 天津医院
- 第一保安公司*
- 第二保安公司*
- 第一中央警察组*
- 浦镇场保卫
- 第二中央警察组*
- 第三中央警察组*
- 济南场保卫

5. 会计处

- 车票印制室(天津)
- 审计办公室
- 天津出纳办公室
- 协调会计
- 出纳
- 档案

6. 工务段 303

- 第一主段*
- 第二主段*
- 第三主段*
- 电报室
- 济南—天津电报分办公室
- 韩庄—济南电报分办公室
- 浦口—韩庄电报分办公室
- 港务

7. 秘书处

附录 B：中国主要国有铁路收入（千元每英里各线），1915—1935 年

307

	1915			1918			1923		
线路	客运	货运	合计	客运	货运	合计	客运	货运	合计
京奉	9064	14602	25757	12614	18937	34448	22216	37298	63382
沪宁	11538	4027	16828	14010	7451	21279	25072	11944	41947
京汉	4762	14961	20969	6498	20155	29219	7428	26472	38965
津浦	4813	5676	12403	7242	8654	18335	11089	13449	27717
沪杭甬	7655	3200	11419	8868	3808	13424	15145	7026	24351
广九	3253	834	9055	8322	1470	10024	9771	2176	8813
平绥		7031	13525	2815	10127	14295	2874	11322	15124
粤汉*							2087		
胶济†							8293	22053	31251

	1927			1930			1935		
线路	客运	货运	合计	客运	货运	合计	客运	货运	合计
京奉	18994	27784	51386	19003	22327	46130	23770	49454	88172
沪宁	25335	5543	40040	41006	10762	61192	45767	18931	76567
京汉	缺	缺	14006	缺	缺	24543	9520	29427	41908
津浦	缺	缺	9216	8855	7601	19491	13316	19283	37776
沪杭甬	13952	5388	26113	21992	9990	35945	23543	12084	39213
广九	9744	2035	12177	15193	2340	18282	19654	2496	23133
平绥	2911	6056	9910	3188	6126	10486	3393	14462	20201
粤汉*									
胶济†	12752	24868	39225	14092	29477	45411	10443	38039	52243

来源:交通部(后来是铁道部),《中国铁路统计》,北京(后来是南京):铁道部统计局,1915—1936 年。这一系列覆盖到铁路的 1935/1936 财年。因为内战时期对铁路运营的影响,数据的发布迟延了很久。1925 年卷的数据到 1929 年才出版,1928 年卷则出现在 1933 年。从 1926 年起,每一卷都有中英文双语版。从 1930 年起,这一系列的标题略有修改,变成了《中国国有铁路会计统计汇编》。

因为军事干扰,1926 到 1931 年间的货运运量数据缺失。在 1933 年之前,调查的年份都是日历年;从 1934 年起,财年起于 7 月,止于次年 6 月。

说明:收入中有一小部分——从未超过 15%,通常低于 5%——来自与运输无关的活动:轮渡和电报服务、酒店、机辆交换,以及出租设备和实体厂房。

* 建成于 1936 年的粤汉线,其数据来自 1922 年开通的湖北—湖南段。

† 1922 年,胶济线成为一条国有铁路。

附录 C：中国主要国有铁路运输的货物（元每吨），1915—1935 年[311]

	1915					1918				
线路	农产	动物	矿产	制成品	总量	农产	动物	矿产	制成品	总量
京奉	319793	43944	1720564	282823	2807120	851040	90108	3578370	713478	6013682
沪宁	382826	7240	31863	46751	506291	794972	40293	56588	136884	1131302
京汉	250501	41432	748157	197407	1749958	597598	97520	2082063	450518	3932303
津浦	358148	10491	190096	116371	1322970	886155	58424	542392	239454	2315832
沪杭甬	102541	2598	13863	55120	225528	170769	20523	35714	139046	464787
广九	12218	5935	862	6449	36608	18664	6712	1685	45591	95308
京绥	124937	37439	208987	52477	539366	297356	89333	427232	129079	1305378
粤汉*										
胶济†										

	1923					1935				
线路	农产	动物	矿产	制成品	总量	农产	动物	矿产	制成品	总量
京奉	785227	109951	5374147	839127	8012656	544259	77037	5260815	894002	8006350
沪宁	796341	53146	354512	239917	1613773	908278	62166	297578	387963	2061645
京汉	802999	102583	3678713	588438	5757889	864579	34982	2666076	398923	4899830
津浦	999043	65958	1129668	403581	3036091	1077436	51901	1673187	443895	3921460
沪杭甬	310009	31287	92831	231900	870728	497893	43453	96781	1036697	1226807
广九	71221	12362	9169	32437	147914	35279	24017	1314	29690	119928
京绥	408154	144955	722359	161183	1961604	455999	83894	1188153	73572	2354405
粤汉*	42121	17171	157552	39341	336131	35358	23315	169593	65613	484405
胶济†	284907	54490	1181598	343999	2012499	495052	46188	1998764	312211	3554311

来源：交通部（后来是铁道部），《中国铁路统计》，北京（后来是南京）：铁道部统计局，1915—1936 年。这一系列覆盖到铁路的 1935/1936 财年。因为内战时期对铁路运营的影响，数据的发布迟延了很久。1925 年卷的数据到 1929 年才出版，1928 年卷则出现在 1933 年。从 1926 年起，每一卷都有中英文双语版。从 1930 年起，这一系列的标题略有修改，变成了《中国国有铁路会计统计汇编》。

* 建成于 1936 年的粤汉线，其数据来自 1922 年开通的湖北—湖南段。

† 1922 年，胶济线成为一条国有铁路。

附录 D：中国主要国有铁路分票等和类别的旅客数量，1918—1935 年 315

	1918						1923					
线路	头等	二等	三等	四等	游览	合计	头等	二等	三等	四等	游览	合计
京奉	73023	111794	3165095	—	10238	3360150	82255	93570	3370313	49578	17289	3678774
沪宁	36415	207713	4897533	1125695	21854	6289210	60720	425143	8017389	2155411	56472	10852064
京汉	12516	48669	3486545	—	17126	3564856	4338	26042	4033646	—	4403	4233170
津浦	15876	25670	2254193	46848	14859	2357446	9490	42743	3500026	108135	9630	3776827
沪杭甬	11311	241624	4242767	538136	10947	5944785	20191	229425	4939331	881798	18871	6112391
广九	7292	35638	1460226	—	671	1503827	3753	4815	602814	—	1115	968434
京绥	9154	17801	826267	—	5375	858597	10153	9292	1242716	—	1152	1277130
粤汉		—	—	—	—	—	870	630	349630	212911	1534	597332
胶济	—	—	—	—	—	—	6744	68074	3541764	—	10209	3631812
总计（含政府特许）†	173333	723630	21949033	1710679	86286	24642961	204929	961515	32757184	3916996	135410	39226997

	1932						1935					
线路	头等	二等	三等	四等	游览	合计	头等	二等	三等	四等	游览	合计
京奉	116646	118976	4473869	—	18013	4792918	84940	145186	4249586	—	3188	4598262
沪宁	37534	232048	5176194	1990886	14636	7819420	48027	328127	5779792	4524207	86706	11141784
京汉	5571	23476	2639055	—	955	2990534	3777	18529	2834115	—	5537	3434319
津浦	8102	39021	2643020	—	6327	2867483	4952	20705	2595675	—	44233	2854057
沪杭甬	13797	194196	3846148	982641	15784	5116602	16215	162644	3539117	1172172	31083	5053666
广九	17718	86229	1499262	—	6403	1674892	17171	77887	1215564	—	8171	1351195
京绥	2872	3066	921145	—	905	956408	3286	4429	1123164	—	10569	1213268
粤汉*	2905	9650	882955	—	958	972521	2487	8221	824708	—	1078	1012012
胶济	5128	34953	2964502	24327	11834	3068133	3634	30139	2468259	—	21053	2540141
总计（含政府特许）†	214033	772553	18016350	2997854	83482	33971740	245424	1366285	33527743	5777046	283805	43683126

来源:交通部(后来是铁道部),《中国铁路统计》,北京(后来是南京):铁道部统计局,1915—1936 年。这一系列覆盖到铁路的 1935/1936 财年。因为内战时期对铁路运营的影响,数据的发布迟延了很久。1925 年卷的数据到 1929 年才出版,1928 年卷则出现在 1933 年。从 1926 年起,每一卷都有中英文双语版。从 1930 年起,这一系列的标题略有修改,变成了《中国国有铁路会计统计汇编》。

* 建成于 1936 年的粤汉线,其数据来自 1922 年开通的湖北—湖南段。

† 从 1920 年开始,年度统计数据在四等票和游览票以外,还包含了“政府特许”(主要是军运,但也有一些公务乘客)。这份报告表明,这些都不是新的票种,只是新的分析范畴而已。

附录E：中国主要国有铁路分票等和类别的旅客平均旅行距离（公里），1918—1935年 319

	1918						1923					
线路	头等	二等	三等	四等	游览	总平均	头等	二等	三等	四等	游览	总平均
京奉	186	163	170	—	270	170	174	146	110	282	203	125
沪宁	139	93	56	94	122	64	133	77	48	110	77	62
京汉	418	261	112	—	115	115	472	333	109	—	470	120
津浦	611	334	146	304	378	158	712	411	130	334	314	158
沪杭甬	118	59	34	72	99	38	144	77	35	86	134	45
广九	114	142	51	—	85	54	69	128	59	—	48	59
京绥	66	69	67	—	18	67	96	96	78	—	53	80
粤汉*	—	—	—	—	—	—	334	293	82	72	203	80
胶济	—	—	—	—	—	—	226	128	64	—	286	66

	1932						1935					
线路	头等	二等	三等	四等	游览	总平均	头等	二等	三等	四等	游览	总平均
京奉	126	122	77	—	138	82	141	123	88	—	146	91
沪宁	174	134	66	109	123	86	235	146	61	106	163	88
京汉	458	389	117	—	150	136	491	389	104	—	421	157
津浦	672	466	141	—	325	157	725	469	141	—	518	170
沪杭甬	138	91	50	99	136	62	158	114	51	102	144	67
广九	131	133	75	—	83	80	131	130	88	—	99	93
京绥	133	290	83	—	66	88	117	232	82	—	136	94
粤汉*	330	325	96	—	347	102	342	334	90	72	240	110
胶济	298	165	80	330	240	85	242	179	83	—	238	86

来源：交通部(后来是铁道部)，《中国铁路统计》，北京(后来是南京)：铁道部统计局，1915—1936 年。这一系列覆盖到铁路的 1935/1936 财年。因为内战时期对铁路运营的影响，数据的发布迟延了很久。1925 年卷的数据到 1929 年才出版，1928 年卷则出现在 1933 年。从 1926 年起，每一卷都有中英文双语版。从 1930 年起，这一系列的标题略有修改，变成了《中国国有铁路会计统计汇编》。

* 建成于 1936 年的粤汉线，其数据来自 1922 年开通的湖北—湖南段。

321 附录 F：1937 年 10 月 18 日—12 月 31 日由汉口经火车运往广州并继续运往香港用于出口的货物（吨）

货物	通过铁路注册用于运输的货物	已运货物	待运货物
桐油	5910	1984	3926
锑	6000	4700	1300
茶叶	107	89	18
苎麻	267	110	157
铸锭	126	117	9
猪鬃	126	117	9
鸡蛋制品	157	77	80
五倍子	30	30	0
兽皮	65	19	46

来源：Arthur N. Young，出口商协会，1938 年 1 月 17 日。转引自中国电报翻译，1939 年 5 月 13 日，宋子文在香港致重庆的蒋介石与孔祥熙，分级机密，box 4，folder “Special telegrams and letters，” XPF Papers.

致　谢 385

本书写作经历了很长时间。对于我在本项研究与写作过程中所得到的帮助，我深表感谢。在过去 120 年里所有语言的作品中，本书是第一部对中国铁路发展的全面研究，我也在尝试找到就这个主题进行讨论的最佳路径。我被诸如迈克尔・J. 弗里曼(Michael J. Freeman)的《维多利亚想象中的铁道》(*Railways in the Victorian Imagination*)等作品深深吸引，所以一开始，我也想聚焦铁路的文化与社会功能，但我随即就意识到在讨论不同区域语境中的铁路时，这样的路径存在局限性，所以就放弃了。随后我仔细考虑写一部经济史，从而为评估和量化 20 世纪铁路对中国发展产生影响的文献添砖加瓦。不过，我又意识到所需要覆盖的地区、时段和深度，对于一项覆盖整个 20 世纪的全面分析而言挑战过大。最后我决定采用机构路径来分析铁路，因为这一路径最有弹性，也让这个研究项目可以操作。尽管在所有选项里进行挑选会不时让这个项目变慢，但我依然有机会扎进不同的研究取向，拿到令人兴奋的一手资料，与不同学科的学者进行交流，对此我十分感激。

毫无疑问，中国铁路发展中有一些重要的方面，本书完全没有涉及，或者只是浅尝辄止，比如铁路在公共财政和更大的政治经济中的角色，以及铁路对中国技术史的贡献等。本书把不同的方法路径和文献整合到一种全面的叙事之中，透过铁路机构的发展，试图展示一种探索漫长的 20 世纪中国史的尝试。我希望后来的史学家们能够挑战我们知识里既存的缺陷，并且在更大的中
386 国史学语境中继续研究铁路及其发展。

在本书的研究、写作和修订过程中，我欠了无数的人情债。首先我要感谢柯博文(Parks Coble)、张瑞威(Sui-wai Cheung)、沈艾娣(Henrietta Harrison)、柯伟林(Bill Kirby)、张玮、科大卫(David Faure)、久保亨(Kubo Toru)、程美宝(Maybo Ching)、曾小萍(Madeleine Zelin)、顾琳(Linda Grove)、高家龙(Sherman Cochran)、贺喜、高哲一(Robert Culp)、叶文心(Wen-hsin Yeh)、王迪安(John Wong)、宋怡明(Michael Szonyi)、史瀚波(Brett Sheehan)、亚伦·罗克(Alan Rocke)、白莎(Elisabeth Kaske)、南希·赫斯特(Nancy Hearst)、萧建业(Victor Seow)、艾秀慈(Charlotte Ikels)、萧凤霞(Helen Siu)、沃尔特·弗里德曼(Walter Friedman)、泽维尔·迪朗(Xavier Duran)、埃斯彭·斯托尔里(Espen Storli)、穆盛博(Micah Muscolino)、傅高义(Ezra Vogel)、凯特琳·安德森(Caitlin Anderson)、戴史翠(Maura Dykstra)、鲁道夫·瓦格纳(Rudolf Wagner)、唐方成、毕可思(Robert Bickers)、叶斌、曾玛莉(Margherita Zanasi)、罗伯特·加德拉(Robert Gardella)、罗安妮(Anne Reinhardt)、蔡骏治(Philip Thai)、弗雷德·格兰特(Fred Grant)、孙慧敏(Sun Huei-min)、叶尔齐·诺沃尔奇(Elchi Nowrojee)、李成俊(Seung-Joon Lee)、马修·洛温斯坦(Matthew Loewenstein)和孟嘉升(Ghassan Moazzin)，感谢他们在这些年里不懈的支持以及友谊。他们人都很好，在这个项目的不同阶段和我进行讨论、给予指导，我在不同的会议、工作坊和研讨会上报告论文时，他们对本书某

些部分提出了极富洞见的评论。蔡骏治和孟嘉升还非常慷慨地与我分享他们未发表的研究。裴宜理(Elizabeth Perry)和艾玛·罗斯柴尔德(Emma Rothschild)推动我从不同的角度思考铁路,同时在其他方面也给予了很大支持。

亚伦·罗克阅读了整本书稿,并且从科学史家的角度做出了很有价值的评论。柯博文、罗伯特·沙利文(Robert Sullivan)和特德·贝蒂(Ted Beatty)在不同阶段阅读了文稿,每次都提出了绝佳的反馈。我同时要感谢哈佛大学出版社的两位匿名评审,他们细致而周到的评论,使我能够进一步完善全书。在哈佛商学院,沃尔特·弗里德曼非常耐心地倾听,并且对我重新思考本书结构提供了巨大帮助,比尔·柯比(Bill Kirby)和沃伦·麦克法兰(Warren McFarlan)提醒我铁路在当代中国的重要性,穆克提·海尔(Mukti Khaire)是一位很好的同事,是良友,也是研究伙伴,在坎布里奇,每天我们一起跨过威克斯桥(Weeks Bridge)回家,路上我和她一起讨论这个项目。劳拉·林纳德(Laura Linard)、玛丽·李·肯尼迪(Mary Lee Kennedy)和黛博拉·华莱士(Deborah Wallace)不仅对我的课题有兴趣,与贝克图书馆其他非凡的馆员,包括卡特勒恩·福克斯(Kathleen Fox)和梅丽莎·墨菲(Melissa Murphy)一起,给我提供了无尽的支持,用超高的效率和极大的耐心,解决了我的许多请求。林珀平(音译,Lin Poping)的帮助对于处理中文数据库至关重要。凯特琳·安德森提供了极佳的研究协助,并且作为一位大英帝国史研究者,她总是能激发洞见。我也要感谢杰弗里·威廉斯(Jeffrey Williams)和马克·泽潘(Marc Szepan)帮助我更新中国铁路部门新的商业与政治进展。

在哈佛燕京学社,已故的林希文(Ray Lum)和我有许多关于铁路物质文化以及它们的照片的对话，极富启发。王系（Annie Xi Wang）让我在特藏区的工作变得很有趣，也提供了多种支持。在费正清中心的冯汉柱图书馆（Fung Library），南希不仅提供了很多关于 1949 年以后材料的建议，也是一位良师益友，我工作中遇到困难，她总是能提供支持。在南希、柯博文、鲍勃·沙利文和
387 亚伦·罗克的帮助下，本书得以完成。我在圣母大学历史系的同事，尤其是特德·贝蒂和鲍勃·沙利文的评论与建议帮助很大，郭恺宁（Karrie Koesel）慷慨地分享她有关当代中国社会与政治的洞见。赫斯博格图书馆（Hesburgh Library）数码学术中心的马特·西斯克以极强的专业、极大的耐心和良好的幽默感帮助绘制了铁路地图。我也要感谢传慧珍（音译，Hye-jin Juhn）在图书馆材料方面提供的卓越协助，我也要感谢我在系主任办公室的优秀同事，在我担任系领导期间他们给予我鼓励，让我振奋。梅甘·西德尔（Megan Snyder）也帮了我很多忙，提醒我各种截止日期。

我要感谢太古集团有限公司（John Swire & Sons Ltd.）档案部的负责人罗布·詹宁斯（Rob Jennings），以及联系图片社（Contact Press Images）的杰弗里·D. 史密斯（Jeffrey D. Smith），他们同意我使用他们的照片。本书第二章和第五章最早以“中国土木工程师的形成：知识转移、机构建设与专业兴起”（The Making of the Civil Engineer In China: Knowledge Transfer, Institution Building, and the Rise of a Profession）为题，发表在《现代中国的知识行动：观念、机构与身份》[Robert Culp, Eddy U, and Wen-hsin Yeh, eds., *Knowledge Acts in Modern China: Ideas, Institutions, and Identities*, China Research Monograph 73 (Berkeley, CA: Institute of East Asian

Studies, University of California, Berkeley, 2016)],收入本书获得了许可。

这项研究得到了美国学术团体委员会(American Council of Learned Societies)提供的美国中国人文研究经费资助,这是由国家人文基金(National Endowment of the Humanities)和斯塔尔基金会(Starr Foundation)提供的,使我在2005年能够在中国待上一整年,搜集档案材料和一手资料。我感谢凯斯西保留地大学、哈佛大学和圣母大学为我的研究提供额外资金。2005年我在上海市社科院,这是一家极好的接待机构,我感谢赵念国、杨剑、李铁海、李丽、熊月之和张忠民的支持,以及在获取研究渠道方面的耐心帮助。在济南,山东省社科院的姚东方和刘洋提供了极好的帮助,得以联系过去的铁路工人并获得进入档案馆和图书馆的渠道。在天津,宋美云和江沛向我介绍了档案和图书馆,并和我分享他们的研究。在广州,我在访问中山大学时,程美宝、刘志伟和陈春声提供了慷慨的接待,我的研究也从作为史学家和田野研究者的他们那里获益良多。我在访问台北的中研院时,孙慧敏和张宁待我如同事、如朋友。在东京,久保亨、顾琳、滨下武志(Takeshi Hamashita)和城山智子(Tomoko Shiroyama)和我分享了他们的洞见,也帮我获得进入研究机构的渠道。在香港,科大卫、张瑞威、贺喜、萧凤霞、梁其姿(Angela Leung)、王迪安和我讨论了这项研究,也提供了周到的反馈。当然,本书中未能修改的错误完全是我的责任。 388

最后,我要感谢编辑托马斯·勒比恩(Thomas LeBien),他既热情又专业,也要感谢卡蒂·德鲁米(Kathi Drummy)耐心帮助我处理截止时间。我还要感谢西蒙娜·芬克(Simone Fink)的慷慨友情与支持,使我即便远离德国的家人,也能工作。从一开始，我的父母就对这个课题极为感兴趣，这些年来他们也没有动摇对我的爱。遗憾的是，我妈妈在本书出版前去世了，我不会忘记，六岁那年，在法兰克福漂亮的19世纪火车站嚷扰的站台上，我和她一起偶遇了列车奇观和旅客人群。来美国后，凯瑟琳·司卡伦(Catherine Scallen)、克里斯·罗姆(Cris Rom)和亚伦·罗克就成了我的家人，我对他们的爱、理解与鼓励无比感激。我还要特别感谢张瑞威，他是我工作最好的同路人与支持者——我对他的友谊、正确的判断与忠诚常怀感恩。最后，柯维麟在我开始读研究生时，送了我一本沃尔夫冈·希弗尔布施的《铁道之旅》作为礼物，这激发了我对铁路研究的兴趣。他英年早逝，这个领域失去了聪明有天赋的中国史学家和一位令人生畏的老师。我知道他本可以给我许多批判性评论和敏锐的洞见。这本书就献给他。

索　引

（索引中的页码为本书页边码）

译后记

我和这本书大概是有某种神奇的缘分。此前拙译《铁道之旅》一书刚出版不久，本书英文版就面世了，当时就有在出版界工作的朋友来问我是否有翻译的意愿，可惜因为种种原因未能继续推进。后来我甚至向某家出版机构自荐，询问我能否承担本书的翻译工作，结果对方也不置可否。在我已经不再抱任何希望的时候，本书的责任编辑康海源通过豆瓣找到了我——而且还是通过《铁道之旅》一书，问我是否愿意翻译本书。我自然是不胜荣幸、满心欢喜地答应了下来。虽然本书通篇都可见《铁道之旅》的影子，但一直译到作者致谢的结尾，我才知道原来柯丽莎教授与希弗尔布施的《铁道之旅》原作早就结下了缘分。那我能最终完成这本书的翻译，也似乎有种水到渠成的感觉。

正如柯教授在本书序言中所说，本书并不是中国铁路发展的全史，而是透过铁路，特别是铁路局这个韧性极强的机构，来考察一百多年以来中国的发展与转型。事实上本书出版以后，中国铁路的管理机构又进行了一轮改革，原来的铁路局转型成了集团公司，但即便如此，“XX 局”这个名称仍然保留在新的集团公司的名称中，甚至个别在此前的改革中已经舍弃“局”字的集团公司，又再次把“局”放进了新的机构名称中，足见柯教授的洞见。在《铁道之旅》的译后记中，我曾提到了对关于中国铁路、包括高铁时代中国铁路社会史与民族志的期待。从某种意义上讲，本书正好能满足我当时的渴望。而且我也非常高兴地了解到，已经有其他文化地理学者，沿着这些著作搭建起来的铁路与社会研究的框架，对当代中国的铁路进行了精彩的研究。

我要非常感谢本书的原作者柯丽莎教授。因为难以接触到原始文献，所以在翻译过程中遇到了不少问题，尤其是被翻译成英文的中文材料如何复原的问题。我将这些问题向柯老师一一提出，柯老师非常耐心地查阅原始资料进行了详尽的回复，从而让这个中译本能够尽可能贴近原始文献。当然，大概因为我和柯老师同是铁路爱好者，我们在邮件的往复过程中也建立起友谊，在诸种困境里，柯老师给了我很多鼓励，我不胜感激。我也要感谢台湾师范大学的吴翎君教授。她是中美关系史的专家。在有关中美工程师协会的部分，我也遇到了一些翻译的问题，曾不揣冒昧致信向她请教。她在元旦当天回信解答，让我颇感振奋。同时还要感谢当时就读于北大社会学系的孟奇同学，她曾阅读了本译本的部分内容，并提出了非常具有建设性的修改意见。如前所述，要衷心感谢本书的责任编辑康海源老师，没有他的努力，可能就不会有这个中译本的面世。本译本如有讹误，文责完全由我承担，也敬请各位读者批评指正。

本书的翻译主要是在2020到2021年完成的。因为疫情期间新加坡的边境管控，整个2021年我都没有机会坐火车，直到2022年管控放松、国际旅行恢复，我才迫不及待地在马来西亚搭乘了一趟纵贯马来亚的火车，穿越马来西亚的城镇乡野、云雨山河。后来回到国内，又能重新开启中国铁道之旅，并且重访了柯老师在书中写到的浦口站（今南京北站）和武汉站。我想，无论是对于铁路爱好者还是更大众的游客，铁路旅行都可以创造独特的体验。唯愿春暖花开之时，大家都能坐上火车，去期待已久的目的地旅行。

金　毅

2022 年 11 月 23 日于玄武湖畔南京站

“海外中国研究丛书”书目

1. 中国的现代化 [美]吉尔伯特·罗兹曼 主编 国家社会科学基金“比较现代化”课题组 译 沈宗美 校
2. 寻求富强:严复与西方 [美]本杰明·史华兹 著 叶凤美 译
3. 中国现代思想中的唯科学主义(1900—1950) [美]郭颖颐 著 雷颐 译
4. 台湾:走向工业化社会 [美]吴元黎 著
5. 中国思想传统的现代诠释 余英时 著
6. 胡适与中国的文艺复兴:中国革命中的自由主义,1917—1937 [美]格里德 著 鲁奇 译
7. 德国思想家论中国 [德]夏瑞春 编 陈爱政 等译
8. 摆脱困境:新儒学与中国政治文化的演进 [美]墨子刻 著 颜世安 高华 黄东兰 译
9. 儒家思想新论:创造性转换的自我 [美]杜维明 著 曹幼华 单丁 译 周文彰 等校
10. 洪业:清朝开国史 [美]魏斐德 著 陈苏镇 薄小莹 包伟民 陈晓燕 牛朴 谭天星 译 阎步克 等校
11. 走向 21 世纪:中国经济的现状、问题和前景 [美]D. H. 帕金斯 著 陈志标 编译
12. 中国:传统与变革 [美]费正清 赖肖尔 主编 陈仲丹 潘兴明 庞朝阳 译 吴世民 张子清 洪邮生 校
13. 中华帝国的法律 [美]D. 布朗 C. 莫里斯 著 朱勇 译 梁治平 校
14. 梁启超与中国思想的过渡(1890—1907) [美]张灏 著 崔志海 葛夫平 译
15. 儒教与道教 [德]马克斯·韦伯 著 洪天富 译
16. 中国政治 [美]詹姆斯·R. 汤森 布兰特利·沃马克 著 顾速 董方 译
17. 文化、权力与国家:1900—1942 年的华北农村 [美]杜赞奇 著 王福明 译
18. 义和团运动的起源 [美]周锡瑞 著 张俊义 王栋 译
19. 在传统与现代性之间:王韬与晚清革命 [美]柯文 著 雷颐 罗检秋 译
20. 最后的儒家:梁漱溟与中国现代化的两难 [美]艾恺 著 王宗昱 冀建中 译
21. 蒙元入侵前夜的中国日常生活 [法]谢和耐 著 刘东 译
22. 东亚之锋 [美]小 R. 霍夫亨兹 K. E. 柯德尔 著 黎鸣 译
23. 中国社会史 [法]谢和耐 著 黄建华 黄迅余 译
24. 从理学到朴学:中华帝国晚期思想与社会变化面面观 [美]艾尔曼 著 赵刚 译
25. 孔子哲学思微 [美]郝大维 安乐哲 著 蒋弋为 李志林 译
26. 北美中国古典文学研究名家十年文选 乐黛云 陈珏 编选
27. 东亚文明:五个阶段的对话 [美]狄百瑞 著 何兆武 何冰 译
28. 五四运动:现代中国的思想革命 [美]周策纵 著 周子平 等译
29. 近代中国与新世界:康有为变法与大同思想研究 [美]萧公权 著 汪荣祖 译
30. 功利主义儒家:陈亮对朱熹的挑战 [美]田浩 著 姜长苏 译
31. 莱布尼兹和儒学 [美]孟德卫 著 张学智 译
32. 佛教征服中国:佛教在中国中古早期的传播与适应 [荷兰]许理和 著 李四龙 裴勇 等译
33. 新政革命与日本:中国,1898—1912 [美]任达 著 李仲贤 译
34. 经学、政治和宗族:中华帝国晚期常州今文学派研究 [美]艾尔曼 著 赵刚 译
35. 中国制度史研究 [美]杨联陞 著 彭刚 程钢 译

36. 汉代农业:早期中国农业经济的形成 [美]许倬云 著 程农 张鸣 译 邓正来 校
37. 转变的中国:历史变迁与欧洲经验的局限 [美]王国斌 著 李伯重 连玲玲 译
38. 欧洲中国古典文学研究名家十年文选 乐黛云 陈珏 龚刚 编选
39. 中国农民经济:河北和山东的农民发展,1890—1949 [美]马若孟 著 史建云 译
40. 汉哲学思维的文化探源 [美]郝大维 安乐哲 著 施忠连 译
41. 近代中国之种族观念 [英]冯客 著 杨立华 译
42. 血路:革命中国中的沈定一(玄庐)传奇 [美]萧邦奇 著 周武彪 译
43. 历史三调:作为事件、经历和神话的义和团 [美]柯文 著 杜继东 译
44. 斯文:唐宋思想的转型 [美]包弼德 著 刘宁 译
45. 宋代江南经济史研究 [日]斯波义信 著 方健 何忠礼 译
46. 一个中国村庄:山东台头 杨懋春 著 张雄 沈炜 秦美珠 译
47. 现实主义的限制:革命时代的中国小说 [美]安敏成 著 姜涛 译
48. 上海罢工:中国工人政治研究 [美]裴宜理 著 刘平 译
49. 中国转向内在:两宋之际的文化转向 [美]刘子健 著 赵冬梅 译
50. 孔子:即凡而圣 [美]赫伯特·芬格莱特 著 彭国翔 张华 译
51. 18 世纪中国的官僚制度与荒政 [法]魏丕信 著 徐建青 译
52. 他山的石头记:宇文所安自选集 [美]宇文所安 著 田晓菲 编译
53. 危险的愉悦:20 世纪上海的娼妓问题与现代性 [美]贺萧 著 韩敏中 盛宁 译
54. 中国食物 [美]尤金·N. 安德森 著 马孆 刘东 译 刘东 审校
55. 大分流:欧洲、中国及现代世界经济的发展 [美]彭慕兰 著 史建云 译
56. 古代中国的思想世界 [美]本杰明·史华兹 著 程钢 译 刘东 校
57. 内闱:宋代的婚姻和妇女生活 [美]伊沛霞 著 胡志宏 译
58. 中国北方村落的社会性别与权力 [加]朱爱岚 著 胡玉坤 译
59. 先贤的民主:杜威、孔子与中国民主之希望 [美]郝大维 安乐哲 著 何刚强 译
60. 向往心灵转化的庄子:内篇分析 [美]爱莲心 著 周炽成 译
61. 中国人的幸福观 [德]鲍吾刚 著 严蓓雯 韩雪临 吴德祖 译
62. 闺塾师:明末清初江南的才女文化 [美]高彦颐 著 李志生 译
63. 缀珍录:十八世纪及其前后的中国妇女 [美]曼素恩 著 定宜庄 颜宜葳 译
64. 革命与历史:中国马克思主义历史学的起源,1919—1937 [美]德里克 著 翁贺凯 译
65. 竞争的话语:明清小说中的正统性、本真性及所生成之意义 [美]艾梅兰 著 罗琳 译
66. 中国妇女与农村发展:云南禄村六十年的变迁 [加]宝森 著 胡玉坤 译
67. 中国近代思维的挫折 [日]岛田虔次 著 甘万萍 译
68. 中国的亚洲内陆边疆 [美]拉铁摩尔 著 唐晓峰 译
69. 为权力祈祷:佛教与晚明中国士绅社会的形成 [加]卜正民 著 张华 译
70. 天潢贵胄:宋代宗室史 [美]贾志扬 著 赵冬梅 译
71. 儒家之道:中国哲学之探讨 [美]倪德卫 著 [美]万白安 编 周炽成 译
72. 都市里的农家女:性别、流动与社会变迁 [澳]杰华 著 吴小英 译
73. 另类的现代性:改革开放时代中国性别化的渴望 [美]罗丽莎 著 黄新 译
74. 近代中国的知识分子与文明 [日]佐藤慎一 著 刘岳兵 译
75. 繁盛之阴:中国医学史中的性(960—1665) [美]费侠莉 著 甄橙 主译 吴朝霞 主校
76. 中国大众宗教 [美]韦思谛 编 陈仲丹 译
77. 中国诗画语言研究 [法]程抱一 著 涂卫群 译
78. 中国的思维世界 [日]沟口雄三 小岛毅 著 孙歌 等译

79. 德国与中华民国 [美]柯伟林 著 陈谦平 陈红民 武菁 申晓云 译 钱乘旦 校
80. 中国近代经济史研究:清末海关财政与通商口岸市场圈 [日]滨下武志 著 高淑娟 孙彬 译
81. 回应革命与改革:皖北李村的社会变迁与延续 韩敏 著 陆益龙 徐新玉 译
82. 中国现代文学与电影中的城市:空间、时间与性别构形 [美]张英进 著 秦立彦 译
83. 现代的诱惑:书写半殖民地中国的现代主义(1917—1937) [美]史书美 著 何恬 译
84. 开放的帝国:1600 年前的中国历史 [美]芮乐伟·韩森 著 梁侃 邹劲风 译
85. 改良与革命:辛亥革命在两湖 [美]周锡瑞 著 杨慎之 译
86. 章学诚的生平与思想 [美]倪德卫 著 杨立华 译
87. 卫生的现代性:中国通商口岸健康与疾病的意义 [美]罗芙芸 著 向磊 译
88. 道与庶道:宋代以来的道教、民间信仰和神灵模式 [美]韩明士 著 皮庆生 译
89. 间谍王:戴笠与中国特工 [美]魏斐德 著 梁禾 译
90. 中国的女性与性相:1949 年以来的性别话语 [英]艾华 著 施施 译
91. 近代中国的犯罪、惩罚与监狱 [荷]冯客 著 徐有威 等译 潘兴明 校
92. 帝国的隐喻:中国民间宗教 [英]王斯福 著 赵旭东 译
93. 王弼《老子注》研究 [德]瓦格纳 著 杨立华 译
94. 寻求正义:1905—1906 年的抵制美货运动 [美]王冠华 著 刘甜甜 译
95. 传统中国日常生活中的协商:中古契约研究 [美]韩森 著 鲁西奇 译
96. 从民族国家拯救历史:民族主义话语与中国现代史研究 [美]杜赞奇 著 王宪明 高继美 李海燕 李点 译
97. 欧几里得在中国:汉译《几何原本》的源流与影响 [荷]安国风 著 纪志刚 郑诚 郑方磊 译
98. 十八世纪中国社会 [美]韩书瑞 罗友枝 著 陈仲丹 译
99. 中国与达尔文 [美]浦嘉珉 著 钟永强 译
100. 私人领域的变形:唐宋诗词中的园林与玩好 [美]杨晓山 著 文韬 译
101. 理解农民中国:社会科学哲学的案例研究 [美]李丹 著 张天虹 张洪云 张胜波 译
102. 山东叛乱:1774 年的王伦起义 [美]韩书瑞 著 刘平 唐雁超 译
103. 毁灭的种子:战争与革命中的国民党中国(1937—1949) [美]易劳逸 著 王建朗 王贤知 贾维 译
104. 缠足:"金莲崇拜"盛极而衰的演变 [美]高彦颐 著 苗延威 译
105. 饕餮之欲:当代中国的食与色 [美]冯珠娣 著 郭乙瑶 马磊 江素侠 译
106. 翻译的传说:中国新女性的形成(1898—1918) 胡缨 著 龙瑜宬 彭珊珊 译
107. 中国的经济革命:20 世纪的乡村工业 [日]顾琳 著 王玉茹 张玮 李进霞 译
108. 礼物、关系学与国家:中国人际关系与主体性建构 杨美惠 著 赵旭东 孙珉 译 张跃宏 译校
109. 朱熹的思维世界 [美]田浩 著
110. 皇帝和祖宗:华南的国家与宗族 [英]科大卫 著 卜永坚 译
111. 明清时代东亚海域的文化交流 [日]松浦章 著 郑洁西 等译
112. 中国美学问题 [美]苏源熙 著 卞东波 译 张强强 朱霞欢 校
113. 清代内河水运史研究 [日]松浦章 著 董科 译
114. 大萧条时期的中国:市场、国家与世界经济 [日]城山智子 著 孟凡礼 尚国敏 译 唐磊 校
115. 美国的中国形象(1931—1949) [美] T. 克里斯托弗·杰斯普森 著 姜智芹 译
116. 技术与性别:晚期帝制中国的权力经纬 [英]白馥兰 著 江湄 邓京力 译

117. 中国善书研究 [日]酒井忠夫 著 刘岳兵 何英莺 孙雪梅 译
118. 千年末世之乱:1813 年八卦教起义 [美]韩书瑞 著 陈仲丹 译
119. 西学东渐与中国事情 [日]增田涉 著 由其民 周启乾 译
120. 六朝精神史研究 [日]吉川忠夫 著 王启发 译
121. 矢志不渝:明清时期的贞女现象 [美]卢苇菁 著 秦立彦 译
122. 明代乡村纠纷与秩序:以徽州文书为中心 [日]中岛乐章 著 郭万平 高飞 译
123. 中华帝国晚期的欲望与小说叙述 [美]黄卫总 著 张蕴爽 译
124. 虎、米、丝、泥:帝制晚期华南的环境与经济 [美]马立博 著 王玉茹 关永强 译
125. 一江黑水:中国未来的环境挑战 [美]易明 著 姜智芹 译
126.《诗经》原意研究 [日]家井真 著 陆越 译
127. 施剑翘复仇案:民国时期公众同情的兴起与影响 [美]林郁沁 著 陈湘静 译
128. 义和团运动前夕华北的地方动乱与社会冲突(修订译本) [德]狄德满 著 崔华杰 译
129. 铁泪图:19 世纪中国对于饥馑的文化反应 [美]艾志端 著 曹曦 译
130. 饶家驹安全区:战时上海的难民 [美]阮玛霞 著 白华山 译
131. 危险的边疆:游牧帝国与中国 [美]巴菲尔德 著 袁剑 译
132. 工程国家:民国时期(1927—1937)的淮河治理及国家建设 [美]戴维·艾伦·佩兹 著 姜智芹 译
133. 历史宝筏:过去、西方与中国妇女问题 [美]季家珍 著 杨可 译
134. 姐妹们与陌生人:上海棉纱厂女工,1919—1949 [美]韩起澜 著 韩慈 译
135. 银线:19 世纪的世界与中国 林满红 著 詹庆华 林满红 译
136. 寻求中国民主 [澳]冯兆基 著 刘悦斌 徐硙 译
137. 墨梅 [美]毕嘉珍 著 陆敏珍 译
138. 清代上海沙船航运业史研究 [日]松浦章 著 杨蕾 王亦诤 董科 译
139. 男性特质论:中国的社会与性别 [澳]雷金庆 著 [澳]刘婷 译
140. 重读中国女性生命故事 游鉴明 胡缨 季家珍 主编
141. 跨太平洋位移:20 世纪美国文学中的民族志、翻译和文本间旅行 黄运特 著 陈倩 译
142. 认知诸形式:反思人类精神的统一性与多样性 [英]G. E. R. 劳埃德 著 池志培 译
143. 中国乡村的基督教:1860—1900 江西省的冲突与适应 [美]史维东 著 吴薇 译
144. 假想的"满大人":同情、现代性与中国疼痛 [美]韩瑞 著 袁剑 译
145. 中国的捐纳制度与社会 伍跃 著
146. 文书行政的汉帝国 [日]富谷至 著 刘恒武 孔李波 译
147. 城市里的陌生人:中国流动人口的空间、权力与社会网络的重构 [美]张骊 著 袁长庚 译
148. 性别、政治与民主:近代中国的妇女参政 [澳]李木兰 著 方小平 译
149. 近代日本的中国认识 [日]野村浩一 著 张学锋 译
150. 狮龙共舞:一个英国人笔下的威海卫与中国传统文化 [英]庄士敦 著 刘本森 译 威海市博物馆 郭大松 校
151. 人物、角色与心灵:《牡丹亭》与《桃花扇》中的身份认同 [美]吕立亭 著 白华山 译
152. 中国社会中的宗教与仪式 [美]武雅士 著 彭泽安 邵铁峰 译 郭潇威 校
153. 自贡商人:近代早期中国的企业家 [美]曾小萍 著 董建中 译
154. 大象的退却:一部中国环境史 [英]伊懋可 著 梅雪芹 毛利霞 王玉山 译
155. 明代江南土地制度研究 [日]森正夫 著 伍跃 张学锋 等译 范金民 夏维中 审校
156. 儒学与女性 [美]罗莎莉 著 丁佳伟 曹秀娟 译

157. 行善的艺术:晚明中国的慈善事业(新译本) [美]韩德玲 著 曹晔 译
158. 近代中国的渔业战争和环境变化 [美]穆盛博 著 胡文亮 译
159. 权力关系:宋代中国的家族、地位与国家 [美]柏文莉 著 刘云军 译
160. 权力源自地位:北京大学、知识分子与中国政治文化,1898—1929 [美]魏定熙 著 张蒙 译
161. 工开万物:17 世纪中国的知识与技术 [德]薛凤 著 吴秀杰 白岚玲 译
162. 忠贞不贰:辽代的越境之举 [英]史怀梅 著 曹流 译
163. 内藤湖南:政治与汉学(1866—1934) [美]傅佛果 著 陶德民 何英莺 译
164. 他者中的华人:中国近现代移民史 [美]孔飞力 著 李明欢 译 黄鸣奋 校
165. 古代中国的动物与灵异 [英]胡司德 著 蓝旭 译
166. 两访中国茶乡 [英]罗伯特·福琼 著 敖雪岗 译
167. 缔造选本:《花间集》的文化语境与诗学实践 [美]田安 著 马强才 译
168. 扬州评话探讨 [丹麦]易德波 著 米锋 易德波 译 李今芸 校译
169.《左传》的书写与解读 李惠仪 著 文韬 许明德 译
170. 以竹为生:一个四川手工造纸村的 20 世纪社会史 [德]艾约博 著 韩巍 译 吴秀杰 校
171. 东方之旅:1579—1724 耶稣会传教团在中国 [美]柏理安 著 毛瑞方 译
172. "地域社会"视野下的明清史研究:以江南和福建为中心 [日]森正夫 著 于志嘉 马一虹 黄东兰 阿风 等译
173. 技术、性别、历史:重新审视帝制中国的大转型 [英]白馥兰 著 吴秀杰 白岚玲 译
174. 中国小说戏曲史 [日]狩野直喜 张真 译
175. 历史上的黑暗一页:英国外交文件与英美海军档案中的南京大屠杀 [美]陆束屏 编著/翻译
176. 罗马与中国:比较视野下的古代世界帝国 [奥]沃尔特·施德尔 主编 李平 译
177. 矛与盾的共存:明清时期江西社会研究 [韩]吴金成 著 崔荣根 译 薛戈 校译
178. 唯一的希望:在中国独生子女政策下成年 [美]冯文 著 常姝 译
179. 国之枭雄:曹操传 [澳]张磊夫 著 方笑天 译
180. 汉帝国的日常生活 [英]鲁惟一 著 刘洁 余霄 译
181. 大分流之外:中国和欧洲经济变迁的政治 [美]王国斌 罗森塔尔 著 周琳 译 王国斌 张萌 审校
182. 中正之笔:颜真卿书法与宋代文人政治 [美]倪雅梅 著 杨简茹 译 祝帅 校译
183. 江南三角洲市镇研究 [日]森正夫 编 丁韵 胡婧 等译 范金民 审校
184. 忍辱负重的使命:美国外交官记载的南京大屠杀与劫后的社会状况 [美]陆束屏 编著/翻译
185. 修仙:古代中国的修行与社会记忆 [美]康儒博 著 顾漩 译
186. 烧钱:中国人生活世界中的物质精神 [美]柏桦 著 袁剑 刘玺鸿 译
187. 话语的长城:文化中国历险记 [美]苏源熙 著 盛珂 译
188. 诸葛武侯 [日]内藤湖南 著 张真 译
189. 盟友背信:一战中的中国 [英]吴芳思 克里斯托弗·阿南德尔 著 张宇扬 译
190. 亚里士多德在中国:语言、范畴和翻译 [英]罗伯特·沃迪 著 韩小强 译
191. 马背上的朝廷:巡幸与清朝统治的建构,1680—1785 [美]张勉治 著 董建中 译
192. 申不害:公元前四世纪中国的政治哲学家 [美]顾立雅 著 马腾 译
193. 晋武帝司马炎 [日]福原启郎 著 陆帅 译
194. 唐人如何吟诗:带你走进汉语音韵学 [日]大岛正二 著 柳悦 译

195. 古代中国的宇宙论 [日]浅野裕一 著 吴昊阳 译
196. 中国思想的道家之论:一种哲学解释 [美]陈汉生 著 周景松 谢尔逊 等译 张丰乾 校译
197. 诗歌之力:袁枚女弟子屈秉筠(1767—1810) [加]孟留喜 著 吴夏平 译
198. 中国逻辑的发现 [德]顾有信 著 陈志伟 译
199. 高丽时代宋商往来研究 [韩]李镇汉 著 李廷青 戴琳剑 译 楼正豪 校
200. 中国近世财政史研究 [日]岩井茂树 著 付勇 译 范金民 审校
201. 魏晋政治社会史研究 [日]福原启郎 著 陆帅 刘萃峰 张紫毫 译
202. 宋帝国的危机与维系:信息、领土与人际网络 [比利时]魏希德 著 刘云军 译
203. 中国精英与政治变迁:20 世纪初的浙江 [美]萧邦奇 著 徐立望 杨涛羽 译 李齐 校
204. 北京的人力车夫:1920 年代的市民与政治 [美]史谦德 著 周书垚 袁剑 译 周育民 校
205. 1901—1909 年的门户开放政策:西奥多·罗斯福与中国 [美]格雷戈里·摩尔 著 赵嘉玉 译
206. 清帝国之乱:义和团运动与八国联军之役 [美]明恩溥 著 郭大松 刘本森 译
207. 宋代文人的精神生活(960—1279) [美]何复平 著 叶树勋 单虹泽 译
208. 梅兰芳与 20 世纪国际舞台:中国戏剧的定位与置换 [美]田民 著 何恬 译
209. 郭店楚简《老子》新研究 [日]池田知久 著 曹峰 孙佩霞 译
210. 德与礼——亚洲人对领导能力与公众利益的理想 [美]狄培理 著 闵锐武 闵月 译
211. 棘闱:宋代科举与社会 [美]贾志扬 著
212. 通过儒家现代性而思 [法]毕游塞 著 白欲晓 译
213. 阳明学的位相 [日]荒木见悟 著 焦堃 陈晓杰 廖明飞 申绪璐 译
214. 明清的戏曲——江南宗族社会的表象 [日]田仲一成 著 云贵彬 王文勋 译
215. 日本近代中国学的形成:汉学革新与文化交涉 陶德民 著 辜承尧 译
216. 声色:永明时代的宫廷文学与文化 [新加坡]吴妙慧 著 朱梦雯 译
217. 神秘体验与唐代世俗社会:戴孚《广异记》解读 [英]杜德桥 著 杨为刚 查屏球 译 吴晨 审校
218. 清代中国的法与审判 [日]滋贺秀三 著 熊远报 译
219. 铁路与中国转型 [德]柯丽莎 著 金毅 译
220. 生命之道:中医的物、思维与行动 [美]冯珠娣 著 刘小朦 申琛 译
221. 中国古代北疆史的考古学研究 [日]宫本一夫 著 黄建秋 译
222. 异史氏:蒲松龄与中国文言小说 [美]蔡九迪 著 任增强 译 陈嘉艺 审校
223. 中国江南六朝考古学研究 [日]藤井康隆 著 张学锋 刘可维 译
224. 商会与近代中国的社团网络革命 [加]陈忠平 著
225. 帝国之后:近代中国国家观念的转型(1885—1924) [美]沙培德 著 刘芳 译
226. 天地不仁:中国古典哲学中恶的问题 [美]方岚生 著 林捷 汪日宣 译
227. 卿本著者:明清女性的性别身份、能动主体和文学书写 [加]方秀洁 著 周睿 陈昉昊 译